JN416714

헬스 커뮤니케이션 캠페인
이론과 실제

본 과제(결과물)는 교육과학기술부의 재원으로 한국연구재단의 지원을 받아 수행된 광역경제권 선도산업 인재양성사업의 연구 결과입니다.

헬스 커뮤니케이션 캠페인 이론과 실제

박동진 · 이진우

小花

머리말

Knowing is not enough; we must apply.
Willing is not enough; we must do. —Goethe

베이비 붐 세대의 은퇴와 고령화 사회 진입, 당뇨, 암, 비만, 고혈압 등 각종 질환으로 인한 노인 의료비 증가, 신종 인플루엔자 등 각종 질병의 유행으로 인한 경제적 피해의 증가는 현재 우리 사회가 직면한 건강 관련 이슈라 할 수 있다. 이러한 이슈 해결을 위해서 헬스 커뮤니케이션 캠페인이 필요하다.

헬스 커뮤니케이션 캠페인은 미시적으로 개인의 건강한 삶을 위한 성격이 있지만 거시적으로 보면 국가 경쟁력 강화를 위한 중요한 활동이라고 할 수 있다. 실제 2009년 우리 사회에 유행했던 신종 인플루엔자의 경우 아직까지 정확한 통계가 나오지는 않았지만 경제적 손실과 사회적 불안 및 국가 안보적인 측면에 끼친 부정적 효과는 매우 컸다.

보건복지가족부의 2010년 업무 보고서에도 과거 아시아와 미국, 캐나다에서 유행했던 조류독감이 100억 달러, 홍콩과 중국에서 유행했던 SARS의 경우 500억 달러, 영국의 구제역은 300억 달러 이상의 경제적 손실을 가져왔다는 자료를 인용하고 있다.

개인의 건강 유지는 개인의 문제일 뿐 아니라 국가 전체의 이슈이기 때문에 효과적인 헬스 커뮤니케이션 캠페인을 통해 개인의 건강을 증진시키는 것은 이제 중요한 전략적 활동이 되고 있다.

그러나 헬스 커뮤니케이션 캠페인의 중요성에도 불구하고 국내에서는 지금까지 관련 연구는 물론 실무적인 측면에서도 관심이 매우 적었다. 이 책은 헬스 커뮤니케이션 캠페인의 개념에서부터, 관련 이론과 기획의 과정, 그리고 실제 사례를 소개함으로써 국내 헬스 커뮤니케이션 캠페인의 발전에 기여코자 한다.

박동진, 이진우

차례

I. 헬스 커뮤니케이션 캠페인의 이해

1. 헬스 커뮤니케이션 캠페인의 정의

질병 예방이나 건강 유지와 같은 이슈들은 오래전부터 사람들의 가장 기본적인 욕구이며 관심 중의 하나였다. 헬스 커뮤니케이션 캠페인이나 헬스 프로모션,[1] 헬스 마케팅 같은 개념이 출현한 것은 비교적 오랜 역사를 갖지 않지만 행위로서의 헬스 커뮤니케이션 캠페인이나 헬스 마케팅 활동은 이미 오래전부터 존재했다. 예를 들면 천연두 예방 접종을 위해 미국의 보스턴 시는 1721~1722년에 헬스 커뮤니케이션 캠페인을 진행했다는 기록이 있다. 그러나 헬스 커뮤니케이션 캠페인이나 건강 관련 이슈를 다루는 사회적 마케팅 개념은 1960년대부터 학계의 관심사가 되었다.

---

1) 세계보건기구(WHO)는 헬스 프로모션을 사람들이 건강을 증진시키거나 건강관리에 대한 통제를 증가시키는 일련의 과정으로서 정의하고 있다. 프로모션은 마케팅의 한 부분이지만 헬스 분야에서는 헬스 프로모션과 헬스 마케팅을 구분하지 않고 같은 의미로 사용하고 있다.

1) 사회적 마케팅과 헬스 커뮤니케이션 캠페인

쥐를 잡는 데 검은 고양이든 흰 고양이든 상관이 없듯이(黑猫白猫論) 실무자의 입장에서는 우리 사회의 건강 관련 이슈를 해결하는 데 그것이 헬스 커뮤니케이션 캠페인이든 사회적 마케팅이든 개념을 구분하는 것은 크게 중요하지 않을 수 있다. 더욱이 학문적 접근의 차이에서 비롯된 것인 만큼 개념들 사이의 큰 차이를 발견하기는 쉽지 않다. 실제 이론적인 측면이나 실무적인 측면에서는 구분이 의미가 없다. 굳이 구분하자면 헬스 커뮤니케이션 캠페인을 위해 사회적 마케팅의 기법을 활용한다는 측면이 맞을 것 같다. 헬스 커뮤니케이션 캠페인은 기획의 측면이 강하고, 사회적 마케팅은 실행 프로그램의 성격이 있다. 우리 사회의 건강 관련 이슈를 해결하기 위해서 전문가들은 헬스 커뮤니케이션 캠페인을 기획하게 된다. 그리고 사회적 마케팅의 기법을 활용하여 프로그램을 실행, 평가하는 작업을 하게 된다.

〈표 I-1〉 커뮤니케이션과 마케팅의 개념적 구분

개념	정의
커뮤니케이션	기호와 상징의 사용을 통한 의미와 정보의 생산과 교환
마케팅	조직 및 이해관계자가 이익이 되는 방향으로 고객들을 위한 가치 창조, 소통, 전달과 관계를 관리하는 조직의 기능과 일련의 과정

출처: Finnegan & Viswanath, 2002; American Marketing Association, 2010

마케팅이 단순히 제품이나 서비스의 판매를 촉진하기 위한 활동이라는 영역에서 사회의 다양한 이슈를 해결하기 위한 영역까지 확대되면서 출현한 것이 사회적 마케팅(social marketing)이라고 할 수 있다. 코틀러(Kotler, 1975)는 사회적 마케팅을 "목표 공중에게 사회적 이념이나 행동의 수용을 증진시키기 위해서 행하는 프로그램의 기획과 실행, 그리고 통제"라고 정의했으며, 마케팅의 다양한 기술들, 예를 들면 소비자 연구, 제품 분석, 메시지 디자인, 광고, 평가의 기술 등이 건강 문제와 같은 사회적 이슈를 해결하기 위해서도 적용될 수 있다고 보았다.

그러나 사회적 마케팅은 최근 공공 분야에서 활용도가 증가하고 있지만 비즈니스 영역과 관련된다는 인식으로 인해 초기에는 다소 부정적으로 받아들여진 측면이 있다. 캐나다의 경우 1981년에 보건국에 사회적 마케팅팀을 설치한 바 있으며, 미국도 2004년에 질병 통제 및 예방 센터 내에 헬스 마케팅 센터(National Center for Health Marketing, NCHM)를 설립하였다.

NCHM의 임무는 소비자 중심의 강한 효과가 있는 그리고 과학에 기초한 혁신적인 마케팅 프로그램과 제품, 서비스를 통해 건강의 예방과 증진, 그리고 질병 통제 예방 센터의 목표를 진전시키는 것이다(Bernhardt, 2006). NCHM의 설립 이후 애리조나, 캘리포니아, 오하이오 등 미국의 많은 주정부가 건강 문제를 다룰 사회적 마케팅 전담 부서를 또한 설치하고 있다. 영국의 경우도 국가 보건 서비스(National Health Service) 부서가 사회적 마케팅을 국가 보건 사업을 위한 중요한 전략으로 사용하고 있다. 어떻게 보면 보건 조직 내에서 사회적 마케팅은 유행처럼 활용되고 있다.

〈표 I–2〉 사회적 마케팅의 정의

개념	정의
사회적 마케팅	마케팅 전략, 결정, 행위의 사회적 결과나 사회적 목표를 향상시키기 위해 마케팅의 지식과 개념, 테크닉을 사용하는 마케팅의 한 영역(환경적 정의)
	일반적으로 마케터가 아닌 목표 공중이나 사회의 바람직한 행동에 영향을 주기 위해 기획된 마케팅 영리, 비영리, 공공, 민간 조직은 물론 개인도 수행 가능. 예를 들면 민간 비영리 단체의 금연 활동이나 심지어 한 개인이 다른 개인에게 다이어트를 하도록 영향을 미치는 것도 사회적 마케팅이라 할 수 있음

출처: American Marketing Association, 2010

공공 이슈뿐 아니라 건강 관련 사람들의 행동에 변화를 주고자 했던 많은 실무자들은 이론과 방법론에서 마케팅의 기법들을 많이 이용해 왔다. 매노프(Manoff, 1985)의 경우 건강 관련 사회적 마케팅의 개념이 1960년대 상업적 마케팅과 구분하려는 시도에서 우연히 생겨난 개념이라 주장한다. 아무튼 1960년대 이후 건강 관련 실무자들 사이에서 마케팅의 테크닉이 사용되었고, 마케팅 관련 저널에서 건강 관련 이슈를 다루는 사회적 마케팅 논문들이 발표되면서 사회적 마케팅 개념은 유행을 했다고 볼 수 있다. 특히 1980년대는 마케팅의 교환이론이나 여러 기법들이 우리 사회의 다양한 이슈들, 예를 들면 흡연, 암, 당뇨, 비만, 폭력, 화재 예방, 총기 규제, 음주 운전 예방 등을 해결하기 위해 적용됨으로써 소위 사회적 마케팅의 시대라 불리기도 하였다(이병관, 2009). 호주 정부는 1980년대 금연이나 피부암 예방 캠페인에 사회적 마케팅의 전략을 적용한 바 있으며, 유럽이나 미국에서도 금연 캠페인 등에 역시 사회적 마케팅의 개념과 기법을 활용하였다.

그러나 사회적 마케팅의 접근은 건강 관련 이슈를 소비자 중심의 마케팅과 같이 개인의 문제로 국한하여 해결하려 한다는 비판을 받았다. 건강 관련 이슈는 개인적 요소뿐 아니라 사회, 경제적 환경이 또한 중요한 변수로 영향을 미침에도 불구하고 사회적 마케팅의 접근은 이 부분을 간과함으로써 공공의 건강 유지 및 질병 예방에 제한적으로 기여한다는 것이다(Wallack, Dorfman, Jernigan & Themba, 1993). 이런 측면에서 볼 때, 헬스 커뮤니케이션 분야가 자아, 대인, 지역사회, 정책의 차원에서 헬스 문제에 대해 접근하는 것은 사회적 마케팅의 한계를 보완해 주는 좋은 방향이 될 수 있다.

〈표 I-3〉 상업적 마케팅과 사회적 마케팅의 구분

구분	상업적 마케팅(Commercial Marketing)	사회적 마케팅(Social Marketing)
주체	기업, 영리 조직	모든 조직 및 개인
목적	상품과 서비스 판매	바람직한 행동 유발
결과	재정적 수익	사회적 이익
사례	담배 회사의 프로모션 활동	보건 단체의 금연 활동

2) 헬스 커뮤니케이션과 헬스 커뮤니케이션 캠페인

마케팅이 사회적 이슈로 학문적 영역을 확대한 것처럼 커뮤니케이션학에서도 건강 관련 이슈나 정보를 사람들이 어떻게 소통하는가에 대한 관심으로부터 헬스 커뮤니케이션에 대한 연구가 시작됐다. 1960년대 의사와 환자 사이의 메디컬 커뮤니케이션에 대한 관심에서 출발하여 1970년대 이후 커뮤니케이션 분야에서 헬스 커뮤니케이션은 비약적으로 발전하고 있다. 국제언론학회(International Communication Association)나 미국커뮤니케이션학회(National Communication Association)가 관련 분과를 만드는가 하면 주요 저널들이 발간되기 시작했다. 그러나 건강 관련 이슈와 관련 공공 조직에서 조직 내 헬스 커뮤니케이션 부서를 두는 등 커뮤니케이션 분야의 중요성을 인식하고 적용을 시도한 것은 1990년대 이후 나타나기 시작했다(박동진, 정의철, 2009).

그러나 마케팅 영역에서와 같이 커뮤니케이션 영역에서도 헬스 커뮤니케이션과 헬스 커뮤니케이션 캠페인을 학문적 영역으로 규정하고 개념을 발전시키는 과정에서 비슷한 혼란을 겪고 있다. 로저스(Rogers, 1996)는 휴먼 커뮤니케이션의 하부 개념으로서 건강 관련 콘텐츠로 구성된 인간 커뮤니케이션의 일종으로 헬스 커뮤니케이션을 정의했고, 그것은 개인, 그룹, 조직, 사회의 모든 영역에 존재한다고 주장했다. 개인 간의 건강 관련 대화부터 매스미디어를 통한 건강 관련 메시지의 전달까지 헬스 커뮤니케이션은 범주가 넓다. 헬스 커뮤니케이션은 사회적 관점에서는 헬스 커뮤니케이션 캠페인과 동일한 개념으로 사용되고 있다(이병관, 2009). 일반적인 캠페인이 바람직한 결과를 얻기 위해 계획된 커뮤니케이션의 총체라 할 때, 건강 관련 목표 공중의 지식, 인식, 태도, 행위에 변화를 목표로 하는 헬스 커뮤니케이션을 헬스 커뮤니케이션 캠페인의 개념으로 정의할 수 있다(〈표 I-4〉).

〈표 I-4〉 헬스 커뮤니케이션의 정의

개념	정의
헬스 커뮤니케이션	개인과 공중의 건강을 향상시키기 위해 정보를 제공하거나 결정에 영향을 미치는 커뮤니케이션 전략의 사용과 연구. 의사-환자 관계, 개인의 건강 정보에 대한 노출과 추구, 건강 캠페인, 건강 위험 정보의 전달, 문화나 미디어에서 건강 관련 이미지, 공공 의료서비스 이용에 대한 교육, 원거리 건강 검진 등 질병 예방 및 건강 증진과 관련된 모든 측면에 기여

출처: U.S. Department of Health and Human Services, 2000

3) 공공 커뮤니케이션 캠페인과 헬스 커뮤니케이션 캠페인

헬스 커뮤니케이션 캠페인이 1990년대 이후 유행한 개념이라면 그 이전에는 커뮤니케이션 분야에서 공공 커뮤니케이션(Public Communication)이라는 개념이 사회적 이슈를 해결하기 위한 커뮤니케이션의 접근을 제공했었다.

사회적 마케팅과 이론적 접근만 다를 뿐, 사실 동일한 개념으로 보아도 큰 문제는 없다. 다만 커뮤니케이션의 이론과 매스미디어의 역할에 주목하여 공공의 행동, 태도, 인식의 변화를 가져오는 여러 변수들에 관심을 가지고 연구를 해 온 것이 공공 커뮤니케이션이라 할 수 있다. 공공 커뮤니케이션의 다양한 공공 이슈 중 건강 관련 이슈만을 특화한 것이 헬스 커뮤니케이션 캠페인이라 할 수 있다.

〈표 Ⅰ-5〉 공공 커뮤니케이션 캠페인과 헬스 커뮤니케이션 캠페인의 구분

구분	공공 커뮤니케이션 캠페인	헬스 커뮤니케이션 캠페인
내용	공공적 이슈	건강 관련 이슈
목적	바람직한 행동, 태도, 인식 유도	건강 관련 행동, 태도, 인식 유도
결과	공공의 이익	공공의 건강 증진
사례	음주 운전 예방 캠페인	신종 플루 예방 백신 접종 캠페인

2. 헬스 커뮤니케이션 캠페인의 역사

질병에 대한 예방과 통제, 그리고 건강을 증진시키고자 하는 노력은 오래전부터 있었을 것이다. 그러므로 헬스 커뮤니케이션 활동이나 헬스 커뮤니케이션 캠페인의 역사를 정확히 파악한다는 것은 어려운 작업일 수 있다. 공공 커뮤니케이션 캠페인 관련 서적을 보면 1721년에 미국 보스턴 시에서 최초의 설득 캠페인(social action campaign)이자 헬스 커뮤니케이션 캠페인이라 할 수 있는 천연두 예방 접종 캠페인이 진행됐다고 한다. 주로 인쇄 팸플릿과 대인 커뮤니케이션을 통해 예방 접종 안내를 한 것으로 보인다.

1) 해외 사례

보스턴 시에서 있었던 천연두 예방 접종 캠페인 활동은 비슷한 시기에 우리나라에서도 있었을 것으로 추측된다. 1880년 지석영이 천연두 예방을 위해 종두법을 보급했던 시기의 기록은 없지만 어떤 커뮤니케이션 활동이 있지 않았을까 추측해 본다.

아무튼 사회의 급속한 변화와 대중 매체의 발달, 설득 기술과 이론의 발전은 건강 관련 커뮤니케이션에도 많은 변화를 가져왔다. 특히 1960년대 이후 헬스 커뮤니케이션 캠페인은 관심을 끌면서 1990년대에는 비약적으로 발전하게 된다. 리먼(Rimon, 2001)은 헬스 커뮤니케이션 캠페인 기획자들이 기획, 실행, 평가의 과정을 전략적으로 수행하게 된 것은 불과 20년도 되지 않는다고 주장한다. 리먼은 헬스 커뮤니케이션 캠페인의 역사를 1960년대부터 최근까지를 의료 시대, 현장 시대, 사회적 마케팅 시대, 전략적 기획의 시대로 구분하였다. 1960년대는 헬스 커뮤니

케이션 캠페인이 전략적으로 수행되기 전으로 주로 의사와 환자 사이의 커뮤니케이션에 의존하는 의료 시대(medical era)에 해당한다. 의료 시설 중심의 시대로 병원이 설립되면 환자는 찾아오고, 의사의 커뮤니케이션이 개인들의 건강에 미치는 효과가 매우 컸던 시대라 할 수 있다.

1970년대는 농업 분야에서 적용되던 커뮤니케이션 기술의 확산 방법과 같이 병원의 문턱을 넘어서 헬스 커뮤니케이션이 인쇄물이나 단순한 시각 자료를 이용한 현장 활동으로 나타나게 된다.

1980년대는 통합적 마케팅 커뮤니케이션의 접근을 사회적 이슈 해결을 위해 적용시킴으로써 건강 문제에도 사회적 마케팅이 활발히 사용되게 된다.

〈표 I-6〉 헬스 커뮤니케이션 캠페인의 역사

시기	특징
1960년대	의료 시대, 의사와 환자의 커뮤니케이션 중심
1970년대	현장 시대, 홍보 자료 이용, 매스미디어에 관심
1980년대	사회적 마케팅 시대, 통합적 마케팅 커뮤니케이션 접근
1990년대 이후	전략적 기획 시대, 이론과 평가의 방법 도입, 채널 통합

1990년대 이후를 리먼(Rimon, 2001)은 전략적 기획의 시대라고 정의하고 있다. 이 시기에는 다양한 커뮤니케이션 채널의 통합과 이해관계자의 결합, 커뮤니케이션 캠페인 결과의 평가에 대한 관심, 매스미디어의 전략적 사용, 커뮤니케이션 과정에 있어서도 정보원과 공중 사이의 활발한 교환이 일어난다고 보았다. 리먼(Rimon, 2001)은 전략적 캠페인 기획 시대의 특징을 다음과 같이 보고 있다.

- 동일 지역 내 다양한 건강 관련 프로그램 및 서비스의 통합—가족계획, 모자 건강, 성병 예방 등
- 커뮤니케이션 채널의 통합—최대 효과를 위해 대인 커뮤니케이션부터 매스미디어 채널까지
- 인터넷과 같은 혁신적인 채널이 도입되고, 방송 매체의 역할이 중요해짐
- 통제와 의사 결정이 탈중심화—중앙 정부에서 지역으로 이동
- 커뮤니케이션 과정에 다양한 이해관계자 참여
- 공중 세분화가 더욱 복잡해짐—맞춤형 메시지의 마련 필요

• 가정과 지역 사회의 건강 관련 역할이 중요해짐
• 이론에 기초한 평가와 사실에 기초한 프로그램의 중요성

2) 국내 사례

우리나라에서 헬스 커뮤니케이션 캠페인의 역사는 연구된 것이 없다. 앞서 살펴본 것처럼 근대 이후 각종 질병의 예방과 전염병 통제를 위해서 헬스 커뮤니케이션 캠페인은 시작됐을 것으로 보인다. 그러나 체계적이고 전략적인 헬스 커뮤니케이션 캠페인의 시작은 해외의 사례와 비슷하다.

[그림 I-1] 1970년대 가족계획 캠페인을 풍자한 코미디 영화 〈잘살아보세〉

[그림 I-2] 2009년 신종 인플루엔자 대국민용 포스터

국립보건원이 발족되었던 1960년대 언론에 일부 헬스 커뮤니케이션 캠페인이 소개되고 있다. 예를 들면 1962년 적십자사가 처음으로 사랑의 헌혈 운동을 사업 계획으로 결정했다는 것이나 1968년 대한결핵협회가 결핵 예방 주간을 맞아 계몽 문화 영화 상영, 여성을 위한 결핵 심포지엄, 가두 X레이 검진, 전국 병원의 무료 결핵 상담의 행사를 실시할 예정이라는 보도가 있다. 그 당시 총 인구의 5%가 결핵 환자고, 중증 환자는 23만 명에 이르지만 병실은 3천 개

뿐이라며 정기 검진에 온 국민이 참가해야 한다고 캠페인은 강조하였다.

1970년대에는 1980년대 인구 폭발에 대비한 '둘만 낳아 잘 기르기 운동'과 같은 국가 차원의 커뮤니케이션 프로그램이 기획 · 실행되었다. 지금은 저출산이 사회적 문제지만 그 당시에는 둘 낳기 운동 캠페인을 전국적으로 실시하며 각종 해프닝을 낳기도 하였다. 식생활 개선을 위한 혼분식 장려 캠페인 또한 눈에 띄는 건강 커뮤니케이션 캠페인 중의 하나였는데, 이 캠페인은 혼분식의 장려가 영양 불균형을 가져올 수 있다는 지적을 받기도 하였다.

1980년대에는 청소년의 금연 계몽 캠페인이 진행되었는가 하면, AIDS 예방을 위한 가두 캠페인이 진행됐다.

1990년대 이후에는 다양한 각종 질병 예방 및 건강 유지를 위한 매스미디어 중심의 캠페인이 나타나기 시작했고, 금연 캠페인에 있어서도 과거와는 달리 사회적 마케팅의 기법들이 또한 적용되었다.

3. 헬스 커뮤니케이션 캠페인과 윤리

1) 헬스 커뮤니케이션 캠페인 프로그램의 목표는 무엇인가?
2) 목표를 달성하는데 캠페인 프로그램이 얼마나 효과적인가?
3) 캠페인 프로그램의 알려진 혹은 잠재적인 부담 요소는 무엇인가?
4) 부담 요소는 최소화될 수 있는가? 대안적 접근이 있는가?
5) 캠페인 프로그램이 공평하게 실행되는가?
6) 캠페인 프로그램의 혜택과 부담 요소가 어떻게 균형을 맞출 수 있는가?

위의 질문들은 공중의 건강을 보호하고 증진시키고자 하는 공중 보건 분야에서 윤리적 체계로서 던져지는 것들이다(Kass, 2001). 헬스 커뮤니케이션 캠페인에 있어서 이런 윤리적 물음은 겉으로 드러나지 않아도 매우 중요하며 민감한 이슈라고 할 수 있다. 실제 헬스 커뮤니케이션 캠페인이 다루는 주제뿐 아니라 조사와 실행, 평가의 모든 영역에서 윤리는 매우 중요한 문제로 최근 관심이 증가하고 있다.

그러나 헬스 커뮤니케이션 캠페인 등 공중의 건강 증진 및 질병 예방 등과 관련된 일련의 활동에 대한 구체적 윤리 기준이나 강령 등은 아직까지 마련되지 않고 있다. 주로 생명 윤리(bioethics)와 직업 윤리(professional ethic)의 기준과 강령이 제한적으로 인용될 뿐이다.

실제 헬스 커뮤니케이션 캠페인의 디자인과 실행은 필연적으로 윤리적 판단을 요구하는 순간에 직면하게 된다. 거트만(Guttman, 1997; 2003)은 생명 윤리 관련 문헌에 대한 연구로부터 헬스 커뮤니케이션 캠페인이 네 영역, 즉

1) 캠페인 메시지 내용과 전략(과장, 생략, 공포 사용, 감정적 소구),

2) 캠페인의 의도하지 않은 부작용,

3) 영향력과 통제의 문제,

4) 사회적 가치에서 13개의 윤리적 판단의 문제(dilemmas)를 만날 것이라고 주장했다.

예를 들면 (효과적이라면) 어느 수준까지 설득적인 전술을 사용하는 것이 정당화되는가, 개인의 행동을 제한하는 정책을 홍보하는 것이 어느 수준까지 정당화될 수 있는가, 캠페인이 정말 필요로 하는 사람에게 맞춰졌는가 아니면 그것을 쉽게 받아들일 수 있는 사람을 대상으로 하고 있는가 등이다.

번하임(Bernheim, 2003)은 공중 보건 프로그램을 실행하는 전문가들을 대상으로 포커스 그룹 인터뷰를 수행하여 그들이 직면하는 윤리적 문제를 알아보았다. 인터뷰에 참가했던 전문가들이 매일 그들의 실습에서 직면하게 되는 주요 윤리적 이슈들은 크게 네 그룹으로 분류될 수 있었다. 즉,

1) 공공 조직과 사적 조직(영리 단체)과의 연대 및 협력,

2) 부족한 자원의 할당과 우선순위 및 타깃 집단 결정,

3) 데이터와 정보의 수집과 사용,

4) 다른 정부 조직의 관료 및 입법 기관과의 역학 관계

예를 들어 지역사회에서 건강 관련 캠페인 프로그램을 준비하면서 많은 전문가들은 지역 이익 단체나, 제약 회사, 심지어 담배 회사로부터 프로그램에 대한 지원을 받을 수 있다. 그러나 영리 단체의 후원이 캠페인의 부정적 결과(영리 단체는 반사적 이익을 볼 수도 있지만)를 가져올 수 있음을 고려해야 할 것이다. 부족한 자원의 할당과 우선순위의 결정은 2009년 우리나라에서도 주요한 윤리적 이슈였다. 예를 들어 신종 플루 예방을 위해 정부가 백신 접종을 준비하였으나 정작 정부가 충분한 백신을 확보하지 못함으로 인해 누구에게 먼저 예방 접종을 실시할 것이냐를 둘러싸고 갈등이 노출된 적이 있다. 건강 관련 데이터나 정보의 수집과 사용에 있어서도 부정확한 데이터의 수집 및 해석은 잘못된 예산 확보는 물론 정책 판단에 오류를 가져올 수 있다. 건강 관련 이슈를 해결하는 과정에서 정부 관료와 입법 기관, 그리고 공중 건강 담당자의 상호 갈등과 비협조는 또한 심각한 문제를 야기할 수 있다.

토머스와 동료들(Thomas et al., 2002)은 미국 내에서 공중 보건을 담당하는 전문가들과의

프로젝트 수행 및 관련 기관들의 윤리 기준을 검토하여 공중 보건(public health)에 적용할 수 있는 12개의 윤리적 기준을 제시하였다. 이것은 미국의 사례이기 때문에 국내에 그대로 적용하는 것은 무리가 있으나 캠페인의 기획과 실행에 있어서 참고가 될 수 있을 것이라 판단하여 소개한다(〈표 I-7〉 참조).

〈표 I-7〉 윤리적 공중 보건 활동의 원리

윤리적 공중 보건 활동의 원리
1. 공중 보건은 부정적인 건강 결과를 막기 위해, 질병의 기본적인 원인과 건강 유지를 위한 요건을 언급해야 한다. 2. 공중 보건은 지역사회 구성원의 권리를 존중하며 지역사회의 건강을 보장해야 한다. 3. 공중 보건의 정책, 프로그램, 우선순위는 지역사회 구성원의 참여 과정을 통해 개발되고 평가되어야 한다. 4. 공중 보건은 건강에 필요한 자원과 조건이 지역 사회 구성원 모두에게 접근 가능해야 하며, 지역사회 구성원의 권한 강화를 위해 작동해야 한다. 5. 공중 보건은 건강을 보호하고 증진시키는 효과적인 정책과 프로그램을 완성하는 데 필요한 정보를 추구해야 한다. 6. 공중 보건 조직은 프로그램의 실행에 대한 동의를 얻는 과정에서 지역사회 구성원이 결정을 할 수 있도록 자신이 가지고 있는 정보를 지역사회에 제공해야 한다. 7. 공중 보건 조직은 공중이 조직에 부여한 자원과 의무 속에서 그들이 가진 정보에 기초하여 적절한 방식으로 행동해야 한다. 8. 공중 보건 프로그램과 정책은 지역사회 내 다양한 가치, 신념, 문화를 존중하여 다양한 접근을 시도해야 한다. 9. 공중 보건 프로그램은 물질적·사회적 환경을 최대한 향상시키는 방식으로 수행되어야 한다. 10. 공중 보건 조직은 공개적으로 알려질 때 개인이나 지역사회에 피해를 줄 수 있는 정보에 대한 비밀을 유지해야 한다. 예외는 개인이나 다른 사람들에게 심각한 피해를 줄 가능성이 매우 높을 것이라는 판단이 정당화될 수 있을 때다. 11. 공중 보건 조직은 구성원의 전문성을 보장해야 한다. 12. 공중 보건 조직과 구성원은 공중의 신뢰와 조직의 성과를 구축하기 위해 서로 협력해야 한다.

출처: Thomas et al., 2002

우리 사회가 온전히 존재하기 위해서 윤리는 모든 영역에서 매우 중요하다. 그러나 지역사회의 건강 증진과 질병 예방을 위한 헬스 커뮤니케이션 캠페인을 수행하는 과정에서도 윤리의 중요성은 아무리 강조해도 지나치지 않다.

헬스 커뮤니케이션 캠페인의 수행과 관련해 위에서 언급한 윤리적 기준들에 대한 고려와 더불어 강조하고 싶은 것이 하나 더 있다. 그것은 캠페인의 기획과 실행을 맡은 담당자들의 공중의 건강 증진과 질병 예방에 대한 책임감과 신뢰, 그리고 헌신의 중요성이다.

II. 헬스 커뮤니케이션 캠페인 이론적 기초

1. 이론에 대한 이해

건강 관련 사람들의 태도와 행동, 인식 등에 영향을 미치는 다양한 요소들을 설명하기 위해 학자들은 다양한 모델과 이론을 적용하여 헬스 커뮤니케이션 캠페인 연구를 시도해 왔다. 그러나 증가하는 연구량에 비해 독자적인 헬스 커뮤니케이션 및 캠페인 이론의 부재와 타 학문의 이론과 모델의 무리한 적용으로 인해 관련 연구는 많은 한계와 비판을 받아 왔다(Freimuth et al., 2006; Witte et al., 1996; 박성철, 최진명, 오상화, 2008). 여기서는 헬스 캠페인의 기획과 실행에 적용될 수 있는 관련 이론과 개념에 대해 살펴본다.

1) 이론의 정의

이론(theory)이란 무엇인가? 이론은 왜 필요한가? 좋은 이론이란 어떤 것인가? 우리가 왜 이론을 이해해야 하고, 그것이 어떻게 헬스 캠페인에 적용될 수 있는지 알아보기 위해 기본적인 개념들을 먼저 논의해 본다.

이론이란 일반적으로 현상이나 상황에 대한 체계적인 이해의 방식이라 정의할 수 있다. 개념의 집합체로 관찰에 기초하여 과학적 방법을 통해 검증되며 현상에 대한 설명과 예측을 목적으로 한다. 이것은 현실 세계를 단순하게 표현한 모델이나 잠정적이고 추상적인 일반적 진술과는 구별된다. 광범위한 실험을 거쳐 보편적인 것으로 받아들여지는 법칙과도 차이가 있다(〈표 II-1〉 참조).

〈표 II-1〉 가설, 이론, 법칙, 모델의 구분

구분	정의
가설	잠정적이고 추정적인 용어로 제시된 하나의 일반적 진술
이론	체계적으로 연계된 일반적 진술들의 집합으로 경험적 검증을 위한 새로운 관찰을 요구
법칙	광범위한 실험을 거쳐 구축된 보편적 형태의 가설
모델	현실 세계를 이론적으로 단순하게 표현한 것

2) 이론의 선택

좋은 이론이란 어떤 것인가? 당신은 어떻게 한 이론이 다른 이론보다 우수하다고 말할 수 있는가? 당신은 어떻게 프로젝트에 적합한 이론을 선택할 수 있는가? 일반적으로 좋은 이론은 설명과 예측을 통해 커뮤니케이션 활동과 결과에 대한 이해와 통제를 돕는다. 우리가 기획하고 실행하는 헬스 캠페인에 있어서도 수많은 이론 중에서 적합한 이론의 선정과 활용이 중요하다. 브라이언트와 히스(Bryant & Heath, 2000)는 좋은 이론이 갖춰야 할 기준으로 다음과 같은 것을 제시하고 있다. 이 기준들은 어느 이론이 당신이 이해하려 하는 현상을 설명하는 데 가장 적합한지 결정하는 데 도움이 될 수 있다.

첫째, 좋은 이론은 현상을 설명할 수 있어야 한다. 이론의 구축은 현상에 대한 관찰에서 출발하여 설명으로 이어진다.

둘째, 좋은 이론은 예측이 가능해야 한다. 주어진 조건에서 특정한 전략과 이벤트가 사용됐을 때 무슨 결과가 발생할 것인지 예측하는 것이 가능하다.

셋째, 좋은 이론은 간결하다. 이론은 한 권의 책으로도 설명될 수 있지만 좋은 이론은 몇 개의 단어로 설명될 수 있을 만큼 간결해야 한다. 예를 들어 불확실 감소 이론(uncertainty reduction theory)의 경우 사람은 불확실한 것이 불편하기 때문에 그것을 줄이기 위해 커뮤니케이션을 추구한다는 것이다.

넷째, 좋은 이론은 내적 일관성이 있어야 한다. 이것은 논리적이며 합리적인 것을 의미한다. 다른 설명에 의해 오류가 발견되거나 모순이 있어서는 안 된다.

다섯째, 좋은 이론은 검증이 가능해야 한다. 가설이 입증될 수 없는 이론은 잘못된 것이다. 이론은 검증될 수 있을 때 그 의미와 가치를 갖게 된다.

여섯째, 좋은 이론은 윤리적 가치와 도덕적 책임을 중요시한다. 이론은 단순히 현상에 대한 경험적 검증만을 추구하는 것이 아니라, 이를 통해 사람들의 커뮤니케이션과 상황을 향상시키는 데 관심을 갖는다. 그래서 좋은 이론은 도덕적·윤리적 책임에 대한 도전을 늘 받고 있다.

〈표 II-2〉 좋은 이론 선택의 기준

좋은 이론 선택의 기준	• 좋은 이론은 현상 설명이 가능해야 한다. • 좋은 이론은 예측이 가능해야 한다. • 좋은 이론은 간결해야 한다. • 좋은 이론은 내적 일관성이 있어야 한다. • 좋은 이론은 검증 가능해야 한다. • 좋은 이론은 윤리적 가치와 도덕적 책임을 가진다.

2. 헬스 커뮤니케이션 캠페인 이론의 구성

1) 헬스 커뮤니케이션 이론의 체계

인간의 건강 관련 행위를 설명하기 위한 많은 사회심리학적 이론과 모델들이 있다. 그중에서 과연 어떤 이론을 선택할 것인가? 많은 연구들이 헬스 커뮤니케이션에 관련 이론을 적용하면서 주목한 것은 '차원(level)'이다. 차원은 사람들과 시스템을 보는 각기 다른 방식으로 각각의 차원은 내재된 복잡성에 따라 구분이 된다(Goodson, 2010). 커뮤니케이션 연구에서는 오랫동안 커뮤니케이션 차원(communication levels)을 자아(intrapersonal) 차원, 대인(interpersonal) 차원, 소집단(small group) 차원, 조직(organization) 차원, 대중(mass) 차원, 공중(public) 차원으로 분류하였다(박동진, 정의철, 2009). 커뮤니케이션 영역의 이런 구분은 학문의 범주를 규명하거나 개념을 정의하는 데 유용한 것으로 헬스 커뮤니케이션을 정의하거나 범주를 구분하는 데도 적용될 수 있다(Cassata, 1980).

이러한 구분은 또한 생태학적 접근이라고도 불리는데, 건강 관련 행위와 조건의 관계를 상호 작용적인 측면이나 다양한 수준에서 시험하는 데 좋은 기준을 제시하고 있다(Cottrell et al., 2009). 생태학은 생물체와 환경들과의 관계와 관련되는 개념으로(Stokols, 1992), 생태학적 건강 모델들은 인간의 건강이 다음과 같은 요소들의 직접적 효과나 상호 작용적 효과에 의해 영향을 받는다고 보고 있다(Maibach et al., 2007).

(1) 사람들의 특성

(2) 학교, 직장, 집 등 환경과 장소의 특성

(3) 사람과 장소 사이의 중요한 상호 작용

생태학적 접근은 건강 관련 행위와 조건이 커다란 시스템의 일부분으로서 다양한 차원에서 접근할 수 있음을 보여 주고 있다([그림 II-1] 참조).

전 세계적으로 유행했던 조류 독감이나 신종 플루는 개인의 건강 이슈가 자아적 차원, 대인 차원, 지역사회 차원뿐 아니라 글로벌 차원에서도 영향을 받을 수 있음을 보여 주고 있다.

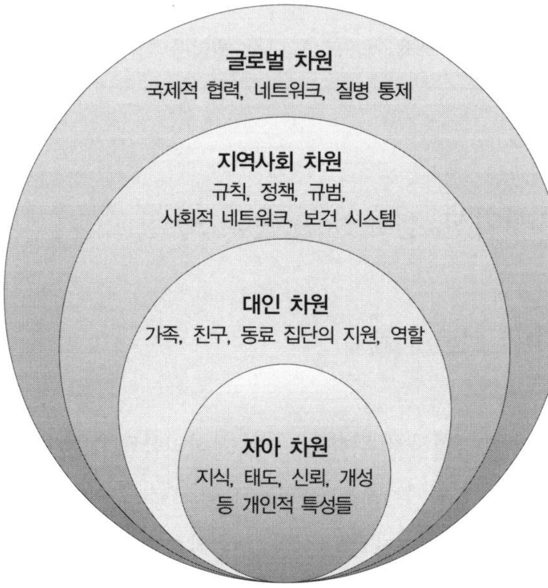

[그림 II-1] 생태학적 측면에서의 개인의 건강에 대한 이해

건강 관련 행위와 조건에 대한 분석을 위해 유용한 다섯 차원은 헬스 캠페인 프로젝트의 기획 과정에서 흔히 크게 셋으로 다시 분류되기도 한다. 즉 자아 차원, 대인 차원, 그리고 지역

사회 차원이 그것이다(Rimer & Glanz, 2005). 조직적 요소나 지역사회 요소, 그리고 정책적 요소가 지역사회 차원으로 묶여서 다뤄진다.

생태학적 측면에서, 영향력의 수준별 헬스 커뮤니케이션 캠페인에 적용될 수 있는 이론을 분류하면 〈표 II-3〉과 같다.

〈표 II-3〉 생태학적 측면 설득의 수준과 헬스 캠페인 적용 가능 이론들

수준	정의	주요 이론
자아	개인의 건강을 개인의 생물학적·물리적·심리학적 특성의 결과로서 해석. 예를 들면 개인의 질병은 유전적이거나 개인적 습관, 지식, 태도, 동기 수준, 자신의 의지의 결과라고 본다.	• 건강 신념 모델(Health Belief Model, HBM) • 보호 동기 이론 (Protection Motivation Theory, PMT) • 변화 단계(범이론적) 모델 (Stage of Change Model, SCM) • 계획된 행동 이론 (Theory of Planned Behavior, TPB) • 예방 채택 과정 모델 (Precaution Adoption Process Model, PAPM) • 정교화 가능성 모델 (Elaboration Likelihood Model, ELM)
대인	개인의 건강이 둘 또는 그 이상의 사람들 사이의 상호 작용에 의해 영향을 받거나 혹은 그 결과라고 봄. 예를 들면 친구, 가족, 동료 집단이나 사회적 지원, 사회적 네트워크, 매스미디어를 통한 상호 작용이 개인의 건강에 영향을 미친다.	• 사회 인지 이론 (Social Cognitive Theory, SCT) • 사회적 연결망과 사회적 지원 (Social Networks and Social Support) • 대인 커뮤니케이션 이론 (Interpersonal Communication Theories)
조직	특정 집단이나 그 구성원들의 건강에 영향을 미치는 조직의 규제, 정책, 특성에 관심을 가짐. 예를 들면 조직 문화, 조직 간 소통, 보건 조직의 경영이 구성원의 건강에 영향을 미친다.	• 조직 변화 이론 (Organizational Change Theories) • 자원 보존 이론 (Conservation of Resources Theory)
지역 사회	지역사회 내 조직과 기관의 특성이 지역사회 내 구성원들의 건강에 미치는 효과에 관심. 예를 들면 지역사회 내 구성원들과 구성원들에게 봉사하는 학교, 종교 시설, 은행, 병원 등의 신뢰 구조 수준	• 참여 모델 (Community Organization and Building Models) • 사회적 마케팅(Social Marketing) • 지역사회 준비 모델 (Community Readiness Model, CRM) • 확산 이론(Diffusion of Innovation Theory)
정책	사람들의 건강 행위에 영향을 미치는 국제, 국내, 지역의 법이나 정책적 요소에 관심. 예를 들면 금연이나 음주 관련 정책	• 미디어 효과 이론(Media Effects) • 의제 설정 이론(Agenda Setting) • 프레이밍(Framing)

굿슨(Goodson, 2010)은 미국 내에서 발간된 헬스 커뮤니케이션 및 프로모션 관련 책들을 분석하여, 가장 빈번히 사용되는 이론들이 무엇인가를 정리하였다. 참고로 다섯 권의 책[2]에서 한 번 이상 등장한 이론들을 정리해 보면 다음과 같다(〈표 II-4〉 참조).

〈표 II-4〉 헬스 캠페인 연구에서 가장 빈번히 적용되는 이론들

헬스 캠페인 관련 자주 인용되는 이론들
• 변화 단계 모델(범이론적 모델) (Stages of Change Model, SCM; Transtheoretical Model)* • 계획된 행동 이론(합리적 행동 이론) (Theory of Planned Behavior, TPB; Theory of Reasoned Action, TRA)* • 사회 인지 이론(Social Cognitive Theory)* • 예방 채택 과정 모델(Precaution Adoption Process Model, PAPM) • 건강 신념 모델(Health Belief Model, HBM) • 사회적 연결망과 사회적 지원(Social Network and Social Support) • 지역 조직과 지역 구축 모델(Community Organization and Community Building Models) • 혁신의 확산(Diffusion of Innovations) • 조직 변화의 이론들(Theories of Organizational Change) • 커뮤니케이션 이론(Communication Theory: Media Studies Framework) • 선행–진행 기획 모델(Precede-Procede Planning Model) • 사회적 마케팅(Social Marketing) • 스트레스 대처 이론(Theories of Stress and Coping) • 사회적 자본(Social Capital Theory) • 생태학적 접근 모델(Ecological Perspective Models)

* 2003년 5개 헬스 커뮤니케이션 관련 저널에서 가장 빈번히 적용된 이론들(Debarr, 2004).

2) ① Glanz, Rimer & Viswanath, 2008, *Behavior and Health Education: Theory, Research, and Health Practice* (4th ed.).
② DiClemente, Crosby & Kegler, 2002, *Emerging Theories in Health Promotion Practice and Research: Strategies for Improving Public Health*.
③ Edberg, 2007, *Social and Behavioral Theory in Public Health*.
④ Sharma & Romas, 2008, *Theoretical Foundations of Health Education and Health Promotion*.
⑤ Hayden, 2009, *Introduction to Health Behavior Theory*.

2) 헬스 커뮤니케이션 이론의 기본 개념

사람들의 행위를 설명하고 예측한다는 것은 가장 어려운 일 중의 하나가 아닐까 싶다. 카멜레온이 몸 색깔을 바꾸듯 사람들의 행위도 사회적 · 문화적 · 개인적 환경에 따라 각양각색을 나타내고 있다. 그럼에도 불구하고 커뮤니케이션 캠페인, 특히 헬스 커뮤니케이션 캠페인은 건강 관련 사람들의 인식과 태도, 행위에 변화를 주기 위해 노력을 한다. 그러한 노력이 성공적으로 수행될 수 있도록 이론은 기본적인 틀과 방향을 제시해 주는 중요한 역할을 수행한다.

헬스 커뮤니케이션 캠페인에 주로 인용되는 이론들을 살펴보기에 앞서 관련 이론들의 설명에 기본적으로 사용하고 있는 용어들에 대해 간단히 정리하고 넘어가자. 건강, 태도, 행위, 설득이 바로 그 개념들인데 1920년대 이후 활발히 연구되어 온 개념들이며, 헬스 캠페인 이론을 적용하고 이해하는 데 매우 중요하다(〈표 II-5〉 참조).

〈표 II-5〉 헬스 커뮤니케이션의 기본 개념에 대한 이해

개념	정의
건강	건강은 단순히 질병이 없거나 허약하지 않음을 의미하는 것이 아니라 완전한 육체적 · 정신적 · 사회적 행복(웰빙)의 상태를 의미(세계보건기구, WHO)
태도	개인의 환경에 대한 반응의 총체로 모든 주어진 상황이나 사물에 대한 개인의 반응(행위)을 적극적으로 지배하는 역할을 수행
행동 변화	헬스 캠페인의 목적으로 새로운 행위를 시작하게 하거나, 바람직하지 못한 행위를 예방하게 하거나, 오래된 행위를 중단시키거나 줄이는 것
설득	개인의 믿음, 태도, 행위의 변화를 이끌어 내기 위해 시도하는 커뮤니케이션 활동

3. 헬스 커뮤니케이션 이론

1) 개인적 차원

자아적 차원과 대인적 차원에서 학문적으로나 실무적으로나 가장 빈번히 사용되는 일곱 개의 이론들에 대해 연구 전통, 주요 개념, 모델, 관련 연구 및 적용 사례를 살펴보자. 개인적 차

원에서 언급되는 이론들은 인간의 건강 행위에 영향을 미치는 여러 요소들을 사회심리학적 모델을 적용하여 설명하고 있다. 서로 다른 구성(construct)과 영향 요소, 그리고 기대되는 결과가 존재하지만 많은 이론과 모델이 〈표 II-6〉에서 보여 주듯이 사회 인지 이론의 결정 요소들과 겹친다는 지적도 있다(Bandura, 2004).

개인적 차원의 이론들은 건강 관련 행위의 변화가 가져오는 이익과 손실, 사회적 기대 요인, 그리고 개인의 질병 예방과 건강 유지에 대한 믿음에 기초하고 있다.

각각의 이론들은 개인들의 건강 관련 행위를 예측하는 데 매우 유효한 이론이라 할 수 있다. 그러나 다른 한편으로 건강 관련 행위를 변화시키는 방법에 대해서 해답을 제시하지 못한다는 비판도 있다.

〈표 II-6〉 주요 사회 인지 요소와 건강 행위 관련 이론에서의 겹치는 영역

이론	건강 행위에 대한 사회심리학적 결정 요소							
	자아 효능	기대되는 결과			목표		장애 요인	
		물질적	사회적	자기 평가	단기	장기	개인적·환경적	의료 시스템
사회 인지 이론	✓	✓	✓	✓	✓	✓	✓	✓
건강 신념 모델		✓	✓				✓	✓
합리적 행동 이론		✓	✓		✓			
계획된 행동 이론	✓	✓	✓		✓			
보호 동기 이론	✓	✓						

출처: Bandura, 2004

여기서는 개인적 차원의 이론 중 가장 활용도가 높고 중요하다고 인정되는 사회 인지 이론, 건강 신념 모델, 합리적 행동 이론(계획된 행동 이론), 보호 동기 이론, 정교화 가능성 모델, 범이론적 모델(변화 단계 모델), 예방 채택 과정 모델에 대해 알아본다.

(1) 사회 인지 이론(Social Cognitive Theory, SCT)

① 연구 전통

사회심리학자들은 오랫동안 사람의 행위를 결정하는 요소에 관심을 갖고 연구를 진행해 왔다. 그중에서 앨버트 반두라(Bandura, 1986)는 사회 학습 이론(Social Learning Theory: 행동은 기대되는 결과에 의해 이끌어진다고 본다)에 기초하여 사회 인지 이론을 제시하였다. 사회 인지 이론은 인간의 사고와 행동이 세 변인(즉, 행위, 개인, 환경 요소)의 상호 작용과 상호 영향에 의해 결정된다고 보고 있다. 사회 인지 이론은 미디어 효과 연구 분야와 커뮤니케이션 캠페인 및 캠페인 기획에 이론적 기초를 제공하는 이론으로 활용되고 있다(Clark & Gong, 1997). 최근에는 건강 행위 변화를 이끌어 내는 매스미디어 캠페인 효과 연구에도 이론적 기초를 제공하고 있다(Lapinski & Witte, 1998; Marcus et al., 1998).

② 주요 가정 및 개념

사회 인지 이론은 몇 개의 결정 요소와 그것이 작동하는 메커니즘, 그리고 이러한 지식들이 건강 관련 행위에 영향을 미치는 최적의 과정을 규정하고 있다(Bandura, 2004). 사회 인지 이론의 주요 개념을 건강 관련 커뮤니케이션에 적용시켜 살펴본다면, 지식, 인지된 자아 효능, 기대되는 결과, 목표, 인지된 장애 요인 혹은 촉진 요인이 개인의 건강 행위를 결정하는 주요 요소가 된다(〈표 II-7〉 참조).

건강에 대한 위험과 이익에 대한 지식은 행동 변화의 선행 조건이라 할 수 있다. 자신의 건강에 영향을 미치는 생활 습관에 대한 지식이 없다면 행동 변화를 가져오기 힘들다. 건강 관련 행위 변화에 가장 중요한 것은 자신의 건강 습관에 대한 자신의 통제 가능 여부라 할 수 있는 자아 효능에 대한 믿음이다. 개인이 스스로 기대되는 바람직한 행위를 할 수 있다는 것을 믿지 못한다면, 어떠한 인센티브나 동기가 존재하더라도 행동 변화가 일어나기 어렵다. 건강 관련 행위는 또한 기대되는 결과에 의해서도 영향을 받는다. 기대되는 결과는 행위로 인한 물질적인 이익과 손실, 행위에 대한 사회적 승인과 불승인, 건강 행위와 결과에 대한 자신의 긍정적 혹은 부정적 평가의 형태로 나타난다. 개인의 가치 체계에 근거한 목표는 건강 습관을 위한 자기 인센티브를 제공하고 가이드의 역할을 수행한다. 개인의 행동 변화는 또한 사회적 촉진 요소나 방해 요소에 의해 영향을 받을 수 있다.

〈표 II-7〉 사회 인지 이론의 주요 개념

개념	정의
상호결정주의	개인, 행동, 환경 사이의 역동적 상호 작용 속에서 행동이 결정됨
관찰 학습(모델링)	타인의 행동이나 행동 결과의 관찰을 통한 행동 습득
지식과 기술	• 서로 다른 건강 행동의 결과로서 위험과 이익에 대한 지식 • 행동 변화의 선행 조건
인지된 자아 효능	• 자신의 건강 습관에 대한 통제 가능 여부 • 행동 변화의 중심적 역할 수행
기대되는 결과	• 서로 다른 건강 행동에 대한 기대되는 비용과 이익 • 물질적 · 사회적 자기 평가-손익, 사회적 승인, 긍정/부정
목표	개인이 자신을 위해 세우는 건강 계획과 그것을 실현시키기 위한 전략들
인지된 촉진 요인 /장애 요인	개인이 추구하는 행동 변화에 대한 사회, 구조적 촉진 요인 혹은 장애 요인 환경과 상황

③ 개념적 모델

사회 인지 이론을 헬스 커뮤니케이션 캠페인에 적용할 경우, [그림 II-2]의 구조적 경로 모델이 보여 주듯이, 개인의 건강 습관은 자아 효능을 통해 직접적으로 영향을 받거나, 목표나 기대되는 결과, 건강 증진에 대한 사회구조적 촉진 요소 및 장애 요소를 통해서 변화될 수 있음을 알 수 있다.

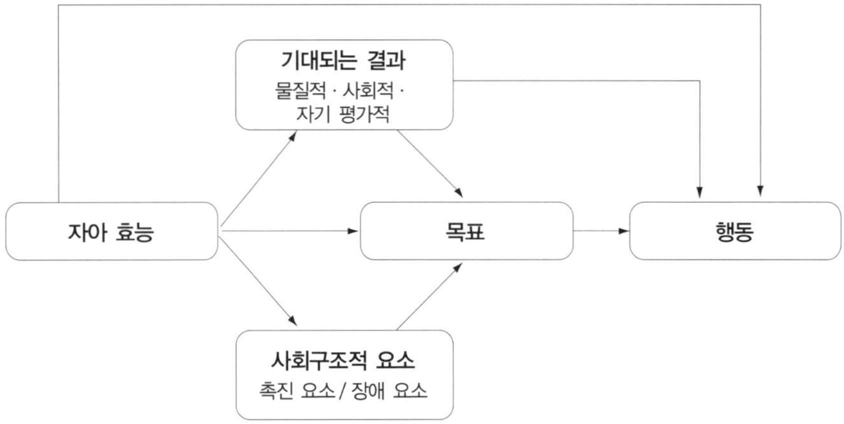

출처: Bandura, 2004

[그림 II-2] 영향력의 경로를 보여 주는 사회 인지 이론 모델

자아 효능에 대한 믿음은 건강 관련 목표 설정에 영향을 미치는데, 인지된 자아 효능이 강할수록 개인은 목표를 높이 세우게 되고, 실행에 옮길 가능성이 높게 된다. 그래서 강한 자아 효능감은 결국 긍정적인 결과의 성취를 기대하게 한다.

④ 방법론

서베이, 실험 및 유사 실험 연구가 주로 사용된다(Bandura, 1997).

⑤ 장점과 단점

개인이 건강 관련 행동과 기대되는 결과를 타인이나 주변 환경의 관찰로부터 학습하게 된다는 학습 이론의 모델링 효과는 입증되어 왔다. 최근에는 이러한 학습이 방송, 영화, 인터넷 동영상 등을 통해서도 이뤄지는 것으로 나타나고 있다. 그러나 모든 개인에 있어서 동일하게 모델링 효과가 일어나는 것은 아니다.

사회 인지 이론의 또 다른 단점 하나는 어떠한 근거나 예가 자주 사용되느냐에 따라서 수용자에게 잘못된 편견을 인식시킬 수 있다는 것이다. 예를 들어 유행성 독감에 대한 사망자가 더 많고, 예방에 더 주의해야 함에도 불구하고 미디어에서 신종 플루로 인한 사망 보도나 관련 보도가 증가할수록 사람들의 현실 인식은 왜곡될 수 있다. 이러한 잘못된 현실 인식은 건강 관련 행동에도 기대하지 않은 결과를 가져올 수 있다.

⑥ 적용 및 응용 사례

매스미디어를 이용한 헬스 캠페인에 있어서 학습 효과가 개인들의 건강 관련 행위에 어떻게 영향을 미치는지, 혹은 특정 지역 내에서 한 집단이 다른 동 집단과 비교해서 높은 자아 효능감이 있다고 할 경우 특정 질병에 대한 예방 프로그램에 적용하는 것이 가능하다. 10대의 알코올 소비를 줄이기 위한 프로젝트(Glanz et al., 2002)나 음식 소비의 결정 요소를 위한 연구(Parraga, 1990)에 적용된 바 있다.

연구 사례

자기 효능감과 흡연: 대학생 사례 연구

조현이, 소지연, 이진로(2009)는 금연에 자기 효능감이 매우 중요하다는 선행 연구들의 결과에 기초하여 우리나라 남부 지역 대학생을 대상으로 개인적·사회적·문화적 요인이 자기 효능감에 미치는 효과와 흡연의 관계를 조사하였다. 그들은 조사를 통해 개인적 수준에서는 최종 금연 시도의 성공 지각이, 문화적 수준에서는 개인의 자아감, 독립성, 개인적 주도권을 의미하는 독립적 자기 구성이 자기 효능감을 증가시키는 데 긍정적 효과가 있음을 밝혀냈다. 그러나 사회적 변인이 자기 효능감에 미친 영향은 증명되지 않았다. 실제 대인 커뮤니케이션이 건강 관련 행위 및 건강 관련 정보의 확산에 미치는 효과를 고려해 볼 때, 이 부분은 후속 연구를 통해 계속 탐구해 볼 필요가 있다.

서울시 청소년의 에이즈에 대한 낙관적 편견

손애리와 박지은(2009)은 AIDS 예방의 신념과 행동 변화에 방해가 되는 요소로 개인들의 질병에 대한 낙관적 편견(자신이 위기를 경험할 가능성을 다른 사람이 위기를 경험할 가능성과 다르게 인식한다)에 주목하였다. 즉 낙관적 편견을 가질 경우 AIDS 예방 교육에 대한 수용이 낮아서 부정적인 영향을 미칠 가능성이 높다고 보았다. 그들은 서울시 소재 중·고등학생을 대상으로 인구사회학적 특성, 지식, 관여도, 자기 존중감 및 자기 통제감이 AIDS에 대한 낙관적 편견에 미치는 효과를 조사하여, 그중 관여도와 자기 존중감 및 자기 통제감이 AIDS에 관한 낙관적 편견에 영향을 준다는 것을 발견하였다. 즉 관여도가 증가할수록 낙관적 편견은 감소하는 데 비해, 자기 존중감/자기 통제감은 높을수록 낙관적 편견도 높은 것으로 나타났다. 그들은 청소년 대상 AIDS 교육에서 학생들의 신념과 행동에 영향을 주기 위해서는 단순한 지식의 제공이 아니라 AIDS와 개인의 관련성을 높이는 전략을 사용할 것을 제안하였다.

(2) 건강 신념 모델(Health Belief Model, HBM)

① 연구 전통

건강 신념 모델은 사람들의 건강 관련 행위를 설명하고 예측하려는 시도에서 비롯된 심리학적 접근 모델로 건강 관련 커뮤니케이션 연구에서 가장 많이 이용되고 있는 이론 중의 하나라 할 수 있다. 레윈(Lewin, 1935)의 의사 결정 모델에 기초한 건강 신념 모델은 1950년대 미국 공중보건서비스(Public Health Service) 소속의 사회심리학자 그룹(즉, Hochbaum, Rosenstock,

Kegels)이 처음 무료 결핵 검사 프로그램 캠페인 실패의 원인을 찾는 과정에서 개발하였다. HIV/AIDS의 전염, 비만, 흡연 등 다양한 건강 관련 행위를 연구하는 데 건강 신념 모델은 적용되고 있다(Conner & Norman, 1996).

② 주요 가정 및 개념

건강 신념 모델은 개인이 다음과 같은 조건이 주어진다면 건강 관련 행위를 받아들일 것이라 가정한다.

〈표 II-8〉 건강 신념 모델의 주요 개념

개념	정의	전략적 적용
인지된 가능성	특정 건강 관련 상황에 노출될 가능성에 대한 인식	• 위험에 노출된 사람의 수 및 그들의 위험 수준을 분명히 나타내라 • 개인의 특성과 행동에 기초한 맞춤형 위험 정보를 마련하라 • 개인이 자신의 위험에 대한 정확한 인식을 할 수 있도록 도와라
인지된 심각성	상황의 심각성과 그것의 결과에 대한 인식	• 상황의 결과와 추천할 만한 행동을 명시하라
인지된 혜택	행동을 받아들임으로써 위험과 심각한 상황을 줄일 수 있을 것이라는 효과에 대한 인식	• 언제, 어디서, 어떻게 행동을 해야 하는지 그리고 기대되는 긍정적 결과는 무엇인지 설명하라
인지된 장애 요인	행동을 실행하는 데 드는 물질적·정신적 비용에 대한 인식	• 위로, 인센티브, 도움을 제공하고 잘못된 정보는 정정해 주어라
행위 단서	변화를 위한 준비를 활성화시키는 요소들	• 방법에 대한 정보를 제공하고 인지도를 증진시키며, 계속해서 상기시키는 전략을 채택하라
자기 효능감	행동에 옮길 수 있는 자신의 능력에 대한 확신	• 실행을 위한 훈련과 지도를 제공하라 • 점진적인 목표 설정을 사용하라 • 언어적 강화를 주어라 • 바람직한 행위를 보여 주어라

출처: Rimer & Glanz, 2005

첫째, 개인은 건강 관련 특정 행위를 받아들임으로써 위험한 건강 상태를 피할 수 있다고 느낄 때 그 행위를 받아들일 수 있다. 예를 들어 콘돔을 사용하는 것이 AIDS 감염이라는 위험한 건강 상태를 피할 수 있다고 느낄 때 행동으로 옮길 가능성이 있다.

둘째, 개인은 건강 관련 특정 행위를 받아들임으로써 위험한 건강 상태에서 벗어날 수 있다는 긍정적인 기대를 가질 때 권장하는 행동을 취할 것이다.

셋째, 개인이 추천되는 건강 관련 행위를 성공적으로 받아들일 수 있다고 확신할 때, 개인은 건강 관련 행위를 받아들일 가능성이 크다. 예를 들어 AIDS 예방을 위해서는 큰 불편을 느끼지 않고 콘돔을 사용할 수 있다고 확신할 경우 콘돔의 사용을 받아들일 수 있다.

건강 신념 모델은 개인들이 인지하는 이익과 위험을 주요 개념으로 규정하고 있다. 건강 신념 모델의 연구자들은 개인들이 건강 관련 특정 행위를 받아들일 것인가 아닌가를 결정하는 데 영향을 미치는 여섯 가지 중요 개념을 제시하였다(〈표 II-8〉 참조).

③ 개념적 모델

건강 신념 모델은 개인이 행동 변화를 일으킬 가능성은 질병에 대한 인지된 위험과 인지된 혜택/행동 변화의 장애 요인과 관련된다고 보고 있다. 질병에 대한 인지된 위험은 질병에 대한 인지 가능성과 심각성의 개인적 인식과 연령, 성별 등 개인적 요소 및 행위 단서로서 미디어와 교육의 효과에 따라서 영향을 받는다([그림 II-3] 참조).

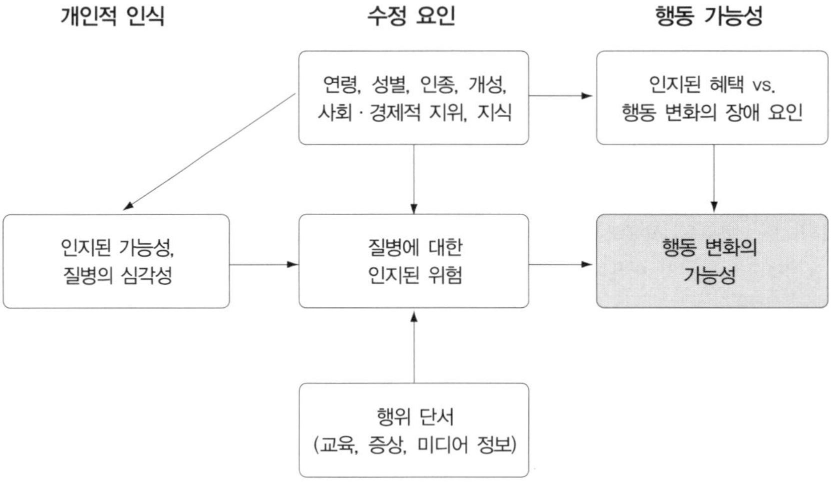

출처: Glanz, Rimer & Lewis, 2002

[그림 II-3] 건강 신념 모델

④ 방법론

건강 신념 모델은 특정 건강 행위와 관련 개인의 인식과 행동의 가능성을 알아보기 위해 주로 서베이와 같은 양적 조사 방법을 사용하고 있다.

⑤ 장점과 단점

건강 신념 모델은 건강 관련 행동에 변화를 가져오거나 관련 결정을 내리는 데 영향을 미치는 모든 변수를 제시해 주는 장점이 있다. 예를 들면 건강 행위에 대한 매스미디어의 영향력 또한 설명해 주고 있다. 그러나 지나치게 추상적이고 개념적인 개인들의 믿음에 대한 강조와 주요 변수들 사이의 영향력의 크기를 파악하기 힘든 단점이 지적된다. 또한 건강 신념 모델은 지나치게 많은 변수를 제시함으로써 건강 관련 개인들의 행동을 예측하는 데 크게 도움이 되지 않는다는 비판도 있다.

⑥ 적용 및 응용 사례

건강 신념 모델은 개인들의 건강에 대한 동기에 기초하기 때문에 건강 관련 다양한 행위를 설명하는 데 적용이 가능하다. 초기에는 결핵 관련 무료 검사에 대한 사람들의 태도와 행위를 연구했지만, 지금은 AIDS(Bletzer, 1995), 비만, 자궁암 검진, 심장병 예방, 자전거 안전모 착용(Witte et al., 1993) 등 다양한 분야의 연구에 이론적 모델을 제공하고 있다.

연구 사례

행위 단서로서 미디어 캠페인의 예방 행동에 미치는 효과 연구

이병관, 오현정, 신경아, 고재영(2008)은 인플루엔자 예방 행동에 미치는 행위 단서로서 미디어 캠페인의 효과를 건강 신념 모델을 적용하여 연구하였다. 건강 신념 모델에서 행위 단서로 작용하는 미디어 캠페인이 수용자의 행동 변화에 미치는 영향력을 분석한 결과, 미디어 캠페인이 행동 변화에 직접적인 효과를 만드는 데는 한계가 있었으나, 신념의 변화를 통해 간접적으로 수용자의 예방 행동 채택에 영향을 미친다는 것을 발견했다.

고혈압 · 당뇨병 관리 PR 캠페인 전략 개발 사례 연구

차동필(2008)은 고혈압 · 당뇨병 관리를 위한 캠페인 전략 수립에 건강 신념 모델을 적용하였다. 부산 지역 시민 32명에 대한 초점 집단 인터뷰(Focus Group Interview) 방법을 통해 대상자들이 고혈압 · 당뇨병의 합병증에 대한 지각된 취약성이 낮으며, 상황적 요소로서 의료진의 환자에 대한 관리 불만이 장애 요소가 된다는 것을 밝혀냈다. 차동필은 효과적인 메시지 전략은 목표 공중 자신이 합병증에 노출될 수 있다는 지각을 높이는 것과, 의료진에 대한 불만 해소의 방향으로 전개되어야 한다고 주장했다.

코너와 노먼(Conner & Norman, 1996)은 건강 신념 모델이 특히 (a) 예방적인 건강 행위들, 예를 들면 금연이나 다이어트, 백신 접종 등과 (b) 환자 역할 행위들, 예를 들면 항암치료를 받는 환자들의 반응 예측, (c) 병원 이용 행위 등 크게 세 영역에서 적용이 가능하다고 주장했다.

(3) **계획된 행동 이론(합리적 행동 이론)** (Theory of Planned Behavior, TPB; Theory of Reasoned Action, TRA)

① 연구 전통

피시바인과 아이젠의 합리적 행동 이론은 행동과 태도, 믿음, 의도 사이의 관계를 탐구하였다(Ajzen & Fishbein, 1980; Fishbein & Ajzen, 1975). 태도와 행동의 관계에 대한 선행 연구로부터 발전된 합리적 행동 이론(계획된 행동 이론은 합리적 행동 이론의 확장 이론이라 할 수 있음)은 개인의 행동 의도(behavioral intention)를 가장 중요한 행위 결정의 변수로 보고 있다. 행동 의도는 또한 특정 행동에 대한 개인의 태도와 믿음(주관적 규범)에 의해 영향을 받는다. 계획된 행동 이론은 합리적 행동 이론의 모델에 개개인이 특정 행동을 통제할 수 있다는 믿음이 새로운 요소로 추가된다. 아이젠과 드라이버(Ajzen & Driver, 1991)는 합리적 행동 이론을 확장, 행동에 대한 통제 변인을 추가하여 개인들의 레저 활동 참여 여부를 예측하려 했다.

계획된 행동 이론은 의도와 행동에 대한 인지된 통제라는 개념을 태도만큼이나 중요한 변인으로 규정하고 있는데, 최근 많은 건강 관련 연구가 계획된 행동 이론을 사용하여 행위의 변화를 설명하고 있다(Godin & Kok, 1996).[3]

② 주요 가정 및 개념

계획된 행동 이론은 개인의 행동이 행동 의도에 영향을 받고, 행동의 의도는 특정 행위에 대한 태도, 주관적 규범, 지각된 행동 통제 같은 변수에 의해 결정된다고 가정하고 있다. 주요 개념인 행동 의도, 태도, 주관적 규범, 지각된 행동 통제에 대한 정의와 평가 방법은 〈표 II-9〉와 같다.

---

3) Godin & Kok(1996)은 58개 연구 논문의 분석을 통해 계획된 행동 이론의 우수성을 입증했다.

〈표 II-9〉 계획된 행동 이론의 주요 개념

개념	정의	평가 방법
행동 의도	지각된 행위 수행의 경향	귀하는 (특정) 행동을 할 것 같습니까? 안할 것 같습니까?
태도	행동에 대한 개인적 평가	귀하는 (특정) 행동을 긍정적·중립적·부정적으로 보십니까?
주관적 규범	행동에 대해 주요 인사들의 승인 여부에 대한 인지; 그들의 승인을 얻는 방향으로 행동하고자 하는 동기	귀하는 대부분의 사람들이 (특정) 행동에 대해 승인할 것이라는 데 동의하십니까?
지각된 행동 통제	개인의 행동 실현과 행동 수행에 대한 통제의 인지	귀하는 (특정) 행동이 전적으로 당신에게 달려 있다고 믿습니까?

출처: Rimer & Glanz, 2005

③ 개념적 모델

계획된 행동 이론의 모델은 행동이 행동 의도에 의해 결정되며, 행동 의도는 행동에 대한 태도, 주관적 규범, 지각된 행동 통제에 의해 영향을 받음을 보여 주고 있다([그림 II-4] 참조). 행동에 대한 태도와 주관적 규범, 지각된 행동 통제 변인은 또한 각각의 하위 변인들을 가진다.

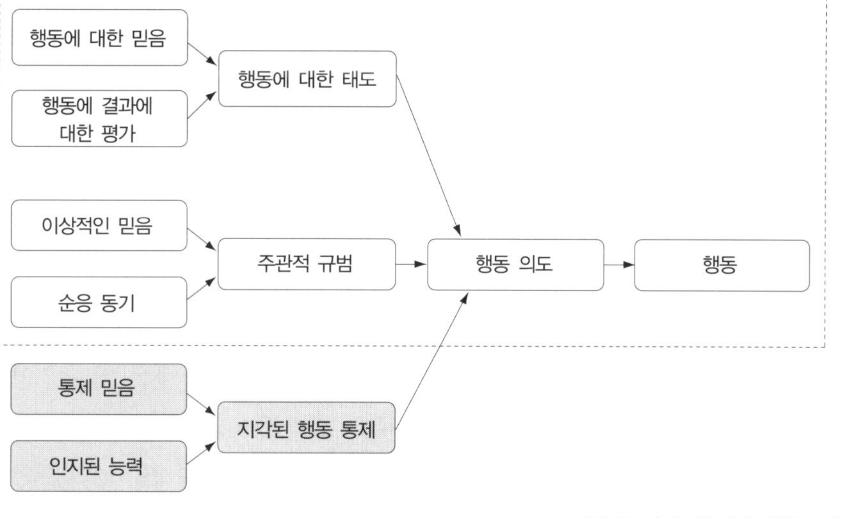

(점선 안은 합리적 행동 이론 모델)
출처: Rimer & Glanz, 2005

[그림 II-4] 계획된 행동 이론 모델

최근 피시바인은 계획된 행동 이론과 건강 신념 모델, 사회 인지 이론을 결합한 통합 모델(An Integrative Model)을 제시하였다(Fishbein & Cappella, 2006; Fishbein & Yzer, 2003).

이 모델은 개인적 요소(기술과 능력)와 환경적 요소의 직접적 효과와 배경의 영향력(과거 행위, 문화, 감정, 고정관념, 인지된 위험, 미디어 및 중재 요인에 대한 노출)을 간접적 요소로 고려한 것이 계획된 행동 이론 모델과 다른 점이라 볼 수 있다([그림 II-5] 참조).

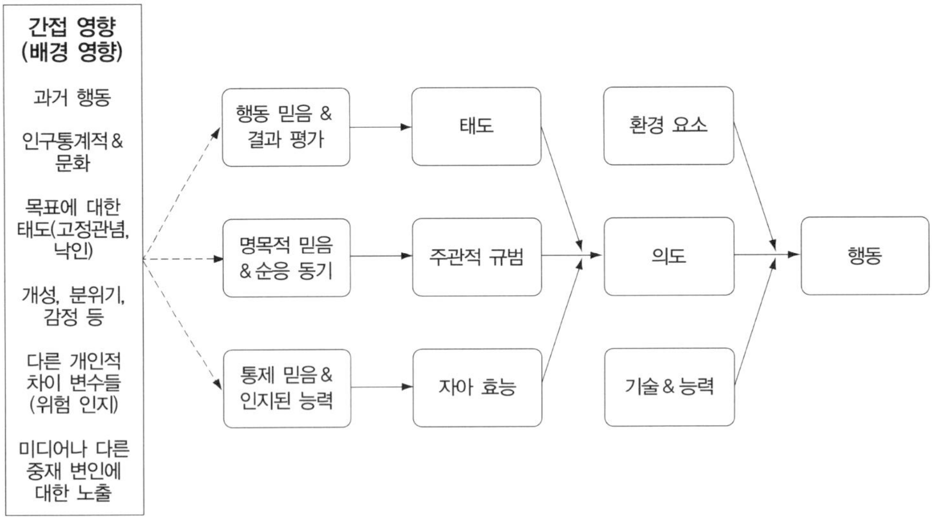

출처: Fishbein & Cappella, 2006

[그림 II–5] 통합 모델

④ 방법론

계획된 행동 이론 관련 연구는 관찰 실험과 서베이 조사를 주로 이용하고 있다. 관련 연구 및 샘플 문항, 연구 디자인에 대한 자료는 아이젠 교수의 홈페이지에서 구할 수 있다 (http://people.umass.edu/aizen/tpb.html).

⑤ 장점과 단점

계획된 행동 이론은 개인의 행동이 의도된 것으로 다양한 변수가 행동 의도에 영향을 미치는 것으로 가정하고 있다. 이것은 행위에 대한 예측 모델로서 의의가 있으나 개인의 행동이 반드시 의도된 행위만 있는 것이 아니라 반사적인, 습관적인, 비의도적인 행위도 있기 때문에 이런 행위들에 대해서는 설명이 부족한 면이 있다.

그러나 계획된 행동 이론은 헬스 커뮤니케이션 분야뿐 아니라 소비자의 행동이나 유권자의 투표 행위 예측 등 다양한 분야에서 설득력 있는 설명 모델로서 자주 이용되고 있다.

⑥ 적용 및 응용 사례

식이요법, 약물중독 치료 프로그램과 같은 분야에서도 적용이 가능하다. 왕샤오(Wang, 2009)는 549명의 대학생을 서베이 조사하여 규칙적으로 체육 활동에 참여하려는 개인의 행동 의도는 운동의 실익과 자아 존중을 유지하려는 태도, 자기 감시와 자아 존중 사이의 상호 작용에 의해 예측될 수 있음을 발견하였다.

연구 사례

여대생의 음주 행동과 계획된 행동 이론

이진우, 심성욱, 손영곤(2009)은 여대생의 음주 행동에 영향을 미치는 요인을 계획된 행동 이론을 사용하여 밝혀냈다. 연구 결과에 따르면, 우리나라 여대생들의 음주 행동은 주관적 규범, 지각된 행동 통제, 음주 동기가 주로 영향을 미치는 요소로 나타났다. 이러한 연구의 결과는 여대생을 대상으로 음주에 대한 캠페인을 수행한다고 할 때 주관적 규범을 강조하는 메시지와 전략을 마련해야 함을 시사한다.

(4) 보호 동기 이론(Protection Motivation Theory, PMT)

① 연구 전통

보호 동기 이론은 공포 소구(fear appeals) 메시지와 사람들이 그것들을 어떻게 받아들이는가를 연구하는 과정에서 탄생했다(Rogers, 1975). 단순히 보면 두려움이 보호 본능을 일으켜서 행동의 변화를 일으킨다는 것이다. 로저스는 질병의 위험과 발생 가능성에 대한 공포 소구 메시지가 개인의 효능감(efficacy)과 결합하여 개인이 행동을 수용하도록 설득시킬 수 있다고 보고 있다(Rogers, 1983). 반면에 위트(Witte, 1992)는 공포 소구가 늘 성공하는 것은 아니며, 어떤 사람들에게 성공적이고 어떤 사람들에게 그렇지 않은지 설명하기 위해 확대된 평행 과정 모델(Extended Parallel Process Model, EPPM)을 제시하기도 했다.

오늘날 보호 동기 이론은 건강 관련 이슈에 대한 토론이나 질병 관련 진단이 내려질 때 사람들이 어떻게 반응하는가를 설명하는 데 적용되고 있다.

② 주요 가정 및 개념

보호 동기 이론은 위협적 요소에 대한 평가와 처리의 과정을 다루고 있다. 평가는 질병에 노출될 취약성과 질병의 심각성에 대한 예측이다. 보호 동기 이론은 개인들이 자신을 보호하고자 하는 의도가 네 요소, 즉 인지된 위험의 심각성, 인지된 위험의 발생 가능성 혹은 취약성, 추천되는 예방 행위에 대한 효능감, 인지된 자아 효능감에 의해 결정된다고 보고 있다. 각각의 개념에 대한 정의는 〈표 II-10〉과 같다.

〈표 II-10〉 보호 동기 이론의 주요 개념

개념	정의
인지된 심각성	위험한 질병이나 사건의 인지된 심각성
인지된 발생 가능성	개인의 특정 질병에 대한 인지된 발생 가능성, 취약성
인지된 반응 효능감	위험을 예방하거나 제거하기 위해 추천된 행위의 효과
인지된 자아 효능감	추천되는 예방 행위를 수행할 수 있는 자신의 능력에 대한 확신의 정도

③ 개념적 모델

보호 동기는 위험 평가와 처리 평가에 의해 영향을 받는다. 경험되는 위험의 양은 보상에서 심각성과 취약성을 뺀 부분이다. 보상은 건강하지 못한 행동을 시작하거나 계속하는 것의 긍정적 측면(예를 들면 육체적 만족이나 동료 집단의 인정 등)을 의미한다. 처리 평가는 인지된 반응 효능감과 자아 효능감에서 추천되는 행동과 관련된 반응 비용(예를 들면 육체적 불편, 금전적 비용 등)을 뺀 부분이다([그림 II-6] 참조).

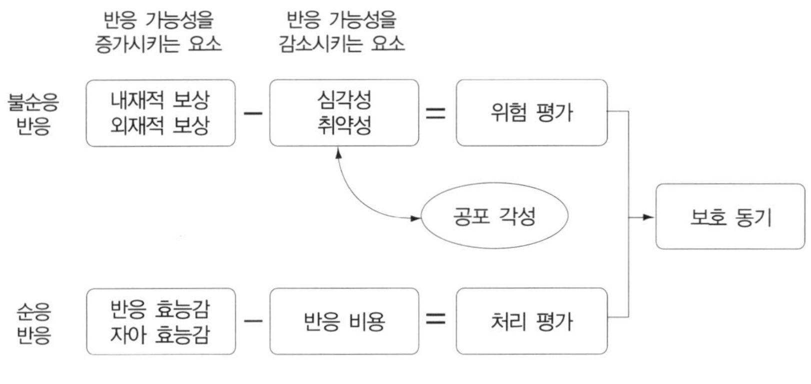

출처: Rogers, 1983

[그림 II-6] 보호 동기 이론의 의식 중재 과정

④ 방법론

보호 동기 이론은 주로 서베이와 실험을 통해 검증을 시도하고 있다.

⑤ 장점과 단점

보호 동기 이론에서는 인식된 공포와 효능감과 같은 개념을 사용하여 개인의 건강 관련 행위를 단순화시켜 설명하고 있다. 공포 소구의 사용을 통해서 높은 위험도와 효능감을 주는 메시지를 만들 경우 행동 변화를 일으킬 수 있다. 그러나 개념은 단순한 데 비해, 그것의 실행은 다소 복잡하고 도전을 받을 수 있다. 개개인의 특성이 매우 다양하기 때문이다. 위협과 효능의 균형을 맞추는 것이 한 개인에게는 효과가 있을 수 있으나, 다른 사람에게는 무반응, 회피, 분노 혹은 부메랑 효과를 가져올 수도 있기 때문이다.

⑥ 적용 및 응용 사례

각종 암, 카페인, 흡연, 알코올 등의 예방 프로그램 및 장기 기증 운동 등과 같은 헬스 커뮤니케이션 캠페인은 물론 운동 처방이나 운전자 교육, 어린이 안전모 착용과 같은 사회적 캠페인 프로그램 등에도 적용되고 있다.

연구 사례

음주 예방 프로그램과 공포 소구 메시지

스태인백과 로저스(Stainback & Rogers, 1983)는 보호 동기 이론에 기초하여 알코올 소비를 줄일 수 있는 방법을 찾고자 하였다. 그들은 고등학생들을 대상으로 무분별한 음주가 불쾌한 결과를 만든다는 설득적 메시지를 만들어 공포 메시지가 행동에 미치는 효과를 실험하였다. 그들은 학생들을 두 집단으로 분류하여, 한 집단에는 음주가 심각한 결과와 높은 부정적 사건을 만들 가능성을 보여 주는 커다란 공포를 일으키는 메시지를 사용했고, 다른 집단의 학생들에게는 음주의 결과가 심각하지 않으며, 부정적 결과를 만들 가능성이 낮다는 메시지에 노출시켰다. 높은 공포 메시지에 노출된 학생들은 그렇지 않은 학생들보다 위험에 대해 심각하게 받아들였고 무분별한 음주가 심각한 결과를 만들 것이라고 인지하였다. 높은 공포 메시지에 노출된 직후에는 낮은 공포 조건보다 술을 안 마시고자 하는 보다 강한 의도가 나타났다.

(5) 정교화 가능성 모델(Elaboration Likelihood Model, ELM)

① 연구 전통

정교화 가능성 모델은 개인들의 태도가 어떻게 형성되며, 또 어떻게 변화되는가에 관한 설명을 제시하는 설득적 모델로 카치오포와 페티(Cacioppo & Petty, 1979)에 의해 제시되었다. 과거의 설득 모델들을 통합하여 설득 및 태도 변화의 과정을 포괄적으로 제시하였다는 평가를 받고 있다. 설득적 메시지에 개인들이 얼마나 인지적 노력을 하는가(정교화 가능성)에 따라 정보 처리의 과정이 차이가 나며, 태도에 영향을 미친다고 보고 있다.

② 주요 가정 및 개념

정교화 가능성 모델은 태도가 개인들의 의사 결정과 행동에 영향을 미치는 중요한 변수라는 가정에서 시작한다. 이러한 태도는 개인들이 설득적 메시지에 대해 얼마나 많이 그리고 적극적으로 생각하는가(정교화 가능성) 여부에 따라 각기 다른 인지 처리 과정(즉 중심 경로 이용과 주변 경로 이용)을 거쳐서 형성된다. 정교화 가능성 모델은 기본적으로 다음과 같은 가정을 하고 있다(Petty & Cacioppo, 1986).

첫째, 설득은 서로 다른 두 개의 경로, 즉 중심 경로와 주변 경로 중 하나를 거쳐 일어난다.

둘째, 두 개의 서로 다른 경로는 정교화 가능성의 정도에 따라 결정된다.

셋째, 정교화 가능성의 정도는 메시지 처리에 대한 동기(개인적 관여도와 인지 처리 필요)와 개인의 능력(관련 지식이나 정보 처리 시간)에 따라 결정된다.

넷째, 높은 정교화 가능성을 거쳐 형성된 태도는 낮은 정교화 가능성 과정을 통해 형성된 태도보다 설득에 저항적이며, 영속적이고 행동의 예측이 가능하다.

정교화 가능성 모델을 이해하기 위해서는 정교화 가능성, 중심 경로(central route), 주변 경로(peripheral route), 통로 선택에 영향을 미치는 요소들에 대해 알 필요가 있다. 주요 개념에 대해 알아보자(〈표 II-11〉 참조).

〈표 II-11〉 정교화 가능성 모델의 주요 개념

개념	정의
정교화 가능성	• 설득 메시지에 대해 개인들이 심사숙고(정교화)하려는 정도(가능성) • 메시지 처리에 대한 동기와 능력에 따라 영향을 받음
중심 경로	• 정교화 가능성이 높을 때 메시지가 처리되는 경로 • 많은 인지적 노력을 필요로 함 • 중심 경로를 통해 형성된 태도는 비교적 장기간 지속되며, 행동에 영향을 미침
주변 경로	• 정교화 가능성이 낮을 때 메시지가 처리되는 경로 • 많은 인지적 노력이 필요치 않음 • 메시지 자체보다 주변 신호(peripheral cue)에 의해 태도를 형성하거나 바꿈 • 단기적 태도 변화

③ 개념적 모델

설득적 메시지를 어떻게 처리할 것인가? 즉 정교화의 가능성 여부는 메시지 처리에 대한 동기 및 메시지 처리에 대한 능력과 관련된다. 메시지를 처리할 동기가 있는가? 없는가?

이러한 동기는 개인적 관여도(개인적으로 관련되는 정도), 메시지 처리에 대한 인지적 필요성(메시지의 중요성에 대한 인식), 메시지 처리에 대한 개인적 책임성(개인이 메시지 처리에 대한 관심의 정도)에 의해 발생한다. 이러한 동기와 더불어 메시지 처리에 대한 능력은 메시지가 중심 경로를 통해 처리되는 데 필수적 조건이 된다. 메시지 처리에 대한 능력은 주로 메시지 처리에 방해가 되는 분산 요인, 사전 지식의 유무, 메시지에 대한 이해와 메시지의 반복 등에 의해 평가되어 왔다.

메시지 처리에 대한 동기와 능력이 없을 경우, 주변 경로에 의한 설득이 발생한다. 주변 경로를 통한 설득은 주변 신호(peripheral cue)—예를 들면 정보원의 호감도와 신뢰도, 메시지의 길이, 편승 효과(주변의 동참 여부)가 영향을 미치는 것으로 드러났다.

④ 방법론

정교화 가능성 모델을 검증하기 위해서 주로 사용한 방법은 설문지를 사용한 실험 연구다. 브랜드 연상, 정보원의 신뢰도 등과 관련된 질문을 사용하여 정보 처리 과정과 태도 변화를 측정하였다.

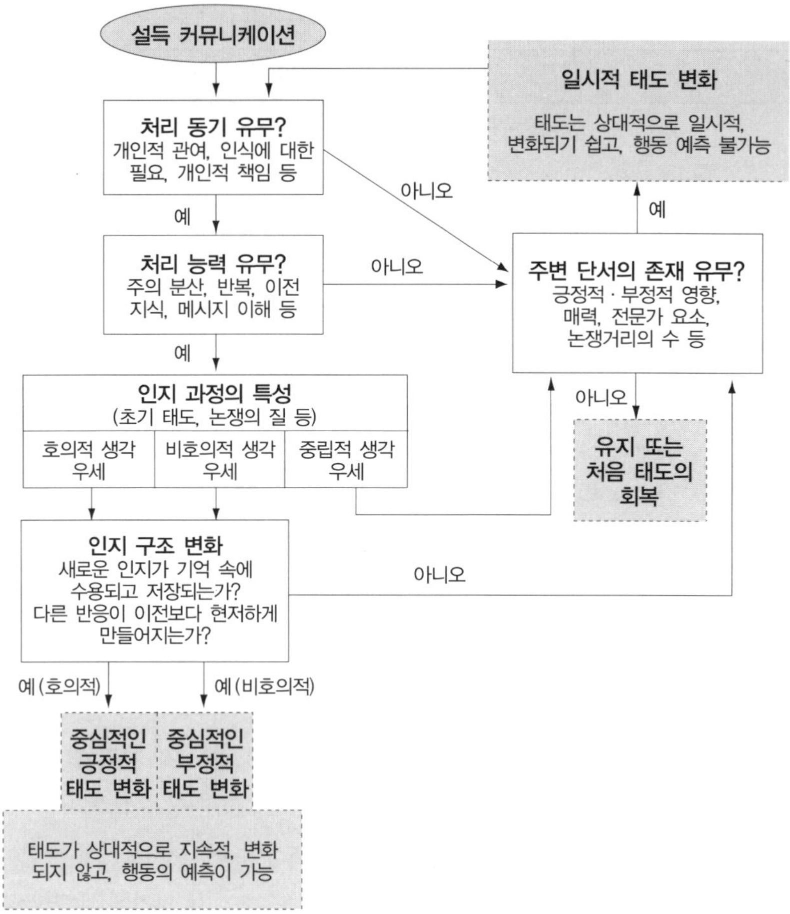

출처: Petty, Kasmer, Haugtvedt & Cacioppo, 1987

[그림 II-7] 정교화 가능성 모델

⑤ 장점과 단점

정교화 가능성 모델은 기존의 설득 모델을 통합함으로써 다양한 상황에서의 설득 현상을 설명한다. 특히 개인적 요소와 메시지 특성, 메시지 전달자의 요소, 상황적 요소 등 다양한 설득적 요소를 검증하는 것이 가능한 장점이 있다.

반면에 동기의 유무나 능력의 유무라는 이분법적 구분에 따라 정보 처리 과정을 결정하는 것은 두 조건이 다 높은 상황에서 주변 신호의 역할을 설명하지 못한다는 단점이 있다(김영석, 2005). 설득적 메시지의 경우도 그것이 얼마나 질적으로 뛰어난지 그렇지 못한지 설명하지 못하며, 궁극적으로 각기 다른 경로를 통해 형성된 태도가 행동과 어떤 관계가 있는지 설명을 하지 못하고 있다는 비판도 있다.

⑥ 적용 및 응용 사례

정교화 가능성 모델은 건강 관련 정보 처리 과정(Kreuter, Bull, Clark & Oswald, 1999)과 건강 관련 메시지의 전략(Howlett, Burton & Kozup, 2008; Kreuter & Wray, 2003) 연구에 많이 이용되었다. 실무적인 측면에서도 건강 관련 설득 메시지의 전략에 적용될 수 있다.

연구 사례

비디오 프로그램을 이용한 청소년 식이 장애 예방 프로그램

위더스와 버트하임(Withers & Wertheim, 2004)은 정교화 가능성 모델의 이론을 적용하여 식이 장애 예방을 설득시키는 프로그램을 실험하였다. 그들은 사춘기 소녀들을 세 그룹으로 분류한 후, 첫 번째 그룹에는 예방 비디오 프로그램을 시청하게 하였고, 두 번째 그룹에는 비디오 시청 후 토론과 작문 또는 통제에 관한 토론을 진행하였다. 그리고 마지막 그룹에는 어떤 중재도 하지 않았다. 실험 결과 어떠한 중재도 하지 않은 그룹에 비해서 비디오 시청 후 토론을 했던 그룹에서 신체 이미지 및 지식에 대한 현저한 향상이 발견되었다. 높은 정교화와 낮은 정교화를 한 소녀들과 중재된 그룹에 속해 있는 소녀들 사이에서는 결과에 차이가 발견되지 않았다. 이것은 예방 프로그램 속에 비디오 시청을 포함시키는 것이 필요하다는 것을 시사하고 있다.

(6) 변화 단계 모델(범이론적 모델) (Stages of Change Model, SCM; Transtheoretical Model, TTM)

① 연구 전통

프로캐스카와 디클레멘테(Prochaska & DiClemente, 1986)에 의해 개발된 변화 단계 모델은 자신의 의지로 금연을 시도한 개인들과 전문적인 도움을 받아 금연을 시도한 개인들의 경험을 비교한 연구에서 시작됐다. 초기에 심리학의 여러 이론을 포괄적으로 결합함으로써 또한 범이론적(transtheoretical) 모델이라 불렸다.

② 주요 가정 및 개념

변화 단계 모델은 행동의 변화가 하나의 사건이 아니라 일련의 과정(process)이라고 보고 있다. 행동의 변화는 자기 관리에 따르든지 전문가의 도움을 받든지 구분하지 않고 단계를 밟는다고 가정한다. 행동 변화의 유형이나 이슈에 따라서 개인들이 변화 단계를 경험하는 것은 개인별로 다를 수 있다. 예를 들어 건강 유지를 위해 채식 위주로 식습관을 바꾸려는 사람과 건강을 위해 금연을 시도하려는 사람은 다른 단계를 경험할 수 있다. 행동의 변화가 일어나기 위해서는 다음과 같은 전제가 있다.

첫째, 변화는 개인이 스스로 필요를 느껴서 자발적으로 해야 하는 것이다.

둘째, 자신의 행동에 대한 문제의식을 가져야 하며, 변화의 필요성을 인식해야 한다.

셋째, 행위 변화의 득과 실이 분석, 반영된다.

넷째, 개인의 행동 변화에 대한 동료나 사회의 지지가 필요하다.

변화 단계 모델이 제시하는 여섯 단계(stage)—즉, 숙고전(Precontemplation), 숙고(Contemplation), 준비(Preparation), 실행(Action), 유지(Maintenance), 종결(Termination)의 개념과 특징은 〈표 II-12〉와 같다. 이 여섯 단계에는 들어가지 않지만 실행이나 유지 단계에서 종결하지 못하고 이전의 변화 전으로 돌아가는 '원상 복귀(relapse)' 개념 또한 있다(Prochaska & Velicer, 1997).

〈표 II-12〉 변화 단계 모델의 주요 개념

단계	정의	특징
숙고전	행동을 바꿀 의도가 없음	전혀 인식하지 못함
숙고	의도는 있으나 준비가 되어 있지 않음	부족한 정보
준비	의도를 가지고 변화를 준비함	약간의 도움이 필요
실행	행동을 변화시킴	사회적 지원, 확신 필요
유지	변화된 행동을 지속시킴	과거 회귀 가능성도 있음
종결	행동 변화 완결	이전 행위로 회귀하지 않음

③ 개념적 모델

변화 단계 모델은 개인의 행동 변화의 순환적 과정을 보여 주고 있다.

행동 변화에 대한 의도가 전혀 없는 단계에서 시작하여, 숙고, 준비, 실행, 유지를 거쳐 행동 변화의 완결인 종결 단계에 이른다. 그러나 개인의 행동은 종결 단계에서도 이전 행동으로 회귀할 수 있고, 그 이전 단계에서도 행동을 포기하고 과거의 행동으로 돌아갈 수 있다([그림 II-8]).

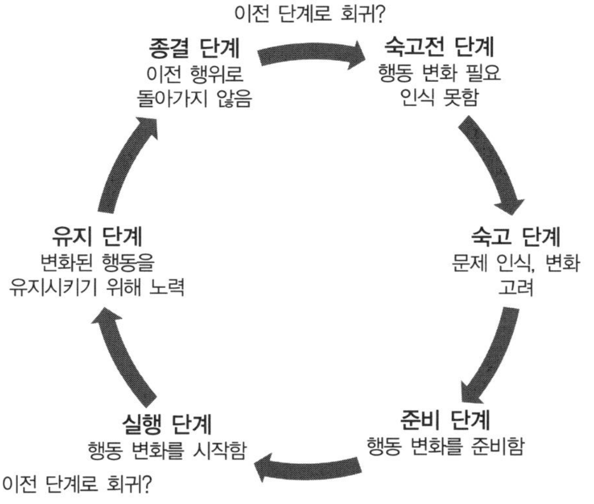

[그림 II-8] 변화 단계 모델

④ 방법론

주로 실험 연구를 통해 이론을 검증하고 있다.

⑤ 장점과 단점

변화 단계 모델은 개인이 행동 변화를 위해 정보를 합리적으로 처리할 것이며 체계적 단계를 거치는 것을 가정하고 있다. 그러나 행동의 변화는 합리적 사고뿐 아니라 감정, 습관, 사회적 분위기 등 복합적 요소가 영향을 미친다.

변화 단계 모델은 다른 이론들에 비해 개인의 행위 변화를 예측하는 데 취약하다고 지적되고 있고, 이론을 지지하는 연구 결과가 제한적이라는 비판도 있다. 각각의 단계가 명확히 구분되지 않고 때로는 겹친다는 주장도 있고, 방법론적인 측면에서도 측정을 위해 타당한 표준화된 설문 문항이 존재하지 않는다는 점도 언급된다.

그럼에도 불구하고 교차 분석이나 시계열 분석을 통해 행동 변화의 원인과 결과를 밝혀 변화 단계 모델의 유효성을 보여 준 사례도 있다(Sutton, 2001).

⑥ 적용 및 응용 사례

중독 치료나 금연, 다이어트, 노인층의 운동 증진과 같은 사례에서 변화 단계 모델은 적용되고 있다.

연구 사례

운동 부족에 대한 지역사회 중심 미디어 캠페인 효과

렌거와 동료들(Renger et al., 2002)은 범이론적 모델에 기초하여 지역의 운동 부족 문제를 해결하기 위해 지역사회 중심의 프로그램을 개발, 실행, 평가하고자 하였다. 프로캐스카가 제시한 범이론적 모델에 따라 지역사회 구성원들은 방송과 기업 미디어용으로 운동의 이점과 장애 요소, 그리고 자기 효능감 증진에 초점을 맞춘 메시지를 개발하였다. 미디어 캠페인은 인지된 장애 요소, 운동의 이점과 자아 효능감을 변화시키는 데 효과적이었고, 결과적으로 기대하지 않았던 행동의 변화 효과를 가져왔다. 이 캠페인의 성공은 지역의 특성에 잘 맞는 메시지를 개발했기 때문이라 볼 수 있다. 지역 구성원들이 운동 활동에 참가하는 것을 보는 것도 사람들로 하여금 미디어 메시지에 순응하도록 하는 동기를 유발할 수 있다.

(7) 예방 채택 과정 모델(Precaution Adoption Process Model, PAPM)

① 연구 전통

예방 채택 과정 모델은 범이론적 모델보다 후에 개발됐지만, 많은 관심을 끌고 있는 이론이다(DiClemente et al., 2002). 예방 채택 과정 모델이나 범이론적 모델이나 행동에 이르는 과정을 다루는 면은 유사하나, 과정의 수나 각각의 과정에 대한 정의는 다소 다르다(Weinstein & Sandman, 2002). 예방 채택 과정 모델은 개인의 결정이 어떻게 행동으로 연결되는지 일곱 단계를 통해 설명한다. 예방 채택 과정 모델은 새로운 예방 행위의 수용이나, 위험한 행동의 포기를 설명하는 데 적용될 수 있다. 사람들의 습관적 행동으로부터의 변화 과정 또한 예방 채택 과정 모델을 통해 설명할 수 있다.

② 주요 가정 및 개념

예방 채택 과정 모델은 개인이 결정으로부터 행동에 이르는 과정을 심리학적 측면에서 단계별로 제시하고 있다. 동일한 단계에 있는 사람은 동일한 행동 변화의 어려움을 느끼게 되고, 또 행동 변화의 가능성을 경험하게 된다. 각각의 단계에 대한 특징은 〈표 II-13〉과 같다.

〈표 II-13〉 예방 채택 과정 모델의 단계와 단계별 특징

단계	특징
1단계	이슈나 위험 요인에 대해 전혀 알지 못함, 미디어 메시지 효과 필요
2단계	이슈 인지 시작, 태도 형성 과정, 저관여 상태
3단계	행동 여부에 대한 결정 준비 단계, 개인의 경험이 영향을 미침
4단계	행동하지 않기로 결정, 정보에 대해 부정적 태도, 설득에 저항
5단계	정보에 대해 숙고, 행동 필요 결정
6단계	행동 실행에 대한 정보와 도움 필요
7단계	행동 유지

③ 개념적 모델

예방 채택 과정 모델은 개인의 건강 관련 행위가 발생하는 과정을 7단계로 설명하고 있다. 이슈에 대한 인지가 없는 1단계서부터 행동 여부에 대한 결정을 거쳐 행동으로 가는가 하면, 행동을 포기하는 단계까지 개인의 행동이 어떤 과정을 거쳐 일어나는지 보여 주고 있다([그림 II-9]).

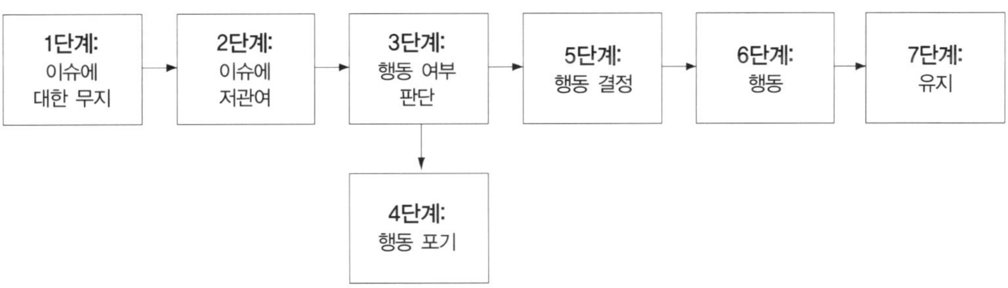

출처: Rimer & Glanz, 2005

[그림 II-9] 예방 채택 과정 모델

④ 방법론

서베이를 통한 이슈 인지 여부 및 관여도에 대한 조사를 하고 있다.

⑤ 장점과 단점

예방 채택 과정 모델의 장점은 범이론적 모델처럼 행동 변화 과정의 다양한 단계를 확인할 수 있다는 점일 것이다. 캠페인이나 실험에 참가한 사람이 어떤 단계에 있는지 확인할 수 있고, 그것을 바탕으로 다음 단계로 진행할 수 있도록 효과적이며 효율적인 전략의 마련이 가능하다. 그러나 예방 채택 과정 모델은 개인의 행위의 결정 과정을 단순히 이슈에 대한 인지 및 관여 정도로 단순화시킴으로써, 지나치게 인지적 측면만을 강조했다는 점이 지적된다. 즉, 개인의 행동 결정 과정에서 인지적 요소 외에도 다양한 외적 변수의 효과에 대한 설명이 부족하다.

⑥ 적용 및 응용 사례

예방 채택 과정 모델은 새로운 예방 행위를 수용하거나, 위험한 행위를 포기하도록 캠페인을 기획하는 데 사용될 수 있다. 예를 들면 골다공증 예방, 유방암 검진, 헤파티티스 B 백신 접종 캠페인에 성공적으로 적용되었다(Weinstein & Sandman, 2002). 흡연이나 비만 같은 쉽게 변화하지 않는 행동 양식을 바꾸는 전략의 마련에도 기초적인 아이디어와 방향을 제시해 줄 수 있다.

연구 사례

가정 라돈 실험을 통한 예방 채택 과정 모델의 검증

와인스타인과 동료들(Weinstein et al., 1998)은 가정 내 라돈(radon) 실험을 통해 예방 채택 과정에서의 변수들을 검증하고자 하였다. 가정 내 개인들이 건강 관련 보호 행동을 취하는 과정(라돈 테스트 키트의 구매)으로 나아가는 데 장애가 되는 요소는 무엇인지를 각각의 단계별로 샘플 가정마다 다른 처치를 함으로써 조사하였다. 실험 결과 예측했던 대로 위험에 대한 처치가 건강 관련 행위에 대해 결정을 내리지 못한 사람들로 하여금 검사를 받도록 하는 데 다른 집단에 비해 더 효과적이었다.

2) 지역사회 차원

지역사회 차원의 이론들은 건강의 문제를 개인적 차원이 아닌 집단적이며, 사회생태학적 시각에서 분석하는 것이 중요하다고 본다. 지역사회가 건강이나 위험을 어떻게 인식하고 관리하는지 그리고 문제 해결을 위해 어떻게 참여하는지를 연구해 왔다.

개인의 건강에 대한 인식과 태도에 초점을 맞춘 개인 중심의 헬스 커뮤니케이션 캠페인에서 그러한 개인의 행동에 영향을 미치는 지역사회의 환경의 변화를 위한 헬스 커뮤니케이션 캠페인이 1980년대 이후 강조되고 있다.

지역사회 차원의 이론들은 기관, 지역사회, 공공 정책 차원 측면에서 적용 가능한 이론들을 포함하고 있다. 지역사회 차원의 이론들은 사회 체계가 어떻게 기능하고, 변화하며, 또한 지역사회 구성원과 조직들을 움직이는지를 탐구하여 의료 조직, 학교, 직장, 공공 기관 같은 다양한 그룹에 적용 가능한 전략을 제시하고 있다(Rimer & Glanz, 2005).

지역사회 차원의 대표적 이론인 혁신 확산 이론과 지역사회 준비 모델에 대해 알아보자.

(1) 혁신 확산 이론(Diffusion of Innovations Theory, DIT)

① 연구 전통

혁신 확산 이론은 1903년 프랑스의 사회학자 가브리엘 타르드(Jean Gabriel Tarde)의 저서 『모방의 법칙』에 이론적 기원을 두고 있다(Bryant & Thompson, 2002). 타르드는 개인의 혁신 수용이 S형 곡선으로 나타나며([그림 II-10] 참조), 그 과정에서 대인 커뮤니케이션의 역할의 중요하다는 점을 제시하여 후속 연구에 많은 영향을 미쳤다.[4] 혁신 확산 이론은 타르드의 모방 개념과 개인이 모방을 통해 학습하게 된다는 반두라의 사회 학습 이론에 이론적 기초를 두고 있다(Rogers & Singhal, 1996). 새로운 아이디어나 제품, 서비스, 기술 등이 특정한 시기에 사회 체계의 구성원들에게 커뮤니케이션 채널을 통해 퍼져 나간다는 혁신 확산 이론은 커뮤니케이션, 마케팅, 사회학, 농학, 경제학, 의료사회학 등 여러 분야에 두루 적용되고 있다(Rogers, 1995).

---

4) 혁신의 확산 과정에서 대인 커뮤니케이션의 효과에 비해 매스미디어의 효과는 제한적이다. 초기 혁신자들은 매스미디어를 통해 직접적으로 정보를 얻게 되지만, 다른 수용자들은 사람들에 의해 영향을 받는다.

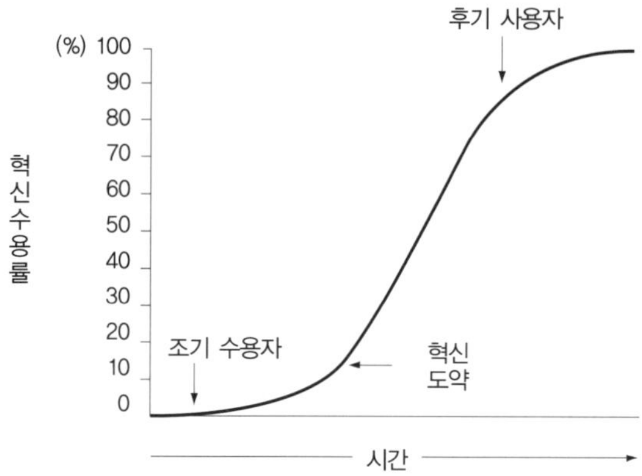

[그림 II-10] 혁신 확산의 S 곡선

② 주요 가정 및 개념

로저스는 혁신의 확산 과정에 어떤 조건들이 영향을 미치는지에 관심을 가져왔다. 그에 따르면, 혁신의 확산 폭과 속도는 다음과 같은 조건들이 영향을 미친다.

첫째, 혁신의 상대적 이점(혁신이 대체 대상보다 우수한가?)
둘째, 혁신의 적합성(혁신이 목표 공중에 적합한가?)
셋째, 혁신의 용이성(혁신이 사용하기 쉬운가?)
넷째, 혁신의 시도 가능성(혁신이 수용 결정을 내리기 전에 시험해 볼 수 있는가?)
다섯째, 혁신의 관찰 가능성(혁신의 결과가 쉽게 측정 가능하고, 관찰되는가?)

〈표 II-14〉 혁신 확산 이론의 주요 개념

개념	정의
혁신(Innovation)	개인, 조직, 지역사회에 새로운 것으로 인식되는 아이디어, 제품, 행동 등
커뮤니케이션 채널 (Communication Channels)	새로운 아이디어가 사람들 간에 전달되는 통로
사회 체계(Social System)	혁신을 함께 수용하는 사회 체계 내 사람들의 집단
시간(Time)	혁신을 수용하는 데 소요되는 시간

출처: Rimer & Glanz, 2005

혁신 확산 이론은 개인들의 혁신 수용 과정에서 미디어와 대인 커뮤니케이션 등 다양한 채널이 정보의 전달과 의견 및 판단에 영향을 미친다는 것을 보여 주었다. 로저스는 혁신이 4단계, 즉 지식, 설득, 결정, 확인의 단계를 거쳐 일어난다고 보았다(Rogers, 1995). 지식, 설득, 결정, 확인의 각각의 단계와 특징은 개념적 모델에서 확인할 수 있다. 혁신의 확산 과정에서는 또한 정보의 흐름이 중요한데 이것은 사회적 네트워크의 특징과 여론 주도층의 역할에 의해 영향을 받는다. 혁신 확산 이론의 주요 개념은 〈표 II-14〉와 같다.

혁신 확산 이론은 혁신 수용자를 혁신 채택의 속도와 특징에 따라 다섯 그룹으로 분류하고 있다. 혁신자는 가장 빨리 수용하는 사람들의 집단으로 도전적이며, 불확실과 실패에도 매우 관용적인 특징이 있다. 전체 구성원의 2.5% 정도가 이에 해당한다. 조기 수용자는 존경받는 여론 지도층으로 이들은 자신의 혁신 수용을 정당화하며 성공적으로 수용하게 된다. 혁신의 주요 정보원으로서 혁신 확산의 매우 중요한 역할을 담당하게 된다. 전체 구성원 중에서 13.5%를 차지한다. 조기 다수 수용자는 심사숙고형으로 동료 집단과 강하게 연결되어 있어서 동료 집단 내 조기 수용자의 영향력을 받기 쉽다. 평균보다 약간 앞서는 집단으로 전체 구성원 중 34%가 이에 해당한다. 후기 다수 수용자는 동료나 주변의 채택 압력에 따라 마지못해 움직이는 집단으로 경제적 필요성이 혁신의 수용에 가장 영향을 미치는 것으로 알려졌다. 전체 구성원 중 34%를 차지한다. 지체 수용자는 전통적인 방식의 고수자로 혁신에 대해 강한 거부감을 나타낸다. 같은 사고방식의 사람들끼리 교류를 통해 자신의 신념과 행동을 강화하려고 노력한다. 전체 구성원 중 16% 정도를 차지한다(〈표 II-15〉 참조).

〈표 II-15〉 혁신 채택자의 범주

채택자	특징	구성(%)
혁신자	• 대담하고, 도전적이며 세계주의적인 마인드를 가짐 • 불확실과 실패에 대해서도 관용적임	2.5
조기 수용자	• 존경받는 여론 지도층, 혁신의 정당화 및 성공적 수용	13.5
조기 다수 수용자	• 심사숙고형, 동료 집단과 강하게 연결됨 • 평균보다 약간 앞섬	34
후기 다수 수용자	• 회의적, 조심스러우며 불확실에 대한 낮은 관용 • 동료, 사회적 압력, 경제적 필요성이 채택 유발함	34
지체 수용자	• 전통적 행위 방식 고수하고 새로운 시도 꺼리는 의심형 • 같은 사고방식의 사람들과 상호 작용(상대적 고립)	16

출처: Rogers, 1995

③ 개념적 모델

혁신 확산 모델은 혁신 확산에 영향을 미치는 다섯 요소에 주목하고 있다. 즉 수용에 영향을 미치는 혁신의 특징, 개인이 수용을 결정하는 과정, 혁신을 수용하는 개인의 특징, 혁신 수용의 결과, 그리고 혁신 수용 과정에 사용되는 커뮤니케이션 채널이 그 요소들이다([그림 II-11] 참조). 이러한 요소들은 개인들이 혁신을 채택하고 확산하는 네 단계에 영향을 미치게 된다.

혁신의 채택 및 확산은 네 단계를 거쳐 일어난다(Williams, Strover & Grant, 1994).

첫째, 지식 단계는 사람들이 매스미디어나 대인 커뮤니케이션을 통해 새로운 혁신에 대해 알게 되는 단계라고 할 수 있다.

둘째, 설득 단계는 혁신의 특성에 대한 평가를 통해 그것이 가져다줄 이점을 인식하게 되고, 이러한 개인적 평가와 주변 지인과의 커뮤니케이션을 통해 혁신 수용 여부에 대한 판단에 이르게 된다.

셋째, 결정 단계에서는 혁신의 수용 여부를 결정하는 단계다. 여기서 수용을 하지 않더라도 나중에 수용할 수 있으며, 수용했다 하더라도 또한 후에 중단하거나 대체할 수 있다.

넷째, 마지막은 확인 단계로, 자신의 결정이 옳았다는 것을 확인하는 단계라고 할 수 있다. 자신의 결정에 대한 평가의 과정이다.

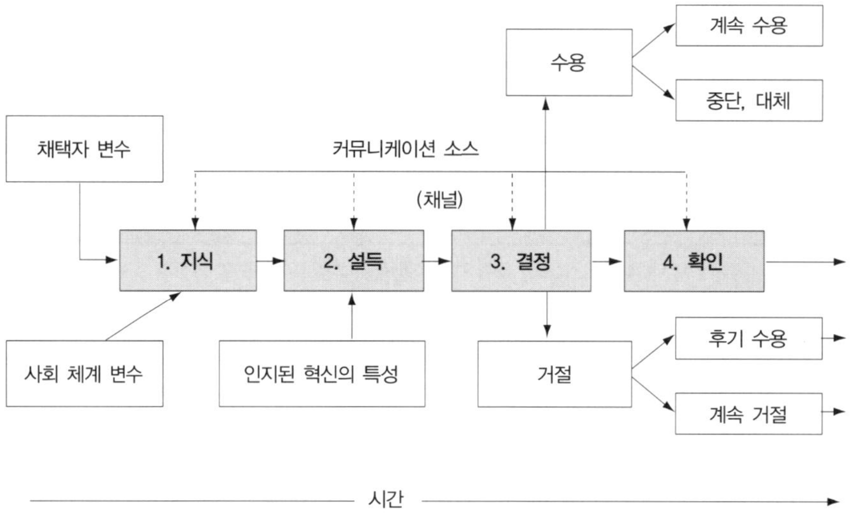

출처: Rogers, 1995

[그림 II-11] 혁신 확산 모델

④ 방법론

네트워크 분석과 서베이, 현장 실험 등의 조사 방법이 주로 사용되고 있다.

⑤ 장점과 단점

혁신 확산 모델은 많은 경험적 연구의 사례를 통합함으로써 모델의 유용성을 입증해 왔다. 그러나 커뮤니케이션 과정을 엘리트가 혁신 확산을 결정한다는 엘리트의 시각에서 보는 정보원 중심의 이론이라는 한계가 있다(Baran & Davis, 1995). 또 조기 수용자 그룹이 혁신을 채택한다 하더라도 그것이 장기적으로 모든 그룹에서 계속 성공적으로 수용될 것인지를 확신할 수는 없다.

결과의 분석에 있어서도 개인의 수용 여부에만 관심을 갖고 있지, 혁신이 전달되는 과정과 개인이 혁신을 해석하는 방식, 혁신이 왜곡되어 전달되는 경우 등과 같은 이슈에는 많은 연구가 진행되지 않았다.

윤리적인 측면에서도 혁신이라는 것이 반드시 수용되어야 하는 것인지, 그것이 사회적으로 바람직한 것인지, 연구자나 기획자가 혁신에 대한 긍정적 편견을 갖고 강요를 하는 것은 아닌지 고민해 볼 필요가 있다(Macdonald, 1992).

캠페인 실행이나 결과를 연구하는 과정에서도 혁신 확산의 기간이 얼마나 소요될지 정확히 예측하기 어려운 경우가 있기 때문에 조사 과정에서 시간적 · 재정적 제한이 따를 수 있다.

이런 단점에도 불구하고 혁신 확산의 장애물을 극복하는 많은 다양한 전략을 제시할 수 있다는 점에서 혁신 확산 이론의 장점이 있다.

⑥ 적용 및 응용 사례

혁신 확산 이론은 평원 인디언들의 말 확산에 관한 연구부터, 잡종 옥수수 씨에 대한 연구, 뉴스의 확산 과정이나 새로운 의약품의 확산 과정, 조직 내의 커뮤니케이션 흐름과 정보 메시지의 왜곡 진단 등 다양한 분야에서 적용되었고 연구되어 왔다(Bryant & Thompson, 2002).

헬스커뮤니케이션 분야에서는 AIDS 관련 연구나 가족계획 프로모션과 같은 분야에 적용된 바 있다(Vaughan & Rogers, 2000).

연구 사례

미국 남서부 주에서의 청정 실내 공기 규정 확산

로저스와 피터슨(Rogers & Peterson, 2008)은 뉴멕시코와 텍사스의 10개 커뮤니티에서 청정 실내 공기 규정이 확산되고 수용되는 과정에 영향을 미치는 주요 변수들을 조사하였다. 공공장소에서의 흡연을 금지하는 청정 실내 공기 규정은 1986년 이후 미국 내 1,400여 개의 커뮤니티에서 채택되었다. 개별 면접과 이메일, 전화 인터뷰 그리고 관련 자료에 대한 분석을 통해 그들은 이 지역에서 청정 실내 공기 규정이 수용되거나 거부되는데 1) 정책 결정권자들의 개인적 경험, 2) 공중 보건 차원으로서의 규정과 경제/비즈니스 혹은 개인적 권리 이슈에 대한 지역 언론의 프레이밍, 3) 먼저 수용한 지역사회들과 한 지역사회를 연결하는 대인 네트워크가 중요한 변수임을 밝혀냈다.

(2) 지역사회 준비 모델(Community Readiness Model)

① 연구 전통

지역사회 준비 모델은 개인적 차원의 변화 단계 모델을 지역사회에 적용한 것이라 볼 수 있다. 1990년대 초 지역사회 프로그램을 발전시키고 유지시키는 과정에서 관련된 문제들을 이해하기 위해 제시된 모델이다(Edwards et al., 2000). 초기의 모델은 지역사회에서 알코올과 마약 남용을 다루기 위해서 개발되었으나, 지금은 다양한 지역 이슈와 건강 문제를 해결하기 위해 적용되고 있다.

② 주요 가정 및 개념

모든 지역사회가 동일한 조건이 아니기 때문에 같은 이슈에 대해서도 지역사회가 그것을 해결하는 방법은 동일하지 않을 수 있다. 지역사회는 역동적으로 늘 변하고, 상황에 적응하며, 또한 성장한다. 그러나 지역사회의 변화 단계 모델은 개인의 그것과는 다소 차이가 있다. 지역사회에서 준비의 단계는 집단 결정 과정과 집단의 조직화 등 개인의 변화 준비 단계와는 다른 특징을 가진다.

지역사회 준비 모델은 지역사회의 특정 이슈에 대한 준비 정도를 이슈 해결의 가장 중요한 요소로 보고 있다.

지역사회의 준비 정도는 지역사회의 노력(프로그램, 정책, 활동 등), 프로그램에 대한 지식,

리더십, 분위기, 이슈에 대한 지식, 이슈와 관련된 자원(시간, 인적, 공간, 재정)으로 평가할 수 있다.

지역사회 준비 모델은 준비의 정도를 아홉 단계로 제시하고 있다. 즉 무지, 부인, 인식 부족, 계획 전(前), 준비, 실행, 안정화, 확정 및 확대, 그리고 전문화의 단계가 그것이다(〈표 II-16〉 참조).

〈표 II-16〉 지역사회 준비 모델의 단계와 특징, 캠페인 전략

단계	특징	캠페인 전략
1. 무지	문제가 지역사회 및 리더들에게 일반적으로 인식되지 못함	이슈에 대한 인지도 높이기
2. 부인	거의 문제가 되지 않을 것으로 인식, 감정적 반응 없음	지역사회에 존재하는 이슈와 문제에 대한 인지도 높이기
3. 인식 부족	일부 사람들이 문제 인식, 행동 필요 느낌. 그러나 동기와 리더십이 없음	지역사회가 어떤 것을 실행할 수 있다는 인지도 높이기
4. 계획 전	문제와 행동 필요에 대해 분명히 인식함. 리더들이 존재하나 분명하고 자세한 계획은 없음	문제 해결을 위한 구체적 아이디어로 인지도 높이기
5. 준비	수집된 자료에 기초하지 않지만 어느 정도 계획이 진행되고, 리더십과 자원을 추구. 프로그램에 대한 일반적 지원	기획과 전략 마련을 위해 가능한 정보 수집하기
6. 실행	실행을 위해 정보가 이용되며, 훈련된 스태프와 열정적인 리더들의 활동이 있음. 지역사회 구성원들의 저항이 적고, 참여가 있음	지역 특화 정보 제공하기
7. 안정화	지역사회와 주요 결정권자들의 협조 하에 프로그램이 진행됨. 특별한 변화를 필요로 하지 않을 만큼 안정된 것으로 인식됨	노력과 프로그램의 안정화
8. 확정/확대	지역사회와 주요 결정권자들이 지지하는 표준화된 프로그램들이 진행됨. 프로그램은 평가, 조정되고, 새로운 노력들이 진행됨. 위험 요소 및 문제의 원인에 대한 자료 수집	서비스를 확대, 향상시키기
9. 전문화	문제의 원인과 위험 요소에 대해 많은 것이 알려짐. 매우 잘 훈련된 스태프들이 목표 공중을 위한 효과적인 프로그램을 수행. 지역사회의 지원과 프로그램 유지	속도 유지 및 지속적 성장 유도

출처: Edwards et al., 2000

③ 개념적 모델

지역사회 준비 모델은 개인적 건강 관련 행위가 지역의 건강 관련 이슈에 대한 준비 정도에 영향을 받는다는 데 기초하고 있다. 지역이 아홉 단계 중 현재 어느 단계에 놓여 있는지를 이해함으로써 건강에 해로운 행위를 예방하기 위한 지역 맞춤형 캠페인을 기획하고 실행할 수 있다([그림 II-12]).

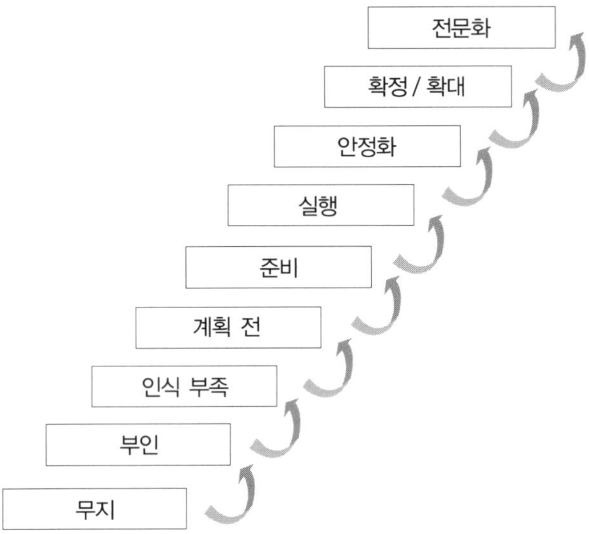

[그림 II–12] 지역사회 준비 모델

④ 방법론

지역사회의 준비 정도는 주요 정보원(이슈에 대해 알고 있고, 관심이 있는 사람, 반드시 리더나 결정권자일 필요는 없음)과의 인터뷰를 통해서 평가할 수 있다.

⑤ 장점과 단점

지역사회 준비 모델은 지역사회 중심으로 변화를 설명하며, 지역사회 특성에 맞는 전략의 마련을 가능케 한다. 지역사회 내 시스템과 개인 간의 협조 체계 구성과 지역사회 이슈 해결의 로드맵을 제시해 준다. 사회적 마케팅이 개인적 수준의 준비 정도를 설명하는 데 비해 지역사회의 특성이나 상황에 대한 설명이 불가능하기 때문에 지역사회 준비 모델은 또한 보완적 역할을 할 수 있다(Kakefuda, Stallones & Gibbs, 2008).

그러나 지역사회 준비 모델은 개인의 신념을 무시한 채 지역사회의 지식과 행동을 강조하여 개인들이 본인의 의사와 관계없이 무비판적으로 이슈에 대해 믿고, 행동하게 만들 우려가 있다. 그리고 지역사회(community)의 개념과 범주를 규정하는 데도 어려움이 있을 수 있다.

⑥ 적용 및 응용 사례

지역사회 준비 모델은 건강 관련뿐 아니라 아동 학대, 가정 폭력 등 다양한 지역사회의 현안 해결을 위해 적용될 수 있다. 헬스 커뮤니케이션에서는 마약이나 약물 남용에 적용된 바 있지만 이뿐 아니라 AIDS나 심장 질환, 유방암 및 각종 유행성 질병 예방은 물론 건강 관련 정보의 확산에도 응용할 수 있다(Borrayo, 2007).

주로 지역사회의 상황에 대한 이해를 바탕으로 유해한 건강 관련 행위에 대한 예방 프로그램의 기획에 많이 적용되고 있다.

연구 사례

자전거 안전모 사용 프로그램과 지역 준비 모델

지역 상황을 이해하는 것은 개인들의 태도와 행동에 대한 평가처럼 지역사회 중심의 효과적인 사고 예방 프로그램을 개발하는 데 중요하다. 카케푸다, 스탤론스, 깁스(Kakefuda, Stallones & Gibbs, 2008)는 미국 콜로라도의 북쪽 지역에서 질적 접근을 통해 자전거 안전모 착용 홍보와 관련 지역사회의 노력 및 준비 정도와 개인들의 준비 및 안전모 사용 관계를 조사하였다. 사고 예방을 위한 자전거 안전모의 착용에 대해 지역사회의 준비와 개인의 준비는 비교 집단마다 차이가 있었다. 연구 결과는 지역의 인식과 개인의 태도 및 행동 사이의 상호 작용을 이해하는 데 기여하였으며, 자전거 안전모 사용을 증진시키기 위한 캠페인의 표적 집단을 발견하였다.

3) 미디어 차원

미디어는 개인의 건강 정보 습득 및 각종 건강 관련 위험을 인식하는 가장 중요한 정보원(source)이라고 할 수 있다. 개인의 건강 관련 인식 및 행동뿐 아니라, 지역사회와 정책적 이슈에까지 미디어는 다양한 영향력을 보여 주고 있다.

미디어가 전달하는 건강에 관한 다양한 메시지는 긍정적 효과를 가져오기도 하지만 때로는 기대하지 않았던 부정적 효과를 또한 만들어 내고 있다. 그렇기 때문에 미디어가 갖고 있는 개인적, 사회적, 국가적 차원의 효과를 고려해 볼 때, 건강 커뮤니케이션 캠페인에서 미디어의 속성을 이해하고 활용을 하기 위한 전략을 마련하는 것은 매우 중요하다. 미디어가 전달하는 건강 관련 메시지는 수용자의 학습과 모방 효과를 가져오기도 하고, 때로는 위험에 대한 과도한 반응을 유발하기도 한다. 이러한 개인의 건강에 미치는 미디어의 효과에 대한 연구는 1980년대 이후 활발히 진행되고 있다.

최근에는 정보 통신 기술의 발전과 인터넷의 확대로 가상 공간에서의 건강 관련 커뮤니케이션 현상과 정보의 역할에 대한 연구가 또한 관심을 끌고 있다. 즉, 새로운 기술이 건강 관련 지식, 행위, 서비스 제공, 결과에 미치는 효과는 이제 주요한 관심사가 되었다(Suggs, 2006).

미디어 효과 연구에서 지금까지 사용했던 다양한 이론들은 건강 관련 커뮤니케이션 효과를 설명하는 데 적용될 수 있다.

(1) 미디어 효과 이론들(Media Effects Theories)

건강 관련 수많은 이미지와 메시지를 전달하고 있는 매스미디어가 개인 및 공중의 정신적·육체적 건강에 미치는 효과에 대해서는 지난 10년간 많은 연구가 있어 왔다. 특히 광고와 오락 프로그램, 뉴스 보도의 건강 관련 메시지가 개인 건강에 미치는 효과는 연구의 중심 과제였다(Brown & Walsh-Childers, 2002; Bryant & Thompson, 2002).

헬스 커뮤니케이션 분야에서도 매스미디어를 헬스 커뮤니케이션 캠페인의 필수적인 요소로 인식하면서(Backer, Rogers & Sopory, 1992), 개인들의 건강 행위에 영향을 미치는 미디어의 효과에 대한 연구는 계속 증가하고 있다.

특히 최근에는 인터넷이 개인 및 공중의 건강에 미치는 효과에 대한 연구가 활발히 진행되고 있다. 인터넷은 기존의 미디어와 달리 누구나 쉽게 접근할 수 있고, 다양한 정보가 이용 가능하다는 장점으로 인해 어린이, 청소년부터 장년과 노년층까지, 환자부터 환자 가족까지 다양한 계층에서 이용하고 있다. 누구나가 정보를 생산하고, 공유하고, 배포할 수 있다는 인터넷의 특성은 동전의 앞뒤와 같이 긍정적인 측면과 부정적인 측면을 모두 담고 있다. 그러나 실제 개인 및 공중의 건강에 미치는 인터넷의 효과 연구는 많이 진행된 것이 없어서 앞으로의 연구 과제가 될 것이다.

여기서는 지금까지 진행되어 온 매스미디어의 개인 및 공중의 건강에 대한 효과를 간략히 이론적 기반에 근거해 살펴본다.

매스미디어 메시지가 개인 및 공중의 건강에 미치는 효과에 대한 연구는 브라운과 월시칠더스(Brown & Walsh-Childers, 2002)가 분류한 매스미디어의 건강 효과 연구 범주—즉, 매스미디어의 영향력 수준(개인/공중), 메시지 생산자의 의도(의도한/의도하지 않은), 결과(긍정적/

부정적)—로 살펴볼 수 있다.

매스미디어는 개인과 공중의 건강 관련 행동에 영향을 미칠 수 있다. 개인적 수준에서는 매스미디어는 긍정적이든 부정적이든 개인들이 태도와 행동에 직접적으로 변화를 줄 수 있는 정보와 모델들을 제공한다(미디어를 통한 학습 효과, 반두라의 사회 학습 이론 참조). 공중 수준에서는 매스미디어가 정책 결정권자들에게 이슈에 대한 인지도를 높여 그들이 사람들의 건강 관련 행위에 영향을 미칠 수 있는 상황을 바꾸도록 정책을 결정케 할 수 있다.

미디어 효과는 메시지는 생산자가 의도했던 방향으로 나타날 수도 있고(예를 들면 건강 관련 프로그램을 통한 정확한 정보 습득), 전혀 의도하지 않은 방향으로 나타날 수도 있다(예를 들면 시청자들이 엔터테인먼트 프로그램 속의 건강하지 못한 행동들을 모방하거나 수용할 경우). 미디어 효과의 결과는 긍정적일 수도 있고, 부정적일 수도 있다(〈표 II-17〉 참조).

〈표 II-17〉 개인과 공중의 건강에 대한 매스미디어의 잠재적 효과와 예

개인 수준 건강 효과		
의도한	긍정적	오락-교육: 병원 드라마에서 사용된 응급 치료법을 본 후 많은 사람들이 그것에 대해 알게 되었다.
	부정적	건강에 해로운 제품 마케팅: 술, 담배 광고가 청소년의 음주와 흡연을 증가시켰다.
의도하지 않은	긍정적	위험 인식: 뉴스는 환경 위험에 대한 인지를 증가시킨다. 의제 설정: 획기적인 의료 뉴스를 소비자에게 전달한다.
	부정적	회피: 미디어 사용이 증가할수록 신체적 운동이 줄고 체중이 증가한다. 모델링: 사춘기 소녀들이 미디어에서 묘사하는 마른 체형을 만들려고 노력한다.
공중 수준 건강 효과		
의도한	긍정적	미디어 옹호 캠페인: 성차별적인 옥외 주류 광고판들 제거
	부정적	광고 영향력: 담배 회사의 광고는 암 위험에 대한 논설의 효과를 감소시킨다.
의도하지 않은	긍정적	의제 설정/틀 짓기: 마약과의 전쟁에 대한 긍정적 뉴스 보도는 더 많은 예산을 위한 국회 승인을 이끌어 낸다.
	부정적	예산 우선순위: 마약과의 전쟁에 대한 미디어 보도 양이 증가할수록 다른 건강 및 사회 이슈에 지출될 예산이 줄어들게 된다.

출처: Brown & Walsh-Childers, 2002

미디어 효과에 관한 연구들은 지금까지 의제 설정 이론, 프레이밍 이론, 미디어 효과의 예시화 이론, 배양 효과 이론, 점화 효과 이론, 제3자 효과 이론, 이용과 충족 이론, 엔터테인먼트 이론 등 많은 이론들을 사용하여 개인과 공중에 대한 미디어의 효과들을 연구해 왔다. 이런 효과 이론들은 미디어 효과로서 개인과 공중의 건강 관련 행위와 태도의 변화를 설명하는 데도 유용하다.

몇 가지 주요 매스커뮤니케이션 효과 이론들의 개념을 살펴보면 〈표 II-18〉과 같다.

각각의 미디어 효과 이론에 대한 깊이 있는 논의와 적용 사례는 브라이언트와 질맨(Bryant & Zillmann, 2002)과 브라이언트와 톰슨(Bryant & Thompson, 2002)의 미디어 효과에 관한 책들을 참고하기 바란다.

〈표 II-18〉 주요 매스커뮤니케이션 효과 이론과 개념

이론	주요 개념
정보의 2단계 흐름 (Two-Step Flow)	라자스펠드(Lazarsfeld)의 책 *Personal Influence*(1953)에 소개된 개념으로 개인들은 자신의 신념에 의지하여 주요한 결정을 내리고 행동하는 것이 아니라 정보원(source)으로부터 의견 주도자들(opinion leaders)을 거쳐 개인에게 전달되는 이 단계 흐름을 거친 정보에 영향을 받는다.
인지 부조화 (Cognitive Dissonance)	페스팅거(Festinger)가 제시한 개념으로 개인들은 자신들이 오랫동안 간직해 온 신념과 일치하지 않는 메시지에 대해 거부하거나 무시하는 경향(일종의 저항)이 있다.
정보원의 신뢰도 (Source Credibility)	호블런드(Hovland)는 어떤 메시지가 믿을 만한 것으로 받아들여지거나 그렇지 않은 것은 정보원의 신뢰도에 달려 있다고 본다. 정보원의 신뢰도와 전문성이 설득의 중요한 변수이다.
기폭(Priming)	인지심리학에서는 매스미디어에 대한 개인의 노출이 기억 속에 있는 관련된 사고를 활성화시킬 수 있다고 보며, 기폭의 활성화를 통해 특정 행동을 유발할 수 있다고 가정한다.
틀 짓기(Framing)	미디어는 특정 이슈에 대한 강조와 정의를 통해 여론 형성과 개인의 태도 및 행동에 영향을 미칠 수 있다.

연구 사례

술, 담배, 식품 광고 메시지의 건강에 대한 효과

브라운과 월시칠더스(Brown & Walsh-Childers, 1994)는 술, 담배, 식품 광고가 미치는 건강 효과에 대한 연구 문헌을 분석하였다. 그들은 담배 회사가 어린이, 청소년을 상대로 광고, 판촉 행위를 실시하여 청소년의 흡연에 상당한 영향을 미친다는 연구 사례들을 보여 주었다. 술과 관련해서도 청소년이 맥주나 알코올을 마실 가능성은 TV의 주류 광고 노출과 직접적인 관련이 있었다. 식품 광고의 경우 어린이들의 식품 선호도에 미치는 광고의 부정적 효과가 있는 반면에 특정 질병 예방을 위한 식품 캠페인의 긍정적 효과도 발견되었다.

비만 예방 캠페인의 제3자 효과에 관한 연구

매스미디어의 제3자 효과는 미디어 메시지가 자신보다는 타인에게 더 큰 영향을 미칠 것이라고 예측하는 경향이 있고, 그런 예측에 따라 개인의 태도와 행위의 결과가 나타난다고 보는 이론이다. 최민옥(2009)은 제3자 효과 이론에 기초하여, 비만 예방 캠페인의 제3자 효과를 검증하였다. 연구 결과에 따르면, 비만 캠페인 메시지를 접촉한 수용자는 그 메시지가 자신보다는 다른 사람들에게 더 큰 효과를 미칠 것이라는 제3자 지각이 나타났다. 특히 메시지의 위협 수준이 높을수록, 비만에 대한 관여도가 낮을수록 메시지의 제3자 효과가 크게 나타났다. 다양한 질병 사례별 제3자 효과에 대한 검증은 과제로 남아 있다.

오락 프로그램과 HIV/AIDS 예방

본과 동료들(Vaughan et al., 2000)은 라디오 드라마를 통해 HIV/AIDS 예방에 대한 긍정적 태도를 유발하고 궁극적으로 기대되는 행동을 이끌어 내는 것이 가능한지 알아보고자 했다. 탄자니아에서 장기간 방송된 라디오 드라마를 통해 실험한 결과, 라디오 프로그램이 남녀 섹스 파트너 수의 감소와 HIV/AIDS 예방에 대한 자아 효능감 증가, HIV/AIDS 관련 대인 커뮤니케이션 증가, 그리고 라디오 드라마 주인공과의 동일시 및 역할 모델 인식에 효과가 있다는 것을 밝혀냈다. 이것은 미디어 효과 이론과 더불어 혁신 확산 모델을 헬스 커뮤니케이션 캠페인에 적용한 사례라 볼 수 있다.

(2) 의제 설정 모델(Agenda Setting Model)

① 연구 전통

매스미디어가 특정 이슈를 강조하고 관련 보도의 양이 증가할수록 공중은 그 이슈를 중요한 이슈로 지각하게 된다는 것이 매스미디어의 의제 설정 기능이다. 매컴과 쇼(McCombs & Shaw, 1972)가 대통령 선거 과정에서 유권자들의 이슈 인식에 매스미디어가 영향을 미친다는 연구 결과를 발표한 이후 많은 학자들이 이 개념의 검증을 위해 노력해 왔다. 사실 의제 설정 기능은 그들의 독창적 아이디어는 아니었고, 그 이전에도 여러 학자들이 매스미디어의 이 기능에 대해 논의해 왔지만, 그들에 의해 재정립됐다고 할 수 있다(차배근, 1999). 매스미디어가 사람들에게 무엇을 생각해야 할지에 대해서는 성공적이지 못할 수 있지만, 무엇에 대하여 생각해야 하는지 말해 주는 데 매우 성공적이라는 코언의 말은 의제 설정 이론을 잘 설명해 주고 있다(Cohen, 1963).

② 주요 가정 및 개념

매컴과 쇼가 제시한 의제 설정 이론의 기본 가정들은 다음과 같다.

첫째, 공중은 매스미디어를 통해 이슈에 대해 지각하게 되는데, 매스미디어가 이슈를 어떻게 다루느냐에 따라 공중의 이슈에 대한 중요성의 인식에 차이가 있게 된다. 즉, 매스미디어가 특정 이슈를 크게 다루면, 공중은 그 이슈를 매우 중요한 것으로 인식하게 된다.

둘째, 매스미디어는 현실을 있는 그대로 반영하지는 않는다. 미디어 조직 내의 게이트 키핑 과정(편집진의 뉴스에 대한 통제)을 통해, 특정 이슈가 부풀려지기도 하고, 어떤 이슈는 뉴스가 되지 못할 수도 있다. 미디어마다 특정 이슈를 의제로 설정하는 것에 차이가 존재할 수 있다.

셋째, 매스미디어가 설정한 의제는 공중들 사이에 중요한 논의나 화제의 대상이 됨으로써 공중의 의제가 되고, 정책적 의제에도 영향을 미친다.

넷째, 매스미디어의 의제 설정 효과는 공중의 이슈 지각에 대한 미디어의 대효과를 설명한다.

의제 설정 이론의 초기 연구들은 주로 미디어 의제와 공중 의제 간의 상관관계에 초점을 맞추고 진행되었다.

그러나 최근에는 미디어 의제와 공중 의제, 정책 의제 사이의 상호 작용적인 측면과 미디어 의제를 만들기 위한 뉴스 소스의 효과에 대한 연구도 진행되고 있다.

의제 설정 이론의 주요 개념은 〈표 II-19〉와 같다.

〈표 II-19〉 의제 설정 이론의 주요 개념

개념	정의
의제(Agenda)	매스미디어, 공중, 정책 입안자들에게 화제나 논의거리가 되는 중요한 이슈
미디어 의제(Media Agenda)	매스미디어가 중요하다고 생각하는 이슈, 크게 보도되거나 보도의 양이 많음
공중 의제(Public Agenda)	공중이 중요하다고 인식하여 대화와 논의의 대상이 되는 이슈
정책 의제(Policy Agenda)	정책 입안자들에 의해서 정책적으로 고려되는 이슈

③ 개념적 모델

뉴스 소스로서 건강 관련 조직은 다양한 커뮤니케이션 캠페인(흔히 통합적 마케팅 커뮤니케이션)을 통해 미디어, 공중, 정책적 이슈에 영향을 미칠 수 있다. 그러나 건강 관련 이슈와는 별도로 대응 조직의 이슈(예를 들면 건강 관련 조직의 금연 이슈에 대응하는 담배 회사의 흡연 이슈)도 역시 미디어, 공중, 정책적 이슈에 영향을 미치기 위해 대응 커뮤니케이션 캠페인을 진행한다. 사회적 마케팅에서는 건강에 해로운 단체나 조직의 마케팅에 맞서 건강을 지키기 위한 캠페인 노력을 대응 마케팅(counter marketing)이라 부르고 있다. 건강 관련 이슈는 관련 이해당사자가 많이 존재할 수 있다. 그들은 적이 될 수도 동지가 될 수도 있다. 서로가 공중의 인식과 행동에 영향을 미치기 위해 각자의 캠페인을 통해 이슈 경쟁을 벌이게 된다. 미국의 '진실' 캠페인(청소년 대상 금연 캠페인) 사례는 캠페인을 기획한 재단과 담배 회사 사이에 공중의 인지와 이슈화를 위해서 다양한 커뮤니케이션 전략과 프로그램이 사용됨을 보여주었다. 의제 설정 모델은 우리가 건강 관련 이슈를 둘러싼 다양한 이해 집단 사이의 역동적인 상호 작용과 그 과정에 대한 이해를 가능하게 해준다([그림 II-13] 참조).

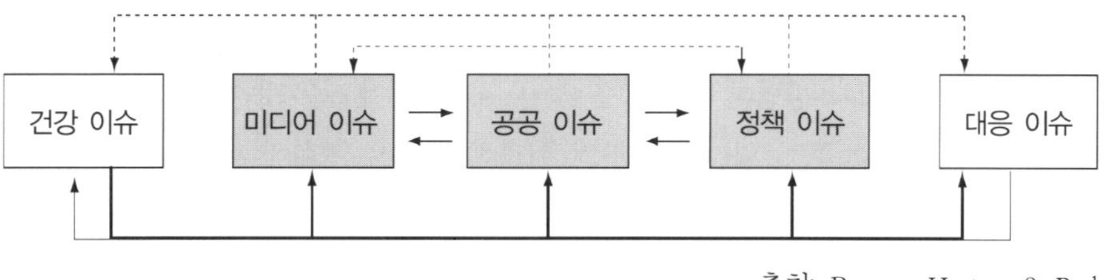

출처: Berger, Hertog & Park, 2002

[그림 II-13] 의제 설정 모델의 응용

건강 관련 단체나 조직이 미디어 이슈, 공공 이슈, 정책 이슈, 대응 이슈에 대하여 사용할 수 있는 사회적 마케팅 및 커뮤니케이션 전략은 〈표 II-20〉과 같다. 즉 미디어 의제 설정을 위해서 언론사에 보도 자료를 배포하거나, 기자 회견, 미디어 이벤트, 특집 기사나 기획 기사를 마련할 수 있다. 공중의 의제를 설정하기 위해서는 미디어의 의제 설정이 영향을 많이 미치지만, 조직 차원에서 이슈 광고를 게재하거나 퍼블리시티를 통한 언론 노출 증대, 자선 활동이나 단체 미팅을 통한 이해 관계자와의 직접적 커뮤니케이션도 효과가 있다. 정책 의제를 설정하기 위해서는 우리나라에서는 아직 활성화가 되지 않았지만 정치 자금 지원(정치 기부금 납부)이나 로빙(lobbying), 청문회 증언, 관련 자료의 백서 발간, 집단행동이나 소송 같은 방법이 사용될 수 있다. 경쟁 조직의 대응 이슈에 대한 전략으로는 협상이나 특집 기사 게재, 공동 자선 활동 개최, 소송의 방법이 적용될 수 있다.

〈표 II-20〉 의제 설정 전략

미디어 이슈 전략	공중 이슈 전략	정책 이슈 전략	대응 이슈 전략
보도 자료 배포 기자 회견 이벤트 특집 기사(기획 기사)	이슈 광고 퍼블리시티 자선 활동 단체 미팅	정치 자금 지원 로빙 청문회 증언, 백서 발간 집단행동 소송	협상 특집 기사 자선 활동 소송

④ 방법론

매스미디어 내용 분석과 인터뷰, 서베이의 조사 방법이 사용되고 있다.

⑤ 장점과 단점

매스미디어의 의제 설정 이론은 다양한 이슈에 적용이 가능함으로써 많은 연구를 진척시켜 왔다.

그러나 연구자들 사이의 방법론의 한계가 많이 지적되었다. 즉 개념에 대한 정의가 불분명하다거나, 서베이 결과를 통해 원인과 결과의 인과적 방향을 정확히 예측하기 어렵다는 점도 지적된다(Kosicki, 1993). 즉 미디어가 공중의 의제를 설정하는지, 공중의 의제가 미디어의 의제가 되는지 인과 방향에 대해서는 논쟁이 되고 있다. 또한 의제 설정 이론이 미디어, 공중, 정책적 수준에서 효과를 이해하는 데 도움을 주고 있으나, 실제 개인 수준에서 의제 설정 과정은 개인의 인지 과정을 이론에 포함하고 있지 않다는 점도 주목할 필요가 있다.

⑥ 적용 및 응용 사례

의제 설정 이론은 주로 정치적 커뮤니케이션 분야에서 활발히 연구되어 왔으나, 최근 매스미디어가 설정하는 역사, 경제, 건강 관련 이슈로 확대, 응용되고 있다. 그리고 정보의 2단계 흐름과 같은 대인 커뮤니케이션 이론과 결합하여 건강 커뮤니케이션 행위를 설명하는 데도 적용되고 있다.

연구 사례

흡연 통제를 위한 의제 설정: 1945~1990년 일본의 사례

사토(Sato, 2003)는 일본에서 건강 관련 정책을 만드는 과정에서 매스미디어의 효과를 알아보기 위해 1945년부터 1990년까지 흡연 통제 관련 의제 설정이 어떻게 이뤄졌는지를 조사하였다. 흡연과 건강, 그리고 다이어트 관련 이슈에 대한 토론이 신문에서 어떻게 보도가 됐는지, 그런 보도가 정책적 활동과 어떤 관련이 있는지 분석을 하였다. 분석 결과에 따르면, 일본에서 미디어는 다이어트에 관한 의제 설정을 도왔으며, 행정을 담당하는 부서들이 관심을 갖고 정책화하는 데 매우 중요한 역할을 수행했다. 그러나 매스미디어의 정부 부처에 대한 효과는 다이어트에 대한 논쟁과는 관련이 없었고, 흡연의 건강에 대한 위험 보도 또한 정부 부처의 활동이나 다이어트 관련 논쟁의 점화에 크게 관계되지 않았다. 사토의 연구는 정책 담당자들이 정책 입안을 위한 과학적 사실을 처리하는 과정에서 미디어에 의한 의제 설정이 매우 중요한 역할을 수행함을 강조하였다.

유방암 검진과 매스, 대인 커뮤니케이션 효과: 의제 설정 이론의 적용

의제 설정 이론과 정보의 2단계 유통 흐름에 이론적 기초를 두고 존스, 데넘, 스프링스턴(Jones, Denham & Springston, 2006)은 여대생과 중년의 여성들 284명을 대상으로 유방암 검진에 대한 매스미디어와 대인 커뮤니케이션의 효과를 알아보았다. 연구 결과에 따르면, 여대생들의 유방 검진 행위는 대인 커뮤니케이션의 정보 소스에 의존하는 반면, 중년의 여성들은 매스미디어로부터의 정보에 노출됨으로써 검진 행위에 대한 영향을 많이 받았다. 연구 결과는 여성들의 건강 관련 행위에 있어서 매스미디어와 대인 커뮤니케이션이 어떻게 영향을 미치는지를 보여 줌으로써, 여성 대상 건강 관련 커뮤니케이션 캠페인의 기획에 있어서 채널 선택을 어떻게 해야 하는지 제시해 주고 있다.

4) 마케팅 이론 - 사회적 마케팅(Social Marketing)

사회적 마케팅은 독자적 이론이나 모델이라기보다는 개인의 태도와 행동을 설명하는 다양한 이론들(우리가 앞서 살펴본)을 응용하여 사회적 이슈와 관련된 목표 공중의 행동에 영향을 주기 위해 마케팅의 원리를 적용한 것이라 볼 수 있다.

여기서는 사회적 마케팅의 기본적인 개념이 건강 관련 이슈에 어떻게 적용되어 왔는지 살펴보고자 한다. 아울러 최근 이슈가 되고 있는 사회적 마케팅 영역에서의 브랜딩 적용에 대해 알아보고자 한다.

(1) **사회적 마케팅 모델**(Social Marketing Model)

① 연구 전통

사회적 이슈를 해결하기 위해 마케팅의 이론과 테크닉의 확대를 주장한 것은 노스웨스턴 학파라 불리는 노스웨스턴 대학교의 코틀러와 레비(Kotler & Levy, 1969)였다. 사회적 마케팅이란 용어와 개념은 2년 후인 1971년 코틀러와 잘트먼(Kotler & Zaltman, 1971)에 의해 소개되었다. 이후 사회적 마케팅 개념은 AIDS 예방, 가족계획, 금연, 장기 기증, 스포츠 폭력 예방 캠페인은 물론 기업, 정부, 비영리기구의 사회적 마케팅 활동에 적용되어 많은 연구가 진행되었다(Goldberg, Fishbein & Middlestadt, 1997).

② 주요 가정 및 개념

사회적 마케팅에서는 개인이 맥도널드 햄버거 가게에서 햄버거를 사는 것이나, 아이가 보건소에서 예방 접종을 받는 것이나 결국 개인의 행동 변화를 목적으로 했던 마케팅의 결과라고 본다(Andreasen, 1993). 그렇기 때문에 마케팅의 주요 개념이 역시 동일하게 사회적 이슈를 해결하는 데 적용된다. 시장 세분화(Segmentation) 전략이나 효과적인 마케팅 믹스(흔히 4Ps라 불리는 제품, 가격, 장소, 프로모션) 개념도 적용이 가능하다. 레페브레와 플로라(Lefebvre & Flora, 1988)는 사회적 마케팅의 기획과 실행에 중요하게 고려해야 할 여덟 요소—즉, 소비자 중심, 교환 이론, 수용자 세분화 및 분석, 공식적 조사, 채널 조사, 마케팅 믹스, 과정 진단, 관리 시스템—를 제시하고 있다.

그러나 사회적 마케팅은 실행 프로그램이기 때문에 실질적인 목표 공중에 대한 이해나 효과적인 전략 마련은 앞서 논의된 행동 변화 및 설득에 대한 이론에 기초하고 있다. 즉, 사회 인지 이론, 건강 신념 모델, 정교화 가능성 모델, 혁신 확산 이론 등이 사회적 마케터가 현재 목표 공중 및 이슈 해결에 대한 사회적 마케팅 전략을 마련하는 데 기여하게 된다.

〈표 II–21〉 사회적 마케팅의 주요 개념

개념	정의
사회적 마케팅	마케팅의 이론과 기법을 적용하여 사회적 이슈를 해결하고자 하는 전략적 프로그램
교환 이론 (Exchange Theory)	마케팅 활동은 둘 또는 그 이상의 관계자(개인, 그룹, 조직)들 사이의 자원(상품, 서비스, 아이디어, 행위)의 자발적 교환 행위, 사회적 마케팅에서는 새로운 태도와 행위를 위한 자원의 교환이 일어남
세분화(Segmentation)	이슈와 관련된 차별화된 특성에 따라 대중(mass)을 보다 작은 범위의 동질성을 가진 공중(target audience)으로 나누는 과정
제품(Product)	바람직한(기대하는) 행동 변화 또는 마케팅 활동의 결과
가격(Price)	행동 수용 과정에서 발생하는 비용과 장벽(시간, 돈, 노력 등)
장소(Place)	새로운 행동을 쉽게 받아들일 수 있도록 만드는 여건(접근성, 편리성, 적시 · 적재 · 적소 공급)
프로모션(Promotion)	목표 공중에게 메시지(제품, 혜택, 비용 등) 전달

③ 개념적 모델

사회적 마케팅은 개인과 사회의 건강을 증진시키기 위해서 목표 공중의 자발적 행동에 영향을 주도록 마련된 분석, 기획, 실행, 평가 프로그램에 마케팅의 기법을 적용한 것이다(Andreasen, 1995). 사회적 마케팅 모델은 일반적인 마케팅 모델처럼, 크게 4단계의 순환적 과정을 보여 주고 있다([그림 II-14] 참조).

1단계에서는 모델에는 없지만 이슈, 환경 및 목표 공중에 대한 조사로부터 시작하여 사회적 마케팅 프로그램의 기획과 전략 개발을 하게 되고, 2단계에서는 목표 공중에 적합한 콘셉트와 메시지 및 (홍보) 자료를 개발하고 사전 실험을 수행한다. 3단계에서는 구체적인 행동 변화를 이끌어 내기 위한 프로그램을 실행하게 되고, 4단계에서는 사회적 마케팅 프로그램의 효과 분석 및 평가를 수행하는데, 그 결과는 다시 프로그램의 기획과 전략 개발에 적용되어 [그림 II-14]와 같이 사회적 마케팅은 순환적 형태를 보이게 된다.

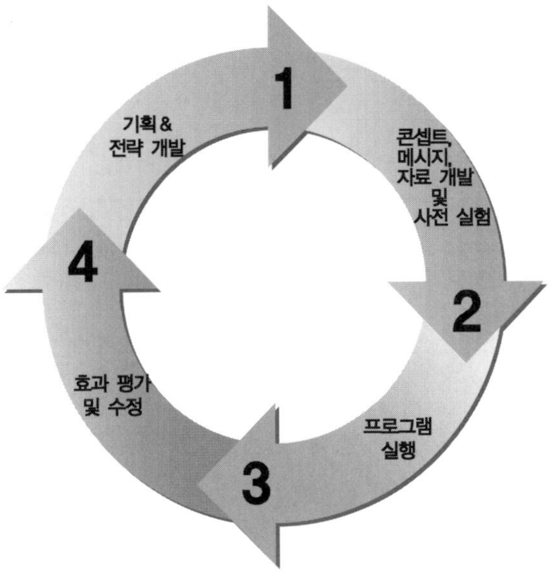

출처: Rimer & Glanz, 2005

[그림 II-14] 사회적 마케팅 모델

④ 방법론

마케팅에서 사용되는 조사 방법이 동일하게 적용될 수 있다. 포커스 그룹 인터뷰나 메시지 분석 및 실험, 서베이 등이 수행된다.

⑤ 장점과 단점

사회적 마케팅의 모델은 과학적 조사를 기반으로 수행될 때 가장 효과적일 수 있다. 다른 이론이나 모델에 비해 실무자들이 적용하기에 가장 단순하고, 실행 가능한 전략을 제시한다.

그러나 사회적 마케팅은 개인의 행동 변화를 위한 노력이 개인적 수준에만 적용되어, 실질적으로 개인의 행동 변화에 영향을 줄 수 있는 유해한 환경 문제를 해결하는 데 도움이 되지 않으며, 소요되는 비용과 시간을 고려해 볼 때 매우 비효율적이며 효과가 제한적이라는 비판을 받고 있다(Wallack, 1990).

⑥ 적용 및 응용 사례

사회적 마케팅은 다양한 사회적 이슈—예를 들면 쓰레기 줄이기나 공기 오염 방지, 에너지 절약 같은 환경 관련 행위에 영향을 주기 위한 것부터 자살이나 학내 폭력 예방, 음주 운전, 안전띠 착용 등 안전과 관련된 예방 행위 등에 폭넓게 적용되어 왔다. 그러나 현재 가장 활발히 적용되고 있는 분야는 건강 관련 행위의 변화를 이끌어 내기 위한 분야라 할 수 있다. 예를 들면 흡연, 알코올중독, 비만, 10대 임신 문제, 높은 콜레스테롤 수치, 피부암, 당뇨 등 건강 관련 이슈에서 사람들의 행동에 영향을 주기 위해 사회적 마케팅이 활용되고 있다(Kotler & Lee, 2008).

연구 사례

가족계획과 사회적 마케팅

1960년대 미국에서 급격한 인구 증가로 인해 전국적으로 가족계획 프로그램들이 도입되었다. 그중 가장 성공적인 사례라고 할 수 있는 것은 1965년 초부터 루이지애나 주에서 도입했던 사회적 마케팅 기법의 적용을 통한 가족계획 프로모션이었다(El-Ansary & Kramer, 1973). 루이지애나 주의 경우 출생률이 미국 내 다른 주에 비해 상당히 높은 편이었으나 사회적 마케팅 프로그램의 도입 이후 인접한 미시시피 주가 출생률이 증가했음에도 1967년부터 1971년 사이 루이지애나 주는 현저한 하락을 보였다. 루이지애나 주의 성공 사례는 혁신적이고 체계적인 관리와 마케팅의 개념을 사회적 이슈 해결에 성공적으로 적용시킨 사례로 볼 수 있다.

청소년 금연을 위한 진실(truth®) 캠페인

2000년대 초 미국 유산 재단(American Legacy Foundation, ALF)은 담배 회사의 공격적 마케팅에 맞서 청소년의 흡연을 예방하기 위해 처음으로 전국적 캠페인을 전개하였다. 진실(truth®) 캠페인이라고 알려진 ALF의 캠페인은 사회적 마케팅의 기법을 도입, 1999년부터 2002년까지 청소년의 흡연율을 25.3%에서 18.0%까지 떨어뜨렸다. 이런 하락에서 ALF의 캠페인은 약 22%의 설명력을 갖는 것으로 나타났다(Farrelly et al., 2005). 이것은 사회적 마케팅을 활용한 헬스 커뮤니케이션 캠페인이 청소년의 흡연율을 낮추는 데 효과가 있음을 입증한 사례라 할 수 있다.

(2) 사회적 마케팅과 헬스 브랜딩

브랜드(brand)는 다른 사업자로부터 나의 상품이나 서비스를 차별화시켜 주는 차별화된 상표, 표시, 또는 상징이다(Kotler, 1991). 브랜딩(branding)은 소비자들에게 제품이나 서비스에 대한 소구를 증가시키기 위해 기획된 제품의 긍정적 속성과 특징에 가치를 부여하는 과정이다(Aaker, 1996). 브랜딩을 통해 브랜드는 가치(brand equity)를 가지게 된다.

강력한 브랜드를 구축하고, 관리하는 것은 마케팅의 중요한 기능이 되었고, 강력한 브랜드의 제품과 서비스는 소비자들로부터 높은 신뢰와 충성, 만족을 이끌어 내는 것으로 밝혀졌다(Keller, 2003). 소비자의 입장에서 브랜드는 또한 상징적 커뮤니케이션 도구의 역할도 수행한다. 브랜드 제품의 사용은 개인의 특징과 가치를 반영하며 결국 소비자는 브랜드 제품의 사용을 통해 자신의 이미지를 구축하고 그것을 커뮤니케이션하게 된다.

① 사회적 마케팅과 브랜딩의 역할

상업적 마케팅에서 오랜 역사를 가지고 사용되었던 브랜드 전략이 최근 공공 헬스 캠페인에도 확대 적용되고 있다(Asbury et al., 2008; Kirby et al., 2001). 마케팅에 있어서의 브랜드의 원리는 확장된 영역으로서 사회적 마케팅에 적용될 수 있다. 켈러(Keller, 1998)는 "브랜딩이 개인들로 하여금 그들이 바람직한 행동을 하고 있으며, 그 결과로써 더 많은 혜택과 긍정적인 강화를 얻게 된다는 것을 타인뿐 아니라 그들 자신에게 소통하도록 또는 상징을 보내도록 돕는 사회적 마케팅의 중요한 기능을 제공할 수 있다"고 주장한다. 즉 개인적으로 혹은 사회적으로 바람직한 행동을 브랜딩하는 것은 개인의 표현이나 승인, 인식의 이익뿐 아니라 공중의 승인과 타인의 인식으로부터 개인이 즉각적인 보상을 받도록 도울 수 있다는 것이다.

에번스(Evans, 2008)는 사회적 마케팅이 직면한 경쟁에서 승리하기 위해서도 브랜딩의 역할이 중요하다고 주장한다. 예를 들어 담배 회사의 전략적 광고에 대응하기 위해서 *진실* (truth®) 캠페인(Evans, Price & Blahut, 2005)—즉 행동 대안 제시와 창조적으로 브랜딩한 메시지의 사용—이 개발되었다. 담배 회사들이 유행을 좇는 세련된 상품으로서 담배에 대한 마케팅을 할 때 사회적 마케팅은 독립적 사고와 저항 등 흡연에 대한 대안 행동을 제시하는 전략을 사용해 왔다. 그래서 이런 영역에서의 사회적 마케팅은 또한 대응 마케팅(countermarketing)이라 불리기도 한다. 사회적 마케팅에서의 브랜딩은 금연뿐 아니라 영양, 운동, 마약, HIV/AIDS에도 적용되어 왔다.

최근에는 사회적 마케팅이 개인적 행동의 변화만을 목적으로 하는 것이 아니라 공공 정책에도 영향을 주는 전략으로 움직이고 있다(Evans, 2008; Haider, 2008). 예를 들면 공공 건강 단체들이 개인들을 대상으로 수행했던 금연 캠페인에서 나아가, 흡연에 대한 사회적 규범이나 정책적 이슈에 영향을 주기 위한 브랜딩 전략을 또한 사용하고 있다. 이것은 의제 설정 이론의 모델에서 제시했던 것처럼 건강 관련 단체와 경쟁 단체(예를 들면 담배 회사) 사이에 공중 의제, 미디어 의제, 정책 의제를 만들기 위한 경쟁이 진행되고 있음을 의미한다. 공중의 이슈를 만들기 위해서 그리고 나아가 미디어와 정책의 이슈를 만들기 위해 사회적 마케팅의 이슈 브랜딩 전략이 사용되는 것이다.

② 무엇을 브랜딩할 것인가

사회적 마케팅의 결과나 효과는 보이지 않는 가치로 나타나는 경우가 많다. 그래서 사회적 마케팅에서 무엇을 브랜드로 만들 것인가, 즉 브랜딩할 것인가를 선택하는 것은 헬스 캠페인의 성공과 직결되는 매우 중요한 과정이다.

그러나 마케팅에서 품질이나 서비스 등 보이지 않는 특징들을 브랜딩하듯이 사회적 마케팅의 건강 이슈도 브랜딩이 가능하다.

켈러(Keller, 1998)는 바람직한 행동이나 바람직하지 못한 행동, 혹은 개인이 특정 행동을 받아들임으로써 얻게 되는 이익이나 잘못된 행위로부터 잃게 되는 손실 등이 모두 브랜드가 될 수 있다고 주장한다.

어떤 행위나 결과를 브랜딩할 것인가는 수행할 사회적 마케팅의 목표 측면에서 가장 현저하고 중요한 요소를 고려하여 결정해야 할 것이다.

③ 어떻게 브랜딩할 것인가

브랜드는 단순한 이름 이상의 것들로 구성되어 있다. 예를 들면 이름이나 로고, 상징, 캐릭터, 포장지, 슬로건 등…… 이런 다양한 브랜드 요소를 적절히 활용하여 사회적 이슈를 차별화시키고, 정보를 제공하며, 이슈에 대한 이미지를 형성시키거나 향상시킬 수 있다. 그것이 브랜드 자산의 구축이다. 구체적이고 기억에 남을 만한 브랜드를 만드는 것은 사회적 마케팅에서 브랜드 효과를 만들어 내기 위한 가장 기본적이며 중요한 작업이라 할 수 있다.

또한 하나의 강력한 브랜드가 구축되면, 제품 브랜드의 사례처럼 하위 브랜드의 구축을 통한 브랜드 확장도 가능하다(Keller, 1998).

사회적 이슈의 브랜딩을 위해서는 광고, 홍보, 이벤트 등 통합적인 마케팅 커뮤니케이션 프로그램이 전략적인 기획에 포함되어야 한다. 브랜딩의 첫 단계는 목표 공중 사이에서 브랜드에 대한 인지도를 창출하는 것이다. 특히 새로이 개발된 브랜드의 경우 브랜드 캠페인을 시작하기에 앞서 광고나 퍼블리시티를 통한 인지도 끌어올리기가 중요하다.

사회적 마케팅의 브랜딩은 단순한 이름 짓기나 슬로건을 만드는 것이 아니다. 사회적 마케팅의 브랜딩은 개인의 행동에 대한 인식을 바꾸고, 또 행동 변화를 이끌어 내는 것을 목적으로 한다. 브랜딩은 사람들에게 바람직한 혹은 바람직하지 않은 행동에 대해 분명히 구별하고, 인식하게 할 것이며, 이런 바람직한 행동을 하고 있는 개인이 자신은 물론 다른 사람들과 소통하게 하는 것을 가능하게 할 것이다.

연구 사례

VERB™ It's what you do - 미국 어린이 신체 활동 브랜드

VERB™는 미국 질병 예방 통제 센터(CDC)가 9세부터 13세 어린이의 신체 활동을 증가시키고 유지시키기 위해서 2002년부터 2006년까지 진행했던 사회적 마케팅 프로그램의 브랜드다. 일반적으로 건강에 대한 교육적 메시지는 자신들의 건강에 낙관적이고 무관심한 어린이들에게 별로 효과가 없었기 때문에 질병 예방 통제 센터는 광고 대행사들을 참여시켜 캠페인과 브랜딩 전략을 계획하였다. 대행사들은 어린이들의 운동 참여에 대한 동기와 장애 요소를 파악하기 위해 어린이들과 심층 인터뷰와 포커스 그룹 인터뷰 등 공식적 조사를 수행하였고, 광고와 브랜드에 대한 심층 분석을 통해 VERB™ 브랜드를 개발하였다.

VERB™는 문법적으로 '동사'를 의미한다. 영어 사전에서 동사는 7,000개가 넘는다. 대부분의 동사가 신체적 활동을 언급하고 있기 때문에 VERB™는 어린이들의 다양한 신체 활동을 설명해 줄 수 있는 좋은 브랜드가 되었다.

핑크 리본과 사랑의 열매

유방암 예방 캠페인의 대표적 브랜드라 할 수 있는 '핑크 리본'이나 사회복지 공동모금 캠페인의 '사랑의 열매'는 사회적 마케팅에 효과적으로 브랜딩 전략을 사용한 사례라 할 수 있다. 초기 여성 화장품 회사에서 공익 마케팅 활동으로서의 여성의 아름다운 가슴을 핑크 리본으로 상징화하여 시작했던 캠페인은 이제 세계적으로 여성 유방암 예방 캠페인의 대표적 브랜드가 되었다. 매년 전 세계적으로 다양한 핑크 리본 행사가 개최되고, 많은 조직이 또한 캠페인에 참여하고 있다. 사회복지공동모금회가 사회복지를 위한 공동모금 행사를 기획하면서 준비한 '사랑의 열매' 또한 대통령부터 일반 소비자까지 부착하고 다닐 정도로 높은 인지도를 자랑하는 사회복지의 대표 브랜드가 되었다.

[그림 II-15] 사회적 이슈의 브랜딩 사례
(사랑의 열매, 핑크 리본)

III. 헬스 커뮤니케이션 캠페인 디자인

1. 헬스 커뮤니케이션 캠페인 디자인 개요

헬스 커뮤니케이션 캠페인 디자인 크게 3단계(즉 기획, 실행, 평가)로 구성되기도 하고 사회적 마케팅의 기법이나 Public Relations Campaign의 기획 과정처럼 4단계(조사, 목표, 프로그램, 평가)로 구성되기도 한다. 여기서는 가장 일반적으로 적용되는 4단계를 기본으로 각각의 단계별 수행해야 할 일들에 대해 알아볼 것이다(〈표 III-1〉 참조). 1단계는 캠페인 기획의 첫 단계로 캠페인 환경에 대한 분석을 수행한다. 2단계에서는 1단계의 분석에 기초하여 구체적인 전략을 개발하는 단계다. 3단계에서는 2단계에서 계획된 전략들을 실행하는 단계라고 할 수 있다. 4단계는 전체적인 프로그램에 대한 평가 및 보완의 과정이다. 전체적인 프로그램 및 각각의 과정에 있어서의 문제점을 진단하고, 수정 요소를 찾아내며 향후 진행될 캠페인에 반영한다. 캠페인의 각각의 과정은 단절된 것이 아니라 유기적으로 연결되며, 사회적 마케팅 모델에서 제시한 것처럼 순환적 구조를 보여 준다.

〈표 III-1〉 캠페인 디자인 개요

단계	수행해야 할 일들
1단계 캠페인 기획 (상황 분석)	헬스 커뮤니케이션 캠페인의 목표 설정 주요 헬스 이슈에 대한 분석 헬스 이슈 관련 상황 분석(SWOT 분석) 공식적 조사(헬스 이슈 관련 공중 조사) 예산 관리
2단계 전략 개발	목표 공중 선정(1차 타깃, 2차 타깃, 영향력의 대상) 콘셉트 개발 사전 메시지 조사 & 예상 반응 점검 핵심 메시지 확정 효과적 커뮤니케이션 채널 전략
3단계 프로그램 실행	프로그램 실행(가능한 모든 채널 사용) 메시지 노출 및 프로그램 모니터링 프로그램 점검 및 수정
4단계 평가 보완	전체적인 캠페인 프로그램 평가 수정 요소 검토 및 미래 캠페인 기획에 반영

2. 효과적인 캠페인 디자인 지침

성공적이고 효과적인 캠페인의 디자인에 대해서는 과거 많은 연구가 진행되어 왔고, 많은 학자들이 성공적인 디자인의 원리를 나름 제시하고 있다(Atkin, 2001; Noar, 2006; Perloff, 2003; Randolph & Viswanath, 2004; Rogers & Storey, 1987; Salmon & Atkin, 2003; Valente, 2001). 노어(Noar, 2006)는 1996년부터 2005년까지 관련 연구들에 대한 메타 분석을 통해 성공적이고 효과적인 캠페인에는 일곱 가지 원리가 적용된다고 보았다(〈표 III-2〉 참조). 그것은 공식적인 조사로부터 시작하여 구체적인 캠페인 결과의 평가 디자인으로 끝이 난다. 그러나 캠페인 결과의 평가 디자인은 결국 후속 캠페인의 공식적 조사를 위한 자료로 활용되기 때문에 캠페인이 지속적으로 진행된다면, 그 과정은 반복적인 순환 형태를 나타내게 된다.

〈표 Ⅲ-2〉 효과적이고 성공적인 캠페인 기획의 원리

효과적이고 성공적인 캠페인이 되기 위한 조건	
공식적인 조사	목표 공중의 행동과 상황 파악, 메시지의 효과와 적정함에 대한 사전 평가를 수행
이론 적용	캠페인 기획의 방향 제시, 중요 변수의 제시 및 효과적인 메시지와 채널 사용이 전략 개발 기초
공중 세분화	인구통계학적 특성, 위험 특성, 행동 경험, 개성 등 중요한 특징에 따라 공중을 의미 있는 소그룹으로 세분
메시지 디자인	세분화된 목표 공중에 적합한 메시지 개발, 대인 커뮤니케이션의 대화를 촉진시킬 수 있는, 설득력 있는 메시지를 디자인
메시지 전달 채널 선택	가장 폭넓게 보여질 수 있는 채널, 전략적 메시지 포지셔닝이 가능한 채널
캠페인 실행 및 과정 평가	캠페인 프로그램 실행 동안에 과정에 대한 모니터링과 자료 수집(메시지 도달성, 빈도, 목표 공중에 대한 노출 정도 등)
구체적인 결과 평가 디자인	실행된 캠페인의 성공과 실패에 대한 원인 분석, 향후 캠페인의 발전을 위한 자료 제공

출처: Noar, 2006

1) 공식적인 조사(Formative Research)

성공적인 캠페인의 기획과 실행은 공식적인 조사로부터 시작한다. 공식적인 조사는 캠페인 기획자로 하여금 캠페인의 문제와 목적, 목표 공중의 특징에 대한 이해를 돕고, 메시지 전략, 커뮤니케이션 채널 선택 등 캠페인의 전략 마련의 기초적인 자료를 제공한다.

그러나 공식적인 조사는 필요성에도 불구하고 캠페인의 초기부터 많은 도전을 받아 왔다. 예를 들어 예산의 부족으로 인해 목표 공중에 대한 정확한 데이터를 구하기 어려웠고, 주로 저널이나 관련 문헌의 2차 자료에 의존하는 경우가 많았다. 또한 건강 관련 데이터가 개인의 민감한 부분에 대한 것들도 포함하고 있어서(예를 들면 흡연, 질병, 섹스 등) 다른 상업적 마케팅 데이터보다 구하기 어려운 면도 있다. 목표 공중의 건강 관련 행위에 영향을 미치는 변수도 많기 때문에 조사된 데이터를 분류하는 데도 다른 상업적 마케팅 데이터보다 어려운 점도 있다(Bloom & Novelli, 1981).

공식적인 조사는 과거의 축적된 자료나 관련 문헌에 대한 조사부터 서베이 조사, 포커스 그룹 인터뷰, 질적 인터뷰 등 다양한 방법을 사용한다. 그러나 실제 캠페인의 기획에서 공식적인 조사는 시간, 비용의 제약으로 인해 간과되는 경우가 많다. 캠페인이 특정 기간 동안 진행되고, 충분한 예산이 확보되지 않는 상황에서 대부분의 예산이 캠페인 실행 프로그램에 집중되기 때문에 공식적인 사전 조사는 물론 평가 과정에서의 사후 조사는 실제 생략되는 경우도 많다. 특히 서베이 조사와 같은 규모가 큰 샘플을 사용할 경우 많은 비용이 들어가기 때문에 대부분의 캠페인이 1차 문헌 조사와 2차 포커스 그룹 인터뷰를 많이 활용하고 있는 추세다. 많은 국내외의 캠페인 관련 연구나 실제 사례에서도 공식적인 조사 결과의 사용이 발표되는 경우는 매우 드물다.

2) 이론의 적용(Use of Theory)

캠페인의 시작에서 끝날 때까지 가이드의 역할을 수행하는 것이 이론의 역할이라 할 수 있다. 기본적으로 전체적인 캠페인 디자인의 개념적 기초를 제공하고, 메시지가 어떻게 마련되어야 하는지 고려해야 할 결정적 변수를 제시해 준다.

사실 과거 많은 캠페인은 이론에 기초하여 수행되지는 않았다(Myhre & Flora, 2000). 건강 관련 이슈를 해결하기 위해서 심리, 커뮤니케이션, 마케팅 등 관련 분야의 이론적 적용을 시도한 것은 비교적 최근의 일이다(박동진, 정의철, 2009). 최근에는 제II장에서 살펴본 바와 같이 다양한 이론들이 건강 관련 이슈를 분석하고 캠페인을 기획하는데 사용되고 있다. 적용 가능한 이론과 사례에 대해서는 제II장을 참고하기 바란다.

3) 공중 세분화(Audience Segmentation)

공중 세분화 과정은 마케팅에서 전략 마련을 위한 가장 중요한 과정의 하나로 인식되었다. 이 과정은 헬스 커뮤니케이션 캠페인 기획에서도 중요한 원리이자 과정이라 할 수 있다. 일반적으로 세분화는 모집단, 시장, 공중을 동질성을 갖는 세부 집단으로 나눠야 한다는 단순한 원리이다(Grunig, 1989). 세분화된 집단은 집단 내 구성원 사이에는 동질성(homogeneity)을 가지는 반면에 다른 집단과는 관련 이슈에 대해 이질성(heterogeneity)을 가져야 한다(Fine, 1981; Weinstein, 1987). 세분화를 통해 선정된 집단은 메시지에 대한 선호도가 유사하며 공통된 특성을 나타내고 있기 때문에 캠페인 기획자는 목표 공중에게 최대한의 효과를 줄 수 있는 메시지 디자인을 할 수 있다(Atkin, 2001; Slater, 1996). 과거의 사례들을 살펴보면, 목표 공중에 대한 정확한 공중 세분화의 부족이 메시지 전략의 부재와 더불어 결과적으로 캠페인의 실패를 가져온 경우가 많다(Myhre & Flora, 2000).

세분화에 있어서 고려해야 할 또 하나의 중요한 요소는 세분화된 집단의 규모라 할 수 있다. 조직의 동원 가능한 자원을 고려해서 메시지 전달에 효과적인 결과를 만들어 낼 수 있도록 세분화된 집단의 규모를 고려해야 한다. 각각의 세분화된 집단마다 각기 다른 마케팅 믹스가 적용되기 때문이다.

세분화는 단순히 성별, 인종, 연령대에 따라 하였으나, 최근 건강 이슈에 대한 개인들의 특성이 다양하고 복잡해짐에 따라 단순한 세분화 전략보다는 좀 더 많은 변수를 고려한 세분화가 요구되고 있다. 예를 들면 사회·경제적 지위나 언어에 따른 세분화도 있고, 감각 추구 성향(sensation seeking) 같은 개인적 특성에 따라 목표 공중을 세분화하기도 한다(Palmgreen et al., 2001). 그러나 실제 세분화에 있어서는 조직의 목표, 이론적 결과, 과거의 경험이나 연구에 기초하는 경우도 있다(Lefebvre, 1992). 어떠한 세분화든지 그것이 현실적이며 실제 사례나 과거의 연구에서 밝혀 온 결과들, 이론에서 설명하고 있는 현상들, 그리고 공식적인 조사를 통해 얻은 자료에 적합하다면 적용할 수 있다. 공중 세분화에 적용되는 변수를 고려해 보면 다음 〈표 III-3〉과 같다.

〈표 III-3〉 공중 세분화 변인들

사회통계학적 변인	행위적 변인	심리학적 변인
지역 규모, 인구 밀집도, 기후, 가족 규모, 연령, 성별, 인종, 국적, 종교, 결혼, 교육, 직업, 수입, 사회적 지위	제품/서비스의 사용, 사용 상황(시간, 장소), 충성도 수준, 추구하는 이익, 운동 수준, 여가 시간의 사용, 건강 전문가의 활용 정도	자긍심, 변화에 대한 준비 정도, 내향적, 감각 추구, 이타주의, 성취 지향적, 독립에 대한 필요, 사회의식, 소속감, 인정에 대한 욕구, 권력에 대한 욕구, 개성, 생활 습관

출처: Albrecht & Bryant, 1996; Lefebvre, 1992

목표 공중의 세분화는 개인적 특성에 한정지을 필요는 없다. 지역의 특성이나 조직의 특성, 구성원의 규모 같은 변수에 의해서도 세분화가 가능하다. 예를 들어 도시 지역과 농촌 지역으로 구분한다거나 학생 수의 기준에 따른 학교의 세분화도 쉽게 적용할 수 있는 세분화의 방법이다.

세분화에 있어서 통계적 기법과 데이터 그래픽 표현 기술의 발전으로 기획자는 과거보다 자원을 효율적으로 사용하며 전략적으로 캠페인을 수행하는 것이 가능해졌다.

4) 메시지 디자인(Message Design)

공중이 세분화되면, 세분화된 목표 공중을 위한 전략적 메시지의 디자인이 중요하다. 상업적 마케팅에서는 목표 공중에 소구하기 위해 다양한 형태의 창의적이고 차별적인 메시지를 생산해 낸다. 메시지의 내용이 자극적이거나 때로는 목표 공중에게 불쾌한 감정을 일으키기도 한다.

그러나 헬스 커뮤니케이션 캠페인의 경우 상업적 마케팅의 메시지 디자인과 다소 차이가 있다. 건강 관련 메시지는 신뢰할 만하고, 관심을 끌 만하고, 재미있고, 관련성이 있어야 하며, 이해하기 쉬워야 한다(Atkin, 2001). 상업적 마케팅의 메시지에 비해 엄격한 규칙이 제한적 요소로 작용할 수 있다.

헬스 커뮤니케이션 캠페인에서 주로 사용하는 메시지는 크게 세 가지 종류가 있다(Atkin, 2001). 목표 공중에게 기대하는 반응에 따른 인지, 교육, 설득 메시지로 구분할 수 있다. 각각의 메시지 유형에 대한 특성은 다음 〈표 III-4〉와 같다.

〈표 III-4〉 헬스 커뮤니케이션 캠페인 메시지의 유형

메시지 유형	특성
인지 메시지	• 캠페인의 목적은 목표 공중으로 하여금 메시지를 통해 인지도를 증가시키는 것 • 메시지는 흥미와 관심을 유발하여, 관련 정보 추구의 동기를 일으킴
교육 메시지	• 캠페인의 목적은 목표 공중으로 하여금 메시지를 통해 지식과 기술을 습득케 하는 것 • 개인이 행위 수행 의지가 부족할 때, 자신감을 증진시킬 수 있는 격려와 훈련을 제공
설득 메시지	• 캠페인의 목적은 목표 공중으로 하여금 메시지를 통해 왜 옹호되는 행위를 수용해야 하는지 혹은 금하는 행위를 피해야 하는지를 설득하는 것 • 긍정적 혹은 부정적 보상 소구 사용

출처: Atkin, 2001

매노프(Manoff, 1985)는 메시지 디자인 전략이 내용, 설득, 디자인, 기억의 측면에서 여러 변수에 의해 영향을 받는다고 주장한다(〈표 III-5〉 참조). 메시지 디자인 전략은 수용자의 메시지에 대한 주의, 인식, 유지에 영향을 주기 때문에 메시지 전략을 마련할 경우 고려해야 할 변수들이다.

〈표 Ⅲ-5〉 메시지 디자인 전략에 영향을 주는 요인들

내용	설득	디자인	기억
이슈, 목표 공중, 저항 시점, 해결책, 요구되는 행위, 권위 있는 정보원	이유, 공감, 관심 환기, 실천 능력, 믿음, 창의성, 혜택	단일 아이디어, 언어·문화 관련, 상황 및 특성 구분, 차별적 메시지 스타일, 낮은 피곤 지수	아이디어 강화, 방해의 최소화, 반복

출처: Manoff, 1985

목표 공중의 포커스 그룹 인터뷰나 개별 인터뷰 혹은 서베이 조사를 통해 얻은 자료를 토대로 목표 공중에 맞게 전략적으로 마련된 메시지는 또한 사전 검증(pretesting)의 과정을 거치면서 다듬어진다. 사전 검증은 질적인 방법과 양적인 방법이 모두 사용될 수 있다. 가장 많이 사용되는 방법은 포커스 그룹 인터뷰다. 인터뷰 내용의 분석을 통해 목표 공중의 필요와 인식에 적합한 메시지를 디자인하게 된다.

메시지는 개인들로 하여금 단순히 어떻게 하라는 식으로 만들어지는 것이 아니라, 메시지 내용과 기대하는 결과나 가치(긍정적 혹은 부정적 보상)를 연결시키는 방식이 선호된다. 이런 보상(incentive) 소구의 메시지는 목표 공중에게 기존의 가치를 찾도록 도와주게 된다. 헬스 커뮤니케이션 캠페인의 보상은 주로 육체적 건강, 시간/노력, 경제적·정신적·사회적 가치를 의미한다. 육체적 건강은 가장 빈번히 사용되는 긍정적 보상 소구다. 그러나 실제에서는 부정적 보상 소구 전략, 즉 사망, 질병, 상처와 같은 건강하지 못한 결과가 보다 자주 사용된다(Atkin, 2001).

부정적 소구 중에서도 헬스 커뮤니케이션 캠페인의 메시지 디자인에서 가장 우세한 전략은 공포 소구, 즉 목표 공중이 건강하지 못한 행동을 할 경우 매우 해로운 결과를 만나게 될 것이니 행동을 바꾸도록 동기를 부여하는 전략이라고 할 수 있다. 전략적으로 잘 기획된 공포 소구 메시지는 가장 효과적인 행동 변화의 전략이 될 수 있다(Stephenson & Witte, 2001). 그러나 공포의 수준을 조정하지 못하면, 오히려 수용자의 메시지에 대한 거부나 저항 같은 부메랑을 맞을 수도 있다(Atkin, 2001). 메시지에 순응하기보다는 메시지로부터 자신을 보호하고자 하는 보호 동기가 유발될 수 있다. 무조건적인 공포 소구보다는 헬스 커뮤니케이션 캠페인의 목적인 긍정적인 혹은 바람직한 행위를 이끌어 내는 것이라면 그리고 그 이미지가 긍정적이라면 긍정적 소구의 방법도 고려할 만하다.

목표 공중의 특성에 따라 감각 추구 성향의 공중을 위해서는 극적인, 격정적인, 속도감 있는 메시지를 기획하게 된다(Palmgreen et al., 2001). 최근에는 유머가 있는 오락적 메시지나

공포감을 불러일으키는 메시지 또한 효과를 극대화하기 위해 개발되고, 활용되고 있다.

5) 메시지 전달 채널의 선택(Channel Selection)

메시지가 설득적으로 잘 만들어졌다 하더라도 그 메시지를 전달할 커뮤니케이션 채널이 없다면 캠페인이 효과를 거두기 어렵다. 메시지를 목표 공중에게 전달할 방법은 다양하다. 인터넷, 텔레비전, 라디오, 신문, 잡지와 같은 미디어뿐 아니라 공공 연설이나 개인적 미팅, 이벤트도 메시지 전달의 채널이 될 수 있다. 캠페인의 기획자는 최대의 효과를 거두기 위해서 다양한 커뮤니케이션 채널의 기획과 선택을 고려하게 된다. 캠페인 수행의 환경적 요소를 고려하여 최적의 채널을 선택하기 위해서는 목표 공중의 커뮤니케이션 이용 행태에 대한 이해도 필요하고 커뮤니케이션 채널의 도달 범위, 이용 가능성 등 다양한 요소를 잘 파악해야 한다(〈표 III-6〉 참조).

오늘날 헬스 커뮤니케이션 캠페인은 매스미디어뿐 아니라 다양한 커뮤니케이션 채널을 커뮤니케이션 목적에 따라 통합적으로 사용하는 통합적 마케팅 커뮤니케이션(integrated marketing communication)의 접근법을 택하고 있다. 하나의 채널에 의존하는 것이 아니라 다양한 커뮤니케이션 채널을 사용함으로써 메시지의 도달 범위를 넓힐 수 있을 뿐 아니라, 목표 공중에 반복적으로 노출되게 함으로써 시너지 효과 또한 기대할 수 있다.

〈표 III-6〉 채널 선택의 기준

커뮤니케이션 채널 선택에 고려해야 할 사항
• 참여(participation): 메시지 처리 과정에서 적극적 수용자의 참여 • 의미 양태(meaning modalities): 의미 전달 과정에 수용되는 다양한 감정 • 개인화(personalization): 정보원과 수용자 간의 인간관계적 특징 • 해독 가능성(decodability): 메시지 처리에 요구되는 정신적 노력 • 깊이(depth): 자세하고 복잡한 메시지를 전달하기 위한 채널의 용량 • 신뢰(credibility): 전달되는 메시지의 신뢰성 • 의제 설정(agenda setting): 이슈에 대한 주목을 끌어내는 채널의 가능성 • 접근성(accessibility): 채널을 통해 메시지를 전달하기 쉬운 정도 • 경제성(economy): 메시지 생산과 전달을 위한 저비용 • 효용성(efficiency): 메시지 생산과 전달을 위한 준비의 단순성

출처: Atkin, 1994

6) 프로그램 실행 및 과정 평가(Implementation and Process Evaluation)

커뮤니케이션 채널을 통해 메시지가 전달되는 동안에도 캠페인 기획자는 과정에 대한 모니터링이 필요하다. 실제 프로그램이 의도했던 방향으로 진행되고 있는지, 기대하는 결과가 나타나고 있는지 캠페인 활동에 대한 모니터링과 자료 수집이 중요하다. 이것은 다음의 평가 단계에서 또한 매우 중요하게 활용될 수 있다. 실제 의도했던 바와 같이 목표 공중에게 메시지가 도달되었는지, 메시지의 노출 빈도는 목표 공중에게 영향을 줄 만큼 충분했는지, 전달 과정에 문제는 없었는지 파악해야 한다.

7) 결과에 대한 평가(Outcome Evaluation)

캠페인 결과를 평가하는 작업은 평가 디자인(evaluation design)이라 불릴 만큼 매우 중요하고 많은 노력이 요구되는 과정이다. 단순히 메시지의 노출 빈도나 커뮤니케이션 노력을 양적으로만 계수하는 것이 아니라 실질적으로 의도했던 목적이 달성됐는지 그리고 캠페인의 전 과정에서 발견된 문제점은 무엇이었는지 그리고 추후 캠페인의 발전을 위해서 수정해야 할 사항이나 고려해야 할 것은 무엇인지를 파악하는 과정이다. 이런 평가 작업은 역시 평가의 기준을 마련해야 하며, 그것을 파악하기 위한 조사를 또한 필요로 한다. 예를 들면 사전·사후 조사 방법을 통해 캠페인 전과 후의 목표 공중의 행동이나 태도의 변화를 비교할 수도 있다. 시계열 분석과 같은 방법은 오랜 시간에 걸쳐 캠페인의 효과가 어떻게 나타나는지를 추적할 수 있는 장점이 있다. 그러나 헬스 커뮤니케이션 캠페인을 비롯한 많은 공공 커뮤니케이션 캠페인이 결과 평가의 중요성에도 불구하고 시간적·재정적 이슈로 인해 결과 평가를 제대로 수행하지 않는 것이 문제로 제기된다.

3. 캠페인 디자인

1) 캠페인 기획(상황 분석)

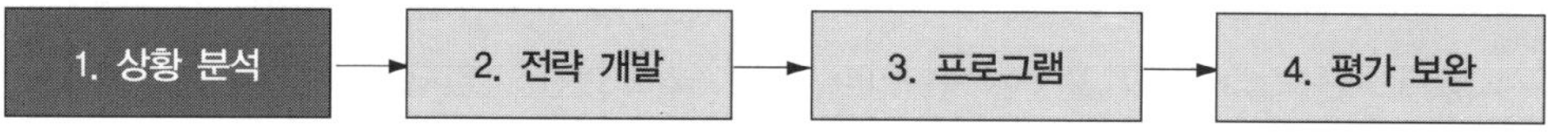

헬스 커뮤니케이션 캠페인 디자인의 시작은 캠페인을 기획하는 데서 시작한다. 이 단계에서 캠페인의 기획자는 다음과 같은 질문들에 대한 답을 찾아야 한다.

- 배경 조사: 건강 관련 문제가 무엇인가?
- 목표 설정: 어떤 일이 발생했는가? 혹은 발생해야 하는가?
- 공중 이해: 누가 영향을 받는가?
- 상황 분석: 문제 해결을 위한 상황은 어떠한가?
- 자원 분석: 문제 해결을 위한 커뮤니케이션 캠페인 예산은 충분한가?

(1) 배경 조사(Background Research)

건강 관련 이슈나 문제를 기획자가 정확히 이해할수록 훌륭한 기획이 가능하다. 관련 이슈를 정확히 이해하기 위해서는 조사(research)가 매우 중요하다. 조사의 첫 과정은 현재 소속된 조직이나 관련 조직의 데이터를 수집하는 데서 시작하여, 뉴스 및 관련 주요 연구와 같은 2차 소스로부터 정보를 수집하는 일이다. 이전에 동일한 캠페인을 진행했던 사례가 있으면 면밀히 분석하여 문제점과 평가 결과를 새 디자인에 반영할 수 있다. 문헌 조사 이후에는 전략적 캠페인 수행을 위해 추가적으로 필요한 자료를 얻기 위한 서베이, 인터뷰, 포커스 그룹, 현장 관찰과 같은 본 조사를 또한 수행하게 된다.

배경 조사는 조직과 조직 구성원에 대한 인터뷰(initial client interview)부터 관련 자료, 매스미디어 소스, 역사 및 사례 조사, DB 및 인터넷 소스 조사, 정부 및 관련 연구 조사를 포함한다. 이슈 확인 과정에서는 조사를 통해 다음과 같은 데이터를 찾아 정리할 필요가 있다.

① 건강 이슈나 문제에 대한 정확한 개념

② 건강 이슈나 문제의 발생 원인

③ 건강 이슈나 문제의 심각성
④ 건강 이슈나 문제의 영향을 받을 대상
⑤ 건강 이슈나 문제의 치료, 예방책
⑥ 외국 혹은 다른 지역의 사례 조사

데이터 정리를 위해서는 〈표 III-7〉과 같이 분석 자료표를 만들어 놓으면, 이슈를 이해하기 쉽고 다음 과정의 준비를 위해 도움이 된다.

〈표 III-7〉 건강 이슈나 문제 분석표 예

건강 이슈	정도(파급 규모)		사망률(질병률)***	예방/치료 행위	정보원
	노출률*	발생률**			
×× 플루	××지역 20만 명	1,000명당 100명	어린이 사망률 높음	예방: ×××× 치료: ×× 사용	××학회지 통계 자료

출처: O'Sullivan et al., 2003
* 건강 문제를 가진 것으로 알려진 위험 인구 비율
** 특정 기간(월, 분기, 연) 동안 건강 문제가 새로 발생한 사례의 비율
*** 사망률, 질병률

데이터 수집을 위해서 기획자가 이용할 수 있는 정보 소스는 상당히 많은 편이다. 양적 분석이나 질적 분석을 수행한 연구 결과나 보고서부터 주요 언론의 기사, 정부나 건강 관련 단체의 자료도 중요한 정보가 된다. 기획자가 이용할 만한 국내외 정보 소스를 정리해 보면 〈표 III-8〉과 같다. 단 정보를 인용할 때는 정보원이 신뢰할 만한 곳인가를 잘 확인해야 하며, 너무 오래된 자료를 인용하는 것은 피해야 한다. 건강 관련 정보는 항상 새로운 결과가 나오고 정보의 업데이트가 빠른 편이기 때문에 항상 최신 데이터를 분석하고 인용하는 것이 중요하다.

한국언론진흥재단이 제공하는 뉴스 검색 서비스 가온([그림 III-1])을 이용하면, 국내 전국 일간지 및 방송 뉴스까지 검색이 가능하다. 뉴스 검색을 통해서 관련 이슈를 점검하고, 뉴스 속에 인용된 정보원을 다시 검색해 본다면 신뢰할 만한 많은 정보를 얻을 수 있다.

해외 관련 자료는 세계보건기구(WHO)나 미국, 영국, 캐나다, 호주 등의 보건 관련 정부 부처 및 질병예방통제센터 검색을 통해서도 구할 수 있다. 미국, 영국, 호주, 캐나다 등은 헬스 커뮤니케이션 및 건강 관련 캠페인에 관한 많은 연구와 사례를 제공하고 있다.

〈표 III-8〉 건강 및 캠페인 관련 정보 소스

건강 및 캠페인 관련 정보 소스
• 도서관 & 온라인 DB(국내외 저널 검색 가능)
• 국내 뉴스 검색(미디어 가온, www.kinds.or.kr)
• 정부 및 관련 기관(보건복지가족부, 질병관리본부, 식품의약품안전청)
• 국가 통계 검색
– 통계정보시스템(KOSIS, kosis.nso.go.kr)
– 통계바다(STAT-KOREA, www.stat.go.kr)
– e-나라지표시스템(www.index.go.kr)
– 통계지리정보시스템(GIS, gis.nso.go.kr)
• 외국 문헌(구글 스콜라, http://scholar.google.com)
• 세계보건기구(WHO, www.who.org)
• 미국 질병통제예방센터(www.cdc.gov)

[그림 III-1] 한국언론진흥재단 미디어 가온의 뉴스 검색 서비스

관련 사례 및 국내외 뉴스 검색 등 문헌에 대한 1차 조사 후에는 공중에 대한 보다 자세한 데이터를 수집하기 위해 목표 공중에 대한 양적인 혹은 질적인 조사를 2차적으로 수행하는 경우가 많다. 실제 건강 관련 이슈나 문제와 누가 관계되는지 누가 핵심 공중인지 정확히 이해하고 또 그들의 태도, 인식, 행위에 관해 이해하기 위해 조사를 수행하게 된다. 일반적으로 양

적인 조사에서는 대규모 표본(대표성을 갖는)을 사용하여 전화, 이메일, 웹, 우편 서베이 조사를 하거나 집단 실험을 수행하는 경우가 많다. 캠페인 기획자가 관련 문헌에 대한 검토를 거쳐, 필요한 데이터를 얻기 위한 질문지를 만든 후 조사 작업을 수행하게 된다. 질적인 분석 방법에 비해 조사 규모에 따라 비용이 많이 드는 단점이 있다. 일반적으로 조사는 기획을 위해 프로그램 실행 전과 평가를 위해 실행 후에 수행하게 되는데 대부분의 조직이 예산상의 문제로 인해 제한적으로 조사를 수행하는 경우가 많다. 그러나 질적인 조사 방법에 비해 데이터의 신뢰도나 결과의 일반화에 장점이 있다.

현장 관찰이나 개인 인터뷰 및 포커스 그룹 인터뷰와 같은 질적인 방법은 깊이 있는 정보를 얻기 위해 좋은 방법이다. 비용적인 면에서 양적인 방법에 비해 저렴하여 메시지 사전 테스트에서도 많이 이용되고 있다. 그러나 양적인 방법에 비해서 결과의 타당도나 일반화가 떨어지는 단점이 있다. 소수 개인의 특수한 경우가 일반화되는 오류를 범할 수 있기 때문이다.

헬스 커뮤니케이션 캠페인에 기획에서 사용할 수 있는 조사 방법을 간단히 정리해 보면 다음과 같다.

① 심층 인터뷰

시간, 비용에 대한 제한이 있을 경우, 목표 공중의 규모가 작을 경우, 인터뷰 대상자가 대표성이 확보될 경우, 매우 개인적인 데이터를 얻어야 할 필요가 있을 경우 효과적일 수 있다.

건강 관련 이슈는 매우 개인적인 데이터(예를 들면 마약 사용 여부, 청소년 흡연 등)를 필요로 한 경우가 있는데 심층 인터뷰는 매우 효과적인 조사 방법이 될 수 있다. 그러나 많은 수의 공중을 인터뷰하기 힘들고, 규모가 클 경우 시간도 많이 걸리는 단점이 있다. 인터뷰 대상자가 대표성이 없을 경우 조사 결과를 반영하여 캠페인을 기획할 경우 오류를 범할 수도 있다.

인터뷰 질문의 구성도 처음부터 무거운 주제나 어려운 질문을 던지는 것이 아니라, 편안한 분위기에서 대상자가 응답을 할 수 있도록 가볍고 쉬운 질문을 처음 부분에 배치하는 것이 중요하다. 인터뷰 대상자가 불쾌한 감정을 느끼거나 피곤함을 느끼지 않도록 세심한 주의가 필요하다.

인터뷰 내용에 대한 비밀의 보장은 윤리적인 측면에서도 매우 중요한 부분이다.

② 포커스 그룹

흔히 초점 집단 인터뷰라고도 불리는데 개인적 인터뷰가 아닌 10~12명의 목표 공중을 대상으로 경험이 많은 진행자가 인터뷰를 진행하는 방식이다. 효과적으로 사용된다면 서베이 같은 양적 분석 방법에 비해 저렴한 비용에 좋은 데이터를 수집할 수 있다. 조사 비용이 충분하지 않은 건강 관련 단체나 비영리 조직에서 쉽게 사용할 수 있는 방법이다. 기업에서도 새로운 제품의 기획이나 시장에 제품을 내놓기 전에 사전 검증 과정에서 그리고 마케팅 메시지의 사전 조사에 역시 포커스 그룹의 방법을 사용하고 있다. 양적인 조사 방법인 서베이를 실행하기에 앞서서 조사 문항에 대한 사전 검증을 위해서나, 서베이 조사 후 연구 결과에 대한 해석 과정에서 부족한 정보를 보충하기 위해서 포커스 그룹 인터뷰가 사용되기도 한다.

포커스 그룹 인터뷰 방법은 다른 조사 방법에 비해 (a) 비용과 시간, (b)) 사전 설계된 문항에 대한 검증, (c) 깊이 있는 응답, (d) 접근하기 어려운 공중(어린이, 마약 복용자 등), (e) 시청각 자료 사용 가능, (f) 솔직한 응답 가능(인터뷰 보안)의 장점이 있다.

그러나 다른 한편으로 포커스 그룹 인터뷰의 자료는 서베이와 달리 양적인 결과로 해석하는데 어려움이 있고, 제한된 인터뷰 시간으로 인해 인터뷰 결과가 충분하지 못할 때 그 결과를 확대 해석할 우려도 제기된다. 인터뷰 진행자가 효율적으로 인터뷰를 진행하지 못할 경우 소수의 참가자들이 인터뷰 전체를 지배하는 경우도 발생할 수 있다. 포커스 그룹 참가자들이 대표성을 확보하지 못한다든지 이슈에 대한 지식이나 관심이 부족할 경우 (물론 사전에 섭외 과정에서 검증이 가능하지만) 의도했던 목표를 달성하기 어려운 점도 있다.

포커스 그룹 인터뷰를 실행할 때는 시간과 장소 선택에도 유의할 필요가 있다. 전문가 집단에 대한 포커스 그룹 인터뷰는 오전 일찍 진행하는 경우 성공적이었고, 노인층 대상 인터뷰는 늦은 오후 시간이 효과적이었다는 의견도 있다(Bobbitt & Sullivan, 2005). 인터뷰 장소도 컨퍼런스 룸부터 호텔 커피숍, 레스토랑 등 다양한 곳이 선택될 수 있는데 인터뷰가 방해받지 않아야 하고 필요한 녹음이나 영상 장비의 사용 가능 여부도 사전에 확인해야 한다.

포커스 그룹의 진행을 맡은 사람은 시간에 대한 효율적 사용은 물론 참가자들이 적극적으로 인터뷰에 임할 수 있도록 토론의 흐름을 잘 이끌어 나가야 한다. 사전에 연구 목적 및 질문 내용에 대해 정확히 숙지하고 있어야 하며, 가벼운 질문부터 자세한 질문, 그리고 추가적으로 보강할 만한 질문, 답변에 대한 적절한 요약 등을 해주어야 한다.

포커스 그룹 인터뷰가 끝난 후에는 녹음한 인터뷰 내용을 분석하는 작업을 수행하게 된다. 시간의 흐름에 따라 혹은 사전에 분류해 놓은 주제에 따라 인터뷰 내용을 다시 정리 분석하게 된다. 인터뷰 내용을 요약할 때는 핵심적인 주제어나 중요한 표현은 직접 인용(즉 “ ”의 사용)을 사용해서 정리한다.

③ 현장 관찰(Field Observation)

현장 관찰은 헬스 관련 이슈나 문제가 발생한 현장에서 사람들을 직접 관찰함으로써 문제점이나 해결 방안을 직접적으로 찾는 방법이다. 현장 관찰은 특별한 준비가 필요치 않고, 시간적으로도 다른 조사 방법에 비해서 장점이 될 수 있다. 그러나 결과가 너무 피상적인 것만 보여 줄 우려도 있고, 그 결과를 계량화할 수 없다는 단점이 있어서 일반화하는 데 한계가 있다는 지적도 받는다.

특히 현장 관찰의 경우 호손 효과(Hawthorne effect) 현상이라 불리는 현장 관찰의 문제점이 또한 제기된다. 관찰의 대상자가 자신이 관찰되고 있다는 것을 알 때, 평소와 다른 행동 양식을 보인다든지 관찰자에 대해서 거부감을 표현하는 경우가 이에 해당한다.

④ 서베이 조사

가장 보편적으로 사용되는 양적인 조사 방법이다. 서베이 조사는 표적 공중에 대한 적절한 샘플링(표본 추출) 및 데이터 수집 방법(우편, 이메일, 웹, 전화, 면대면 조사)의 선택과 체계적인 설문 디자인의 기획이 중요하다. 이러한 부분들은 데이터의 왜곡과 타당도를 위협할 우려가 있기 때문에 신중을 기할 필요가 있다.

샘플링(표본 추출)은 조사 대상자(population)의 규모에 따라서 어느 정도의 표본을 조사하는 것이 타당한지를 결정하는 것이다. 조사 대상자가 많으면 많을수록 조사 결과는 일반화시킬 수 있을 정도로 타당하겠지만 그만큼 비용이 많이 추가된다. 샘플링의 방법은 크게 확률적 표집 방법과 비확률적 표집 방법이 있다. 확률적 표집 방법은 단순한 무작위 표집(예, 난수표나 뽑기식), 기계적 표집(예, 전화번호부에서 매 n번째 사람을 선택), 층화 표집(변수에 따라 집단 분류 후 각각의 집단에서 표집), 군락 표집(cluster sampling, 도시, 농촌, 공업 지역 구분)이 사용된다. 비확률적 표집 방법은 목적 표집(연구 목적에 따른 표집), 할당 표집(모집단의 특성에 따른 표집, 예를 들면 언론정보 전공 3학년 남자), 편의 표집(특별히 정하지 않고 편한 시간, 편한 장소에서 표집), 눈덩이 표집(snowball sampling: 모집단이 분명하지 않을 때 소개에 의해 눈덩이처럼 샘플을 늘리는 방식)이 있다. 어떤 샘플링 방법을 선택할 것인가는 조사 이슈나 조사 대상자의 특성을 고려하여 선택해야 한다. 예를 들어 동성애자를 대상으로 조사를 수행할 경우 모집단을 파악하기 힘들다. 이럴 경우 몇 명이라도 알고 있는 동성애자가 있다면 그들을 통해 다른 동성애자를 소개받는 방식(즉 눈덩이 표집)을 고려할 수 있다. 각각의 샘플링의 방법과 사례는 사회과학 조사방법론 관련 서적들에서 많이 소개되고 있다.

서베이 데이터 수집의 방법도 전화, 이메일, 웹페이지, 우편, 면대면 방법 등 다양하다. 질문 문항이 많지 않고, 짧은 시간에 많은 데이터를 수집해야 할 경우는 전화 서베이 방식이 효과적이다. 이메일이나 웹페이지를 이용한 데이터 수집 방식도 최근 많이 활용되고 있으나 효율성에 비해서 응답률이 낮다는 단점이 지적되고 있다. 서베이 참가 메일이 스팸으로 취급되어 제대로 전달되지 않는다거나, 서베이 문항이 지나치게 길어서 응답자가 중간에 응답을 포기하는 경우가 발생하기도 한다. 인터넷이 익명이고 응답자를 확인할 수 없다는 점도 응답 결과에 위험 요소가 될 수 있다. 우편을 이용한 데이터 수집은 과거에 많이 활용되었으나 최근에는 낮은 회수율로 인해 인터넷을 이용한 방법으로 대체되고 있다. 면대면 방식은 질문 문항이 많다든지 문항이 다소 설명을 필요로 한다든지 할 경우 효과적으로 사용될 수 있다. 데이터의 신뢰도는 높은 장점이 있으나 상대적으로 다른 방법에 비해 비용이 많이 든다는 단점이 있다.

서베이 문항을 만드는 것은 매우 복잡하고 어려운 작업일 수 있다. 질문의 형식 선택(개방형 혹은 폐쇄형)부터 어떤 측정 방법(scale)을 선택할 것인가도 고려해야 한다([그림 III-2] 참조). 서베이 설문의 디자인과 관련해서는 손영석, 채서일(2008)의 『체계적 설문 디자인』을 참고하기 바란다.

서베이 문항을 설계할 때는 연구 목적과 필요한 데이터가 무엇인지를 고려하여 지나치게 필요 없는 데이터를 많이 수집하는 수고를 덜어야 하며, 아울러 응답자가 지나치게 긴 설문 문항들 때문에 피곤함을 느끼지 않아야 한다.

서베이 문항을 디자인할 때는 사전 검증을 통해 특정 질문이 응답자를 불편하게 하지는 않는지, 반복해서 묻고 있지는 않은지, 응답자가 잘못 해석할 우려는 없는지, 응답자가 더 말하고 싶어 하는 부분은 없는지 파악해야 한다(〈표 III-9〉 참조).

〈표 III-9〉 서베이 설문 디자인의 유의 사항

- 혹시 어떤 질문이 응답자를 불편하게 만들지 않았습니까?
- 반복해서 물은 질문은 없습니까?
- 응답자가 잘못 해석한 부분은 없습니까?
- 어느 질문이 가장 어렵고 읽는 데 당황스러웠습니까?
- 혹시 면접 중에 지체되었던 부분이 있었습니까?
- 응답자가 더 말하고 싶어 하는 부분이 있었습니까?

출처: 손영석, 채서일, 2008

서베이 조사를 통해 획득된 데이터는 건강 관련 이슈와 관련 변수들의 관계를 파악하기 위해 SPSS나 SAS 같은 통계 프로그램을 이용하여 분석할 수 있다. 데이터를 분석할 때는 관련 이론이나 과거 사례에 기초하여 변수들을 잘 찾아야 한다. 분석을 통해 밝혀진 원인과 결과에 따라 건강 이슈를 해결하기 위한 커뮤니케이션 전략이 마련될 수 있기 때문이다. 자세한 통계 분석 기법에 관해서는 조사방법론 관련 서적이나 통계 서적을 참고하기 바란다.

의료 조직의 홍보 · 마케팅 현황 조사	ID			

안녕하십니까?
저희는 의료관광 활성화를 위해 의료 조직이 수행하고 있는 홍보 · 마케팅 활동 현황과 문제점, 그리고 개선 방안에 관한 조사를 수행하고 있습니다. 본 조사는 해외 환자 유치를 위한 바람직한 홍보 · 마케팅 방안을 제시하고 의료 조직이 요구하는 인재를 양성하기 위한 기초 자료를 마련하는 데 목적이 있습니다. 본 조사의 내용은 통계법 제33조에 의해 비밀이 철저히 보장되고 있으며, 연구 결과는 통계 작성 목적으로만 사용됩니다. 다소 번거롭더라도 이 조사에 적극 참여하여 성실하게 답변해 주시면 대단히 고맙겠습니다.
감사합니다.

2010년 2월

조사 주관 기관: 한림대 의료관광인재양성센터 (HiMTEC) / 언론정보학부 ××× 교수 033-248-××××	실사 진행 기관: 중앙리서치 E-amil: research@aaaa.com Fax: 02-○○○-○○○○

A. 먼저 귀 병원의 해외 환자 유치 관련 일반 사항에 대한 질문입니다.

A-1. 귀 병원의 최고경영진은 해외 환자 유치에 관심이 높은 편입니까? (숫자에 "V")

보기	전혀 그렇지 않다 ①	②	③	보통 ④	⑤	⑥	매우 그렇다 ⑦

A-2. 해외 환자 유치를 위해 귀 병원의 주요 관심 분야는 무엇입니까? (복수선택가능)

① 해외 환자 유치를 위한 마케팅과 홍보 활동
② 해외 의료관광의 주요 성공 사례(국내 / 국외)
③ 다른 병원들의 준비 현황 및 운영실태
④ 정부의 지원 정책과 제도적인 변화
⑤ 의료관광 육성을 위한 병원 상품 개발
⑥ 해외 판매를 위한 유통망과 네트워크 구축
⑦ 전문 의료관광 컨설팅 서비스
⑧ 의료관광을 위한 전문 인력 채용

A-3. 해외 환자 유치를 위한 홍보 · 마케팅 활동 및 방향과 관련 개선점이나 의견이 있으시면 자유롭게 써주십시오.

____

____

[그림 III-2] 서베이 조사 문항 샘플

서베이 조사는 조사 대상자의 성격, 규모, 조사 방법, 문항의 양, 시간에 따라 소요되는 비용에 큰 차이가 발생하므로 예산을 고려하여 가장 효율적인 방법을 선택해야 한다.

건강 관련 이슈나 문제에 대한 조사는 개인의 매우 민감한 부분에 대한 데이터를 수집하는 경우도 있어서 때로는 응답자가 사실대로 응답하지 않고 대답을 회피한다거나 규범적인(일반적으로 바람직하다고 여기는) 대답을 선택하여 조사 결과의 오류를 만들 수 있으니 각별히 유의할 필요가 있다. 그래서 양적 방법을 수행하더라도 사전에 포커스 그룹이나 전문가 인터뷰와 같은 질적 방법을 통해 양적 방법의 문제점을 줄이는 노력이 필요하다.

⑤ 내용 분석

건강 관련 이슈나 문제에 대해서 미디어가 어떻게 보도하고 있는지를 파악하기 위해서 캠페인 기획자는 미디어 내용 분석을 할 수 있다. 미디어가 사람들의 건강에 대한 인식과 신념, 행동에 영향을 미친다는 미디어 효과 관련 연구가 활발히 진행되면서 많은 기획자들이나 학자들이 건강 관련 이슈 보도를 내용 분석하고 있다.

기사 #: 코더 ID:

2014 올림픽 개최 후보도시 국제 뉴스 커버리지 조사

1. 통신사: AP ( ) AFP ( ) 로이터 ( ) UPI ( ) 신화사 ( ) 기타 __

2. 보도일자: ________ 월 ________ 일

3. 기사형태: 스트레이트( ) 분석/해설( ) 사설/칼럼( ) 독자의견( ) 기타__

4. 기사 헤드라인: ______________________________

5. 헤드라인의 성격: 부정적 ( ) 중립적 ( ) 긍정적 ( )

6. 헤드라인에서 언급된 도시: 평창 ( ) 소치 ( ) 잘츠부르크 ( ) 없음 ( )

7. 기사 본문에서 언급된 도시: 평창 ( ) 소치 ( ) 잘츠부르크 ( ) 없음 ( )

8. 기사 주제 (복수 선택 가능)

주제	평창	소치	잘츠부르크
경기시설 및 인프라			
관광			
조직위원회 활동			
정부 및 지역민 지원			
실사			
환경			
치안			
기타			

9. 뉴스에서 인용된 정보원 (복수선택 가능)

정보원	평창	소치	잘츠부르크
대통령			
정부관료			
IOC 위원			
유치위원(장)			
후보도시 지역주민			
스포츠 스타/선수			
스포츠 전문가/기자			
기타			

10. 기사 중 후보도시에 대한 평가

평가	평창	소치	잘츠부르크
부정적			
중립적			
긍정적			

11. 후보 도시의 이미지

이미지	평창	소치	잘츠부르크
부정적			
긍정적			

[그림 Ⅲ-3] 내용 분석 코딩지 샘플

캠페인 기획자는 미디어 내용 분석을 통해 미디어에서 건강 이슈와 관련해서 보도의 양이 얼마나 되는지, 어떤 주제에 초점을 맞춰 보도하는지, 뉴스에 인용된 정보원은 누구인지, 뉴스에서 이슈에 대해 어떻게 묘사하는지 파악할 수 있다. 미디어 내용 분석은 조사할 이슈에 대한 미디어 커버리지의 시간과 미디어 종류를 몇 개로 할 것인가에 따라 상당한 시간이 소요될 수 있다. 특정 질병에 대해 주요 미디어가 특정 기간 동안에 보도한 것을 분석함으로써 이슈에 대한 보도의 양과 흐름을 추적할 수 있다.

내용 분석을 하기 위해서는 (a) 연구 목적을 분명히 설정해야 하고, (b) 조사 기간과 조사할 미디어를 선택해야 하고, (c) 계량화할 코딩(coding) 범주를 정의해야 하고, (d) 뉴스의 샘플링을 해야 하고, (e) 뉴스 메시지를 분석, 해석해야 한다.

내용 분석은 방송 프로그램의 폭력성이나 선정성 같은 미디어 내용에 대한 연구에서 시작했지만, 건강 관련 웹사이트의 내용이나 건강 관련 블로그, 커뮤니티의 내용, 관련 서적이나 팸플릿의 정보, 인터뷰나 연설 또한 내용 분석이 가능하다.

미디어 내용의 분석 또한 SPSS나 SAS 같은 통계 프로그램을 이용하여 양적 분석이 가능하다.

과학적 조사는 건강 관련 이슈나 문제에 대한 이해를 도울뿐더러 정확한 목표 설정에 중요한 자료를 제공하기 때문에 기획자가 특히 관심을 가져야 할 부분이다. 조사 자료는 캠페인 목표 및 메시지 전략에 미치는 효과를 고려하여 조사 결과의 신뢰도 및 타당도 확보에 특히 유의하여야 한다.

응답 규모 및 응답자가 대표성이 없다든지, 응답자의 응답이 신뢰할 만하지 못하다든지, 응답 시간이나 장소가 영향을 미칠 수 있다든지, 조사자의 편견이 개입될 우려가 있다든지 하는 경우 조사 자료는 심각한 문제가 있을 수 있다.

헬스 커뮤니케이션 관련 조사는 사람을 대상으로 하기 때문에 또한 조사자가 늘 윤리적 부분에 문제는 없는지 유의해야 한다.

(2) 공중 이해: 누가 직·간접적으로 영향을 받는지 파악하라

헬스 커뮤니케이션 캠페인에서 공중은 기본적으로 특정 건강 이슈나 문제에 노출된 사람들이다(어린이의 경우는 보호자가 해당된다). 잠재적인 공중에 대한 파악과 이해를 위해서는 지역사회 보건소나 보건 담당 행정 부서 및 통계청의 지역 관련 자료를 참고로 할 수 있다.

그러나 대부분의 자료가 매우 제한적이며, 실제 캠페인에 크게 도움이 되지 않을 수 있다.

이럴 경우 관련 전문가(예를 들면 의사나 학자)들의 자문을 통해서 잠재적인 공중에 대한 보다 정확한 정보를 또한 얻을 수 있다. 보다 정확한 공중에 대한 이해와 자료가 필요할 경우 공식적 조사를 통해 필요로 하는 정보를 구할 수 있다.

조사를 통해 잠재적 공중을 파악한 후에는 그들의 특성에 대해 면밀히 분석하는 것이 필요하다. 공중 세분화의 기법을 이용해 공중을 연령, 성별, 직업, 거주지, 가족 수, 건강 상태, 미디어 이용 정도 등 다양한 기준에 따라 세분화할 수 있다. 공중 세분화를 통해 표적 공중에 정해지면, 집단의 특성에 따라 행동 변화를 수용하는 데 미치는 변수(수용을 돕는 변수와 수용을 막는 변수)가 무엇인지 분석하고 행동 변화의 어느 단계에 위치해 있는지도 알아보자(〈표 III-10〉 참조).

〈표 III-10〉 건강 이슈나 문제 분석표 예

공중	공통된 특성	행동 변화 단계	행동 변화 장애물	정보원
5세 이하 어린이	부모의 영향력	인지 전	• 인지 능력 없음 • 부모의 고정관념	×××저널

출처: O'Sullivan et al., 2003

(3) 목표 설정: 구체적이고 명료한 목표를 설정하라

헬스 커뮤니케이션 캠페인의 목표를 설정하는 것은 캠페인의 성공과 실패를 평가할 수 있는 기준을 정하기 때문에 매우 중요한 과정이라고 할 수 있다. 경영학에서 강조하는 목표 경영(Management By Objectives, MBO)이 헬스 커뮤니케이션 캠페인에도 적용될 수 있다. 캠페인에 대한 정확한 평가를 위해서도 올바른 목표를 설정하는 것이 중요하다.

그러나 과거 많은 커뮤니케이션 캠페인이 보여 준 문제점은 목표를 제대로 설정하지 못한다는 것이다. 대부분 [그림 III-3]의 왼쪽에서 제시되듯이 매우 일반적인 그리고 애매모호한 표현들이 목표로 설정되었다. 이런 목표들은 언뜻 보기에는 잘 만들어진 목표 같지만 구체성이 떨어진다.

예를 들면 '대중교통 이용 활성화'라는 목표를 제시했다면, 사람들은 누구에게 활성화시킬 것인지, 얼마나 많은 사람이 이용해야 활성화될 것인지 파악하기 어렵다. 이런 목표보다는 "2010년 12월 31일까지 ○○도시 출퇴근자의 대중교통 이용률을 10% 증가시키는 것"이라는 표현이 보다 명확하고 사실적인 목표가 될 것이다.

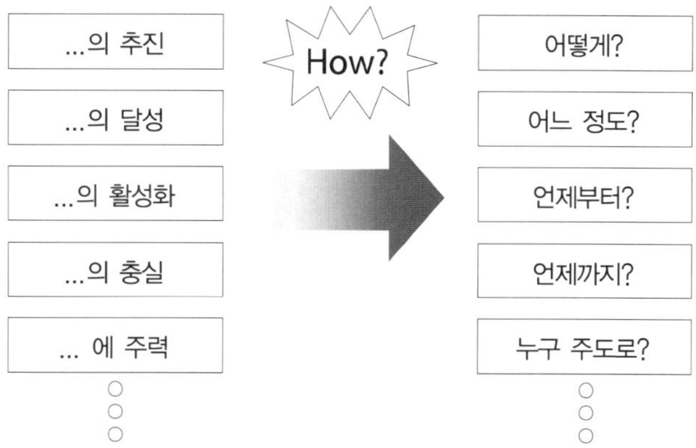

[그림 III-4] 불완전한 목표 설정의 문제점

좋은 헬스 커뮤니케이션 목표를 설정하기 위한 기준(criteria)을 제시한다면 다음과 같다.

① **사업 기간의 명시**: 헬스 커뮤니케이션 캠페인이 언제까지 수행될 것인지 목표 달성의 기간(time frame, 단기 혹은 장기)을 제시해야 한다.

② **구체성**: 너무 일반적인 상투적 표현을 사용하는 것이 아니고, 구체적이고 분명한 표현으로 제시해야 한다(정보, 태도, 동기 부여, 행동 변화).

③ **평가 가능성**: 헬스 커뮤니케이션 캠페인이 종료된 후 그 결과를 평가할 수 있도록, 구체적이고 계량화된(수치화된) 목표를 제시해야 한다.

헬스 커뮤니케이션 캠페인의 목표는 사전 조사 결과를 바탕으로 특정 사업 기간 동안의 실행을 통해 그 결과를 구체적으로 평가 가능한 것을 선정하게 된다. 일반적으로 헬스 커뮤니케이션 캠페인의 목표는 세 가지 종류로 분류할 수 있다(〈표 III-11〉).

〈표 III-11〉 헬스 커뮤니케이션 캠페인의 목표

목표	특징	사례
인지	목표 공중에 대한 메시지 노출, 메시지 이해, 수용을 목표로 함	사업 기간 동안 50대 이상 여성의 50%까지 자궁경부암 검진의 혜택을 이해시킴
태도	목표 공중에게 새로운 태도의 형성, 기존의 태도를 강화, 기존의 태도 변화를 목표로 함	사업 기간 동안 50대 이상 여성의 40%까지 자궁경부암 검진에 대한 부정적 태도를 변화시킴
행동	목표 공중의 새로운 행동 유발, 기존 호의적 행동 강화, 기존 행동의 변화를 목표로 함	사업 기간 동안 50대 이상 여성의 30%까지 자궁경부암 검진을 받도록 함

(4) 상황 분석: 환경에 대해 평가하라

헬스 커뮤니케이션 캠페인을 수행하는 데 있어서 강점과 약점, 기회 요소와 위험 요소를 파악하여 평가하는 과정이다. 거시적으로 사회 · 경제 · 정치적 여건은 헬스 커뮤니케이션 캠페인을 제한할 수 있다. 범죄율, 실업률, 빈곤율, 사회적 불평등 문제 등 제반 사회적 이슈 또한 헬스 커뮤니케이션 캠페인에 영향을 줄 수 있다. 지역사회 차원에서도 의료 시설이나 미디어 상황, 정부 및 관련 기관의 지원이나 협조, 미디어 옹호 등 전반적인 환경에 대한 분석이 필요하다. 특히 전략적 메시지를 전달할 커뮤니케이션 채널의 기획(프로그램)을 위해서 가장 중요한 자원(resource: 인적 자산, 예산, 기술적 자산)의 분석도 수행되어야 한다. 아무리 좋은 메시지와 채널에 대한 기획이 있더라도 예산이 없으면 수행할 수 없기 때문이다. 잠재적인 자원을 찾아내고 평가할 필요가 있다. 충분한 예산이 확보되지 않을 경우, 자원 조달이 가능한 조직과의 연대 가능성 여부 또한 파악해야 한다. 상황 분석 또한 표로 일목요연하게 정리하는 것이 가능하다. 상황 분석표는 지나치게 길게 쓰거나 너무 많은 목록을 사용하는 것을 피하고 우선순위를 정하여 캠페인 전략 마련에 중요한 영향을 미칠 것으로 고려되는 것만 정리하도록 해야 한다.

〈표 III-12〉 상황 분석(SWOT 분석)

강점	약점
예방 접종 시 완치율 80%, 정부 및 지방자치단체의 강력한 지원	방송 매체 이용 불가능, 임상 사례 부족
기회 요소	**위험 요소**
실천하기가 쉬움, 의약품의 공급량이 충분함	목표 공중의 무관심, 유언비어의 유포

▣ 상황 분석 요약

1. 상황 분석 → 2. 전략 개발 → 3. 프로그램 → 4. 평가 보완

- 건강 관련 이슈와 문제를 확인하고 이해
- 목표 공중에 대한 발굴 및 분석
- 구체적이고 평가 가능한 목표 설정
- 이슈를 둘러싼 상황 분석(SWOT)
- 가용 자원에 대한 분석

2) 전략 개발

1. 상황 분석	→	2. 전략 개발	→	3. 프로그램	→	4. 평가 보완

전략 개발 단계에서는 헬스 커뮤니케이션 캠페인에 적용될 콘셉트 및 메시지의 개발과 효과적인 커뮤니케이션 채널 전략을 마련한다.

(1) 콘셉트와 메시지(Concepts & Theme)

메시지는 기획자가 헬스 커뮤니케이션 캠페인을 통해 목표 공중에게 전달하고자 하는 기본적인 생각이다. 광고 캠페인에서 사용하는 제품에 대한 메시지와 유사하게 헬스 커뮤니케이션 캠페인을 통해서 기획자는 "흡연, 세상과 이별하는 행위", "안전벨트는 생명벨트" 등의 메시지를 공중에게 전달한다.

메시지는 목표 공중에게 흥미를 유발하고 쉽게 기억될 수 있도록 간결하고 창의적으로 만들어져야 한다. 다섯 단어 이내의 간결하고 창의적 메시지가 좋다.

메시지를 개발할 때는 조사 결과를 바탕으로 목표 공중의 특성에 맞는 내용과 형식을 찾아야 한다. 너무 평범하고 밋밋하다든지, 목표 공중이 별로 흥미를 느끼지 못한다면 실패한 메시지가 된다.

메시지 전략은 목표 공중의 성별, 연령, 이슈에 대한 관련성 등에 따라 다른 접근이 필요하다. 긍정적이고 유머러스한 메시지 소구가 가능한 반면, 공포와 두려움을 일으키는 소구도 가능하다. 어떠한 메시지 소구 방법이 좋은 것인가는 논란의 여지가 있다.

창의적이고 목표 공중의 관심을 이끌어 낼 수 있는 메시지는 기획자 개인의 아이디어 속에서만 나오지는 않는다. 캠페인을 준비하고 있는 팀원들 간의 브레인스토밍(brainstorming)을 통해서 창의적이고 발전된 아이디어가 나올 수 있다.

브레인스토밍은 가장 효율적으로 아이디어를 이끌어 낼 수 있는 방법으로 광고, 홍보, 마케팅 분야 등에서 많이 활용되고 있다. 팀 내에서 브레인스토밍을 이용해서 메시지 아이디어를 찾아낼 때는 주의해야 할 것이 있다. 그것은 구성원 간에 서로에 대한 비판을 해서는 안 되며, 다소 비현실적인 아이디어라도 인정하는 것이 필요하다. 가능한 많은 아이디어가 제시되어야 그중에서 정말 괜찮은 아이디어를 선택할 수 있다(양이 확보되어야 질도 보장된다). 구성원들이 제시하는 모든 아이디어는 종이나 칠판에 기록함으로써 아이디어에 아이디어를 더해 나갈 수 있다. 너무 강압적인 분위기는 피해야 하며, 아이디어가 막힐 때는 단순한 게임을 통해 벌

칙으로 아이디어를 하나씩 말하게 하는 방법도 좋다. 기획자는 적절한 휴식과 종료의 시점을 알아야 한다.

(2) 채널 전략(Channels Strategies)

메시지가 결정되면, 그것을 목표 공중에게 전달해 줄 커뮤니케이션 채널을 결정하고 캠페인 프로그램을 실행해야 한다. 이 과정에서는 캠페인 기획자가 고려해야 할 사항들이 있다.

예를 들면 어떻게 프로그램을 시작할 것인가? 프로그램 홍보를 위한 이벤트가 필요한가? 언론 홍보를 어떻게 할 것인가? 기자 회견이 필요한가? 위기가 발생할 경우 어떻게 대응할 것인가? 목표 공중에게 메시지를 효과적으로 전달하고 있는가? 목표 공중의 반응을 어떻게 확인할 수 있는가? 연대할 조직과의 관계는 어떤가?

주어진 예산을 고려하여 최대의 효과가 있을 수 있는 커뮤니케이션 채널의 구성은 어려운 작업이다. 효과적인 작업을 위해서 채널 선택의 기준이 있어야 하며, 채널의 특성, 이용 가능한 채널에 대한 이해가 필요하다.

헬스 커뮤니케이션 캠페인에서 메시지를 전달하기 위한 채널 선택 시 고려해야 할 사항을 정리하면 다음과 같다.

① 목표 공중에게 도달 가능성

② 메시지의 형태

③ 이용 가능한 시간 스케줄

④ 동원 가능한 예산

그리고 무엇보다도 커뮤니케이션 채널이 신뢰가 있어야 하며, 비용 대비 최대의 효과를 거둘 수 있는 것으로 선택하여야 한다.

헬스 커뮤니케이션 캠페인에 이용 가능한 커뮤니케이션 채널은 대인, 집단, 지역사회 채널과 대중매체가 있다(〈표 III-13〉 참조).

헬스 커뮤니케이션 캠페인의 기획자가 커뮤니케이션 채널에 대해 가지고 있는 편견 중의 하나는 대중 매체를 이용한 캠페인에 대한 맹신이다. 대중 매체를 이용한 메시지의 전달은 대량 및 빠른 전송, 다양한 비디오 및 사운드 표현 방식이 장점일 수 있다. 캠페인의 초기 인지도를 높이는 데 적용될 수 있다. 그러나 불특정 다수에게 전달되어 정확히 타깃팅이 되지 않는다는 단점이 있는가 하면 대인 커뮤니케이션에 비해 설득력도 떨어지며, 목표 공중의 직접적 반응을 얻기가 어렵다는 점도 지적된다.

〈표 III-13〉 헬스 커뮤니케이션 캠페인 메시지 전달 채널

대인 채널	질의응답식 fact sheet, 전화 응대 서비스 매뉴얼, 맞춤형 커뮤니케이션, 뉴스 레터, 리플릿, 비디오, 상담 양식 개발
조직 채널	뉴스 레터, 교육 프로그램, 강연, 맞춤형 편지, 키오스크/전시물, 냉장고, 마그네틱/스티커, 대변인 훈련, 이벤트 배너, 플라이어
지역 채널	미용실, 약국, 마트, 도서관, 우체국 등 공공장소 이용, 포스터, 쇼핑백 광고, 지역사회 소식지, 각종 행사 및 축제, 지역 인사들과의 미팅 & 소식지 배포
대중 매체 채널	비디오 뉴스 배포, 만화, 사진, DM, 브로슈어, 잡지, 신문 기사, 신문 간지, 미디어 키트, 뮤직 비디오, 포스터, 매체 광고, 매체 프로그램
인터액티브 채널	온라인 광고, 이메일 메시지, CD롬 타이틀, 온라인 이벤트, 온라인 게임

대중 매체 채널을 통해 메시지를 광고를 통해 전달하는 것은 많은 비용이 지출되기 때문에 최근 건강 관련 단체나 비영리 단체가 많이 이용하는 커뮤니케이션 채널 중에는 이벤트가 있다. 이벤트는 목표 공중의 직접적인 참여를 끌어낼 수 있고, 바로 반응을 파악할 수 있다는 장점이 있다. 재미있고, 창의적으로 기획된 이벤트는 목표 공중의 높은 호응을 얻어 낼 수 있음은 물론 퍼블리시티의 가치가 있는 것은 비용을 들이지 않고 언론에 노출되는 효과를 가져올 수 있다. 그러나 이벤트의 개최 또한 캠페인 디자인처럼 기획이 필요하기 때문에 충분한 시간적·재정적 여유를 갖고 전략적으로 준비를 해야 할 필요가 있다. 효과적인 이벤트를 위한 주요 원칙을 제시하면 다음과 같다.

▣ 효과적인 이벤트를 위한 주요 원칙

1. 퍼블리시티의 가치가 있는 이벤트
2. 조직이나 제품, 서비스의 목표/위상을 제공
3. 조직 및 브랜드와 의미 있는 연계
4. 자연스런 이벤트의 진행, 지나친 조직의 이름 노출은 삼가
5. 공중과 대중 매체에 효과적으로 알려져야 함
6. 창의적이고 특이하고, 기억될 만해야 함

출처: Metera & Artigue, 2000

헬스 커뮤니케이션 캠페인의 기획자는 예산과 채널 선택의 기준을 적용하여 캠페인을 진행할 지역에 맞는 커뮤니케이션 채널의 기획이 필요하다. 커뮤니케이션 채널을 조사하여 정리하도록 하자(〈표 III-14〉 참조).

〈표 III-14〉 커뮤니케이션 채널 조사 예

채널명	특성	타깃 노출률	정보원	비용
HBS	대중 매체	100만(시청률)	ㅇㅇ광고대행사 제안서	×××,×××원/1주일

연구 사례

캠페인 전략 사례

국내 주류 업체 OOOO는 음주 관련 사회 문제가 심각하다는 조사 결과에 기초하여 음주 운전 예방 캠페인을 통해 사회적 이슈를 해결하고 기업의 이미지를 높이고자 공익 캠페인 전략을 마련하였다. 상황 분석 결과를 바탕으로 다음과 같은 전략을 개발하였다.

- 당시까지 실행되어 온 대부분의 음주 운전 관련 캠페인과 달리 긍정적인 접근을 시도. 교통사고, 사망, 상해, 경제적 손실, 가정의 파탄 등과 같은 부정적인 소재를 통한 접근 자체가 대중을 캠페인으로부터 멀어지게 할 수 있기 때문
- 1차 타깃은 18~30세 사이의 운전을 처음 시작하는 초보 운전자
- 음주 운전을 하지 않는 것이 '쿨'한 것이라는 접근을 통해 젊은이의 관심 유도
- 젊은이들을 설득함으로써 "아래로부터의 움직임"을 유도, 장기적으로 높은 연령의 운전자를 설득하는 모델
- 즉각적으로 알아볼 수 있는 디자인 요소를 가미함으로써 젊은 층의 감성에 소구
- 정부기관, NGO 등의 협력을 얻어 캠페인의 신뢰도를 높이고 장기적인 캠페인 진행을 위한 모멘텀 구성

▣ 전략 개발 요약

1. 상황 분석 → **2. 전략 개발** → 3. 프로그램 → 4. 평가 보완

- 간결하고 창의적인 메시지 창출
- 목표 공중의 특성에 맞는 메시지 소구 전략
- 메시지 특성에 맞는 채널의 선택과 믹스(channel mix)
- 커뮤니케이션 채널의 특성에 대한 이해(효율성, 신뢰도, 도달률 등)

3) 프로그램

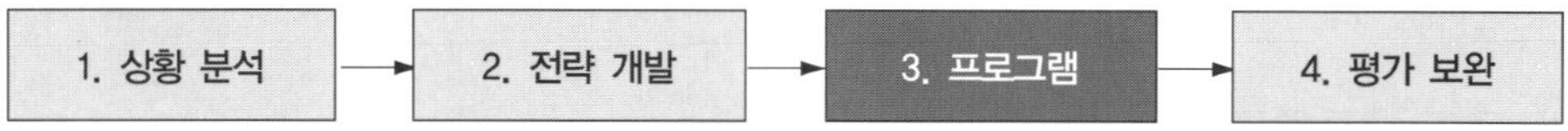

메시지와 커뮤니케이션 채널에 선택이 결정되면, 캠페인 프로그램의 실행 계획을 마련해야 한다. 캠페인의 실행 계획을 작성하는 데 가장 많이 이용되는 방법은 갠트 차트(Gantt chart)나 퍼트 네트워크(Pert network)를 작성하는 것이다.

두 차트의 방식은 프로그램이 언제 실행되어야 하는지 그리고 어떻게 진행되고 있는지 과정을 진단하게 해준다.

(1) 갠트 차트(Gantt Chart)

갠트 차트는 프로그램의 실행과 완료를 시간 스케줄에 따라 보여 주는 실행 계획표다([그림 III-5] 참조). 갠트 차트는 캠페인 프로젝트의 실행 기간에 대한 평가와 수행될 프로젝트의 순서를 보여 주며, 수행에 필요한 자원의 배분과 업무의 효율적 관리가 가능하도록 도와준다. 프로젝트별 진행 상황을 모니터하는 것도 가능하다.

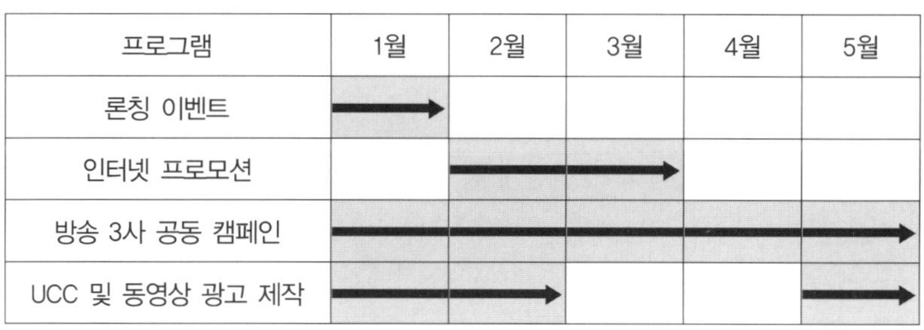

[그림 III-5] 갠트 차트의 예

그러나 갠트 차트는 돌발 상황에 따른 프로젝트의 변경이 어렵고, 실행하는 동안에 문제점이 명확히 드러나지 않을 수 있다는 문제점도 제기된다. 프로젝트 간의 유기적 관계라든지 프로젝트의 중요도를 파악하기 힘들다는 단점도 지적된다.

갠트 차트를 만들기 위해서는 ① 실행해야 할 프로그램의 리스트를 만들고, ② 실행 순서에 맞게 프로그램을 배열하고, ③ 각각의 프로그램별로 실행 기간을 표시하면 된다.

갠트 차트를 쉽게 만들기 위해서는 엑셀과 같은 스프레트 시트 프로그램이나 Microsoft의

Project 같은 전문적 프로그램을 사용할 수 있다. 일반적인 워드 프로그램으로도 물론 가능하다.

(2) 퍼트 네트워크(Pert Network)

퍼트는 실행할 프로그램들 간의 관계와 순서를 시간적으로 배열해 놓은 것으로 캠페인 전반에 대한 일정을 일목요연하게 도표화한 것이다. 각각의 과제는 서로에게 영향을 미치게 된다. [그림 III-6]에서 과제 3은 과제 1과 과제 2가 완성된 다음에야 실행할 수 있다.

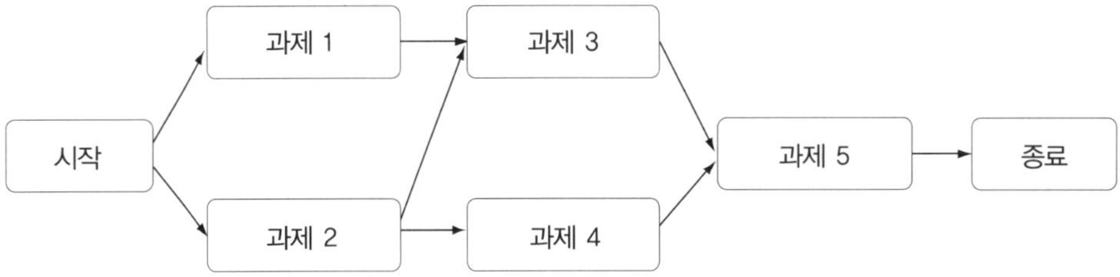

[그림 III-6] 퍼트 네트워크의 예

퍼트 네트워크는 캠페인 프로젝트의 시작과 끝을 확인할 수 있다. 어떤 과제가 지금 수행되고 있고, 어떤 과제가 지금 수행되지 않아서 문제가 되는지 확인할 수 있고, 각각의 과정별로 인적·물적 자원을 효율적으로 재배분하게 할 수 있다.

그러나 캠페인 프로젝트를 수행해 본 경험이 부족할 경우 각각의 과정별로 소요되는 시간이나 비용을 다소 주관적으로 판단하여 진행에 문제가 생길 수도 있고, 프로젝트 완료 시점을 지나치게 낙관적으로 판단하여 프로젝트 진행에 문제가 되기도 한다.

퍼트 네트워크를 작성하기 위해서는 ① 필요한 캠페인 프로그램과 목표를 설정하고, ② 적절한 프로그램의 흐름을 결정하고, ③ 프로그램 간 네트워크 흐름도를 구성하고, ④ 각각의 프로그램별 예상되는 소요 시간을 계산하고, ⑤ 주요하게 고려해야 할 통로와 프로그램을 결정하고, ⑥ 프로젝트 진행 상황에 따라 계속해서 퍼트 네트워크를 수정, 업데이트해야 한다.

연구 사례

캠페인 프로그램 사례

국내 주류 업체 ×××는 음주 관련 사회 문제가 심각하다는 조사 결과에 기초하여 음주 운전 예방 캠페인을 통해 사회적 이슈를 해결하고 기업의 이미지를 높이고자 공익 캠페인을 진행하였다. 캠페인을 위해 진행된 프로그램은

- NGO와의 협력을 통한 캠페인(NGO 주최, ××× 후원 형식)
- 명예 홍보 대사 위촉: 젊고 '쿨'한 이미지의 탤런트 ○○○ 씨를 홍보 대사 위촉, 각종 캠페인 자료(포스터, 웹사이트, 서약서 등) 및 대외 행사에 참여시켜 일반과 미디어의 관심 유도
- 음주 운전 방지 세미나 진행: 정부, 경찰, 학계, NGO 등 각계의 음주 운전 전문가를 초빙하여 음주 운전 관련 세미나 주최
- 운전면허 시험장 서약 캠페인: 막 운전면허를 발급받은 초보 운전자를 대상으로 절대 음주 운전을 하지 않는 "쿨 드라이버"가 될 것을 서약하는 부스 캠페인 진행. 서약서 배포함과 동시에 캠페인에 대한 반응을 묻는 서베이를 실시
- 온라인 프로모션 진행: 쿨 드라이버 웹사이트 개설 및 서약 캠페인 진행

▣ 프로그램 요약

1. 상황 분석 → 2. 전략 개발 → **3. 프로그램** → 4. 평가 보완

- 실행해야 할 프로그램을 목록화하라.
- 프로그램별 실행 시기를 계획하라.
- 프로그램의 우선순위를 결정하라.
- 프로그램 실행을 점검하고 수정하라.

4) 평가 보완

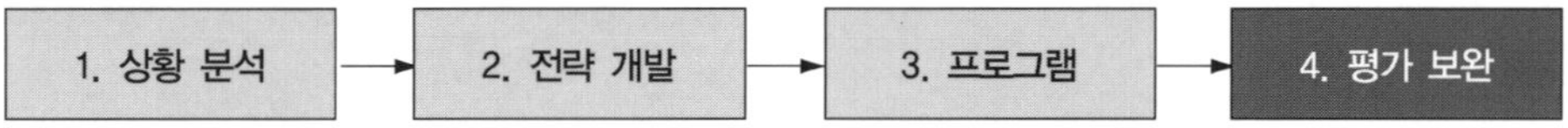

헬스 커뮤니케이션 캠페인 프로그램의 평가는 여타 커뮤니케이션이나 광고 효과의 평가처럼 매우 어려운 작업이다. 그러나 평가 작업은 프로그램 효과를 정확히 파악하고 동일한 실수를 반복하지 않도록 새로운 프로그램의 기획이나 이전 프로그램의 수정에 도움을 줄 수 있다.

헬스 커뮤니케이션 프로그램의 평가 과정에서 기획자는 다음과 같은 질문에 대한 답을 찾아야 할 것이다.

(1) 어떻게 수행할 헬스 커뮤니케이션 프로그램의 효과를 평가할 수 있는가?

(2) 어떻게 헬스 커뮤니케이션 프로그램의 성공 여부를 판단할 수 있는가?

(3) 어떻게 헬스 커뮤니케이션 프로그램의 효과 분석을 활용할 수 있는가?

(4) 어떻게 헬스 커뮤니케이션 프로그램을 더 효과적으로 발전시킬 수 있는가?

헬스 커뮤니케이션 캠페인의 효과를 분석할 수 있는 가장 손쉬운 방법은 기획 과정에서 설정했던 목표가 얼마나 달성했는가를 평가하는 것이다. 목표 유형에 따라 각기 다른 효과 측정의 방법이 적용될 수 있다.

전통적으로 커뮤니케이션 캠페인이나 PR의 효과 측정은 3단계로 수행된다([그림 III-7] 참조). 각각의 단계는 헬스 커뮤니케이션 캠페인의 효과 측정에도 동일하게 적용될 수 있다.

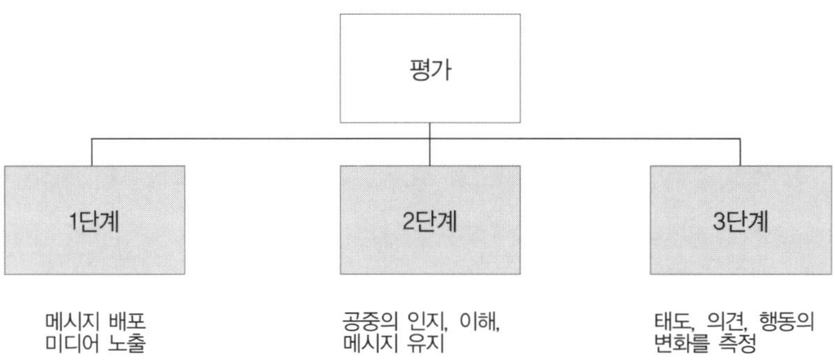

[그림 III-7] 헬스 커뮤니케이션 캠페인의 평가

1단계에서는 헬스 커뮤니케이션 캠페인 활동에 대한 단순 산출 효과에 대한 평가라고 할 수 있다. 헬스 커뮤니케이션 캠페인 메시지를 얼마나 많은 채널에 노출시켰는지 그리고 얼마나 많은 공중이 메시지에 노출되었는지를 계량적으로 평가한다. 미디어 노출 회수나 신문의 구독자 수, 방송 시청률 등 기존의 양적인 평가 방법을 적용하는 것이다. 1단계의 평가는 계량화된 수치로 표시되기 때문에 캠페인의 결과를 쉽게 파악하는 것이 가능하다. 그러나 실제 캠페인 메시지가 목표 공중들에게 어떤 효과를 가져왔는지 알 수가 없다. 그래서 2단계와 3단계의 평가가 중요하다.

1단계의 평가가 목표 공중에게 실제 어떤 변화가 일어났는지를 평가하지 못했다면, 2단계의 평가는 공중이 실제 캠페인의 메시지를 인지했는지, 이해하고 있는지 그리고 메시지를 유지하고 있는지를 조사를 통해 평가한다. 1단계의 평가보다 진일보한 평가 방법이라 할 수 있다. 그러나 2단계의 평가 역시 헬스 커뮤니케이션 캠페인의 주요 목적이라고 할 수 있는 행동 변화에 대해서는 알 수 없다. 그래서 3단계에서는 헬스 커뮤니케이션 캠페인의 메시지가 실제 목표 공중의 태도나 의견, 나아가 행동 변화에 어떻게 영향을 미쳤는지를 평가하게 된다. 캠페인을 기획하면서 수행했던 공식적 조사 방법이 역시 적용되어 실제 공중의 태도, 의견, 행동에 어떤 변화가 일어났는지를 평가하고 캠페인 실행 전의 결과와 비교하게 된다.

헬스 커뮤니케이션 캠페인의 평가 과정은 전체적인 프로그램의 디자인에서 매우 중요한 부분이다. 그러나 실제에서 평가 및 보완 부분은 매우 간과되는 측면이 있다. 그것은 비용적인 측면에서의 문제이기도 하고, 또한 평가 방법론의 한계에서 비롯되기도 한다. 앞서 살펴본 질적인 조사 방법이나 양적인 조사 방법이 적용될 수 있다.

헬스 커뮤니케이션 캠페인의 디자인에서 평가가 중요한 것은 경영학에서 사례 연구가 중요하듯이 동일한 건강 관련 이슈나 문제가 발생할 경우 실패를 줄이고 효과적으로 캠페인을 수행하기 위해서다. 헬스 커뮤니케이션 캠페인이 일회성 프로그램으로 끝나는 것이 아니고 계속해서 진행된다고 할 때 평가 작업은 캠페인의 발전을 위해서도 매우 중요한 과정이라 할 수 있다.

연구 사례

캠페인 결과 사례

국내 주류 업체 ×××는 음주 관련 사회 문제가 심각하다는 조사 결과에 기초하여 음주 운전 예방 캠페인을 통해 사회적 이슈를 해결하고 기업의 이미지를 높이고자 공익 캠페인을 진행하였다. 캠페인을 수행한 결과,

- 서울 시내 2개 운전면허 시험장에서 Pilot 캠페인 진행 결과 2주간 약 12,000명의 음주 운전을 하지 않겠다는 서약 유도
- 서약 캠페인 참여자 대상 서베이, 기존의 음주 운전 캠페인과 비교하여 느낀 점을 묻는 질문에 30%의 응답자가 '더 교육적이다', 55%가 '더 긍정적이다' 라고 대답, 총 85%가 긍정적인 평가
- 캠페인이 어느 연령대에게 가장 효과적일 것으로 생각하느냐는 질문에 86%가 20~30대를 지목, 효과적으로 타깃 소구한 것으로 나타남
- KBS, TBS, 지역 케이블 등의 방송과 주요 신문에 커버
- 캠페인을 전국적인 규모로 확대시켜 나가기 위한 발판 마련

■ 평가 보완 요약

1. 상황 분석 → 2. 전략 개발 → 3. 프로그램 → 4. 평가 보완

- 헬스 커뮤니케이션 캠페인의 목적을 확인하라.
- 목적에 맞는 효과 분석 방법을 디자인하라.
- 헬스 커뮤니케이션 캠페인의 효과 분석을 위해 충분한 예산을 확보하라.
- 헬스 커뮤니케이션 캠페인의 효과 분석 결과를 반영하여 새롭게 목표나 프로그램을 수정, 보완하라.

Ⅳ. 헬스 커뮤니케이션 캠페인 기획 사례[5)]

1. 헬스 커뮤니케이션 캠페인 성공 사례

1) 신종 인플루엔자 캠페인(보건복지가족부, 2009)

(1) 캠페인 배경

2009년 전 세계적으로 신종 인플루엔자〈Influenza type A(H1N1)〉가 발병하여, 많은 사망자가 발생하였다. 우리나라도 1만 5천여 명이 신종 인플루엔자에 감염되었고, 그중 11명이 사망하였다. 특히 고령자 및 만성 질환자, 유 · 소아들의 감염 문제가 사회적으로 이슈화되었다. 신종 인플루엔자 감염 문제로 인해 대규모 행사가 취소되고 많은 학교가 휴교를 하는 등 지역사회 감염 문제와 백신의 부족 및 부작용, 안정성과 같은 문제가 국가적으로 대두되었다.

5) 여기에 소개된 성공과 실패 사례는 헬스 커뮤니케이션 & 마케팅 전문 대행사인 McCANN Healthcare가 실제 기획했던 것입니다. 성공 사례는 실행을 위해 채택된 기획안이고, 실패 사례는 채택되지 않은 것입니다. 실제 기획서 PPT 파일은 부록을 참고하기 바랍니다.

(2) 캠페인 목표

신종 인플루엔자에 대한 정확한 정보(충분한 백신 확보 및 예방 수칙 강화, 철저한 의료 시스템과 인프라 구축) 전달을 통해 국민들의 불안감 해소와 지속적인 예방 활동을 유지하는 것.

(3) 캠페인 타깃

- 일반 타깃: 전 국민
- 핵심 타깃: 고령자, 만성 질환자, 유·소아 및 부모 등 우선 접종 대상자

(4) 메인 메시지

"당신의 내일도 오늘처럼 건강할 수 있도록"

(5) 프로그램

- 광고 전략: 기존 1, 2차 광고가 예방 수칙을 강조한 광고였다면, 이번 3차 광고는 예방 수칙 및 예방 접종 기간을 강조한 광고로 목적을 확대한다.
- 접종 의료 기관 프로모션 강화: 예방 접종을 실시하는 보건소 및 접종 의료 기관에 인쇄 광고를 집행. 일관된 캠페인 메시지를 전달한다.
- PR 전략: 주기적 언론 홍보를 통해, 국민적 관심을 이끌어 낸다.

(6) 캠페인 성공 요인

2009년 보건복지가족부 신종 인플루엔자 캠페인의 성공 요인은 커뮤니케이션 관점에서 볼 때, 명확한 메시지 전달로 볼 수 있다. 국민들에게 조성되어 있는 신종 인플루엔자 공포감을 해소하기 위한 방법으로 정부의 준비 상태와 대처 방법을 전달하여 국민들의 공포감을 완화시키는 데 초점을 둔 점을 성공 요인으로 볼 수 있다. 캠페인이 너무 다양한 메시지를 전달하고자 하면, 수용자들이 받아들이는 데 한계를 보여, 결국 실패한 캠페인이 되는 경우가 종종 있다. 그러나 이번 신종 인플루엔자 캠페인은 타깃에게 신종 인플루엔자 예방 수칙과 접종 기간이라는 단지 두 가지의 명확한 메시지만 전달한 점이 캠페인 성공 요인으로 평가된다.

또한 기존 2차 캠페인이 유명인을 모델로 하여, 캠페인을 진행하였다면, 3차 캠페인은 신종 인플루엔자 전문 의사를 모델로 하여 국민들에게 더 많은 신뢰감을 줌과 동시에 신종 인플루엔자에 대한 공포감을 해소시킬 수 있었던 것으로 평가된다.

마지막으로 가장 중요한 예방 수칙을 1차, 2차에 이어 3차 캠페인에도 강조함으로써 국민들

에게 예방 수칙을 지속적으로 인지시킨 점은 신종 인플루엔자를 모든 국민이 이겨 내는 데 중요한 요소로 평가할 수 있다.

〈부록: 성공 사례 1〉 신종 인플루엔자 캠페인(보건복지가족부, 2009) 참조

2) 절주 캠페인(보건복지가족부, 2008)

(1) 캠페인 배경

사회 전반적으로 관대한 음주 문화로 '술 권하는 사회' 분위기가 조성되어 있다. 특히 세계보건기구(WHO) 보고서에 따르면, 우리나라 15세 이상 술 소비량은 세계 2위로 나타났다. 또한 음주 운전으로 인한 교통사고, 간암으로 사망 등 고위험 음주 행태로 인한 질병 및 사고가 증가되고 있으며, 2007년 기준으로 음주로 인한 사회·경제적 비용은 연 20조 원에 달하는 것으로 집계되었다. 이는 음주 문제가 더 이상 개인의 문제가 아닌, 국가적으로도 큰 문제로 부각되었음을 의미한다.

(2) 캠페인 목표

한국만의 허용적 음주 문화로 인하여 발생하는 개인 및 사회적 폐해를 명확히 인식시키고, 절주 인식, 행동, 습관 및 문화의 바람직한 변화를 이끌어 내고 이러한 변화의 확산과 건전한 음주 문화를 형성하고자 한다. 이를 위해, 직장인, 대학생을 중심으로 한 절주 홍보 및 캠페인을 통해 책임지는 음주 문화를 조성시키고자 한다.

(3) 캠페인 타깃

- 일반 타깃: 전 국민
- 핵심 타깃: 20~30대 직장인 및 대학생

(4) 메인 메시지

"필름이 끊겼던 시간, 당신은 자신 있습니까?"

(5) 프로그램

- PR: 기존 캠페인인 음주 청정 지역, 직장 내 건전 음주 서약(파랑새의 약속)은 유지. 연예인 소속사 협찬을 통한 PPL로 TV 프로그램을 통한 노출. 이를 통해 자연스러운 기사화를 유도.
- On-Line 프로모션: 이벤트 페이지 제작과 함께 온라인 포털 사이트를 이용하여, 온라인 UCC 공모전을 진행. 2008년 당시 UCC 공모전은 생소한 공모전이었기 때문에, 자연스러운 관심을 유도할 수 있었음.

(6) 캠페인 성공 요인

2008년 보건복지가족부 절주 캠페인의 성공 요인을 커뮤니케이션 관점에서 볼 때, 목표 타깃의 공감대를 이끌어 내어, 행동 변화를 이끌어 낼 수 있는 커뮤니케이션을 한 것을 가장 높게 평가 할 수 있다. 사람의 행동은 단순히 일방향적인 메시지만으로 변화시킬 수는 없다. 메시지 수용자가 공감할 수 있는 메시지를 전달하여 수용자 스스로가 느끼고, 캠페인에 참여할 수 있는 메시지가 필요하다. 이번 캠페인은 누구나 한 번쯤은 필름이 끊겼다고 표현하는 과다한 음주 상태에서 일어날 수 있는 상황을 통해 광고를 기획·제작하여, 타깃의 공감대를 이끌어 내고자 했다. 이런 점에서 2008년 보건복지가족부의 절주 캠페인은 성공한 캠페인으로 평가할 수 있다.

또한 타깃을 철저히 세분화하여, 타깃에 맞는 커뮤니케이션을 한 점도 캠페인 성공 요인으로 말할 수 있다. 전 국민에게 메시지를 전달하는 것이 아닌, 핵심 타깃을 선정하여 철저히 타깃이 공감할 수 있는 커뮤니케이션을 한 점을 성공 요인으로 말할 수 있다.

특히, UCC 공모전을 집행하여 대학생뿐만 아니라 직장인들까지 참여시킴으로 목표 타깃의 확장을 유도하였으며, 대학생과 직장인이 참여한 UCC 공모전을 통해 선정된 참신하고, 기발한 아이디어는 향후, 절주 교육 프로그램으로도 활용할 수 있을 것으로 기대된다.

마지막으로는 효과적인 미디어 집행을 성공 요인으로 말할 수 있다. 한정된 예산을 효과적으로 집행하기 위해 선택과 집중의 미디어 집행을 하였다. 이를 위해, 정확한 타깃 분석을 통해 TV, 라디오, 인터넷에 효과적으로 광고를 노출시킴으로 국민들의 관심을 증대시킨 점을 성공 요인으로 평가할 수 있다.

〈부록: 성공 사례 2〉 절주 캠페인(보건복지가족부, 2008) 참조

3) AIDS 캠페인(질병관리본부, 2009)

(1) 캠페인 배경

2008년 기준 국내 HIV 감염인은 6,120명으로 집계되어, HIV/AIDS 감염인 수는 여전히 증가 추세이다. 신규 감염인은 20~40대가 70% 이상으로 나타났으며, 그 수치는 매년 증가하고 있다. 또한 우리나라는 다른 나라에 비해 HIV/AIDS 감염인에 대한 차별이 심각한 수준으로 나타났으며, 언론에서도 HIV/AIDS에 대한 공포감과 불안감을 조성하는 부정적 기사를 많이 보도하고 있기 때문에 보다 긍정적 소구가 필요하게 됐다.

(2) 캠페인 목표

AIDS에 대한 올바른 정보 제공을 통해, 국민들의 AIDS에 대한 부정적 인식을 해소하고, AIDS 예방 및 감염인에 대한 편견을 해소하고자 한다.

(3) 캠페인 타깃

- 일반 타깃: 전 국민

(4) 메인 메시지

"AIDS, 잘 알고 대처하면 예방할 수 있습니다."

(5) 프로그램

- 온라인 캠페인: 록 그룹 '슈퍼키드'와 함께 온라인 캠페인을 집행. "Hug AIDS Song"을 제작, 영상과 노래 퍼가기를 통한 viral marketing을 유도.
- "AIDS O · X 퀴즈", "감염인에 대한 댓글 달기"를 집행. 총 15만 명이 온라인 캠페인에 참여.
- 광고: 온라인 캠페인의 연장선으로 광고를 제작. "Hug AIDS Song"을 활용한 광고 제작.
- AIDS 대학생 공모전: 캠페인 잠재적 타깃인 대학생을 대상으로 광고 공모전을 집행함. 총 1400여 작품이 접수됨.
- AIDS의 날 행사: 서울 동대문 am/pm 야외 무대에서 AIDS의 날 행사 진행. 슈퍼키드 및 여러 공연 팀의 무대를 통해 AIDS의 날을 홍보함. 총 5천여 명의 관객이 공연 관람을 함.

(6) 캠페인 성공 요인

2009 질병관리본부의 AIDS 캠페인은 통합 마케팅 커뮤니케이션(IMC) 측면에서 성공한 캠페인으로 평가할 수 있다. 기존 캠페인들이 광고, PR 등 커뮤니케이션 측면에서만 접근했다면, 2009년 AIDS 캠페인은 다양한 이벤트 프로모션을 통해, 타깃들을 참여시키고자 노력한 캠페인으로 볼 수 있다. 특히, 정부의 public health campaign으로는 최초로 viral marketing을 시도한 점은 높이 평가할 만한 점이다. 이러한 노력은 한정된 정부의 캠페인 예산임에도 불구하고 15만여 명에게 노출된 결과를 보여 주었다.

2009 AIDS 캠페인의 성공 요인을 커뮤니케이션 관점에서 볼 때, 노래를 이용한 커뮤니케이션을 했다는 점도 성공 요인으로 꼽힌다. 일반적으로 AIDS는 두려움이 있는 질병으로 인식되어 왔다. 그러나 이번 캠페인에서는 AIDS에 대한 공포와 장벽을 해소시키기 위해, 노래를 이용하여 단순히 무서운 질병이 아닌, 잘 알고 대처하면 예방할 수 있고 무섭지 않은 질병이라는 메시지 전달을 통해 사회적 인식을 해소하고자 했다. 또한 온라인 캠페인과 연계를 통해, 일관된 메시지를 전달한 점은 분명 캠페인의 성공 요인으로 볼 수 있다.

〈부록: 성공 사례 3〉 AIDS 캠페인(질병관리본부, 2009) 참조

2. 헬스 커뮤니케이션 캠페인 실패 사례

1) 건일제약 기업 이미지 사례(건일제약, 2010)

(1) 캠페인 배경

많은 제약 회사들이 다양한 사회 공헌 활동으로 기업의 이윤을 사회에 환원하는 기업 이미지 형성에 노력하고 있다. 이러한 상황에 맞춰 건일제약도 성공적인 사회 공헌 활동을 통해 브랜드 강화와 삶의 질 개선에 공헌하는 글로벌 제약 회사로서 시장에서의 포지셔닝을 강화하고자 했다.

(2) 캠페인 목표

- 대국민 사랑개비 캠페인 전개를 통해 기업 브랜드 강화로 삶의 질 개선에 공헌하는 글로벌 제약 회사로서의 포지셔닝.

- 효율적인 광고 매체 집행으로 건일제약의 브랜드 노출 극대화와 브랜드 인지도 향상.
- 이를 통한 건일제약만의 강력한 Brand Equity 형성 및 Brand Identity 강화.

(3) 캠페인 타깃

- 타깃: 30~50대 주부 및 직장인

(4) 메인 메시지

"생활 속의 작은 영웅, 당신을 응원합니다."

(5) 프로그램

- 광고: 케이블 TV, DMB, 라디오, 지하철 무가지 등 다양한 매체를 통한 광고 집행.
- 프로모션: 온라인 프로모션을 통한 나의 생활 속 작은 영웅 찾기.
- 사회 공헌 활동: 다양한 계층을 대상으로 미술 치료를 통한 사회 공헌 활동.

(6) 캠페인 실패 요인

2010년 건일제약의 캠페인의 가장 큰 실패 요인은 광고주인 건일제약의 캠페인 목적을 이해하는 데 실패함에 있다. 건일제약의 캠페인 목표는 2008년 시작한 사랑개비 캠페인의 더 많은 노출과 성공적인 캠페인 진행이었으나, 캠페인 실행 프로그램에만 초점을 둔 기획이 실패 요인으로 볼 수 있다.

하루에도 수많은 캠페인이 진행되는데, 그런 캠페인과의 차이점이나 핵심 콘셉트 없이 2009년 캠페인의 연장선으로만 캠페인을 기획한 점은 이번 기획의 가장 큰 실수로 평가할 수 있다. 이렇듯 광고주(Client)가 요구하는 방향을 읽지 못한 점은 기획 단계에서 가장 큰 문제로 지적할 수 있다.

두 번째로는 캠페인 실행 단계에서의 문제점이다. 캠페인 실행 단계에서 좀 더 다양한 실행 방법이 아닌, 온라인 중심으로 캠페인을 진행하고자 한 점은 큰 실수로 볼 수 있다. 캠페인에서 타깃에 맞는 다양한 커뮤니케이션 방법과 캠페인 실행은 중요한 요소라는 점은 이미 알고 있는 사실이다. 이를 위해, 기획자는 타깃에게 우리의 핵심 메시지를 전달할 수 있는 채널과 메시지를 끊임없이 연구해야 한다. 결국 이러한 문제점 역시 기획 단계에서 광고주의 요구를 잘못 파악한 것에서 시작한 문제로 볼 수 있다.

〈부록: 실패 사례 4〉 건일제약 기업 이미지 사례(건일제약, 2010) 참조.

2) 조기 암 검진(국립암센터, 2010)

(1) 캠페인 배경

암 발병률은 매년 증가하고 있으며 남자는 폐암, 여자는 위암이 가장 많이 발병하고 있는 것으로 나타나고 있다. 특히, 암은 국민 10명 중 3명이 발병할 정도로 심각한 질병 중 하나로 인식되어 있다. 사회적으로도 심각한 질병인 암에 대해 국민들은 죽음이라는 인식이 앞서기 때문에 국민들의 암에 대한 두려움은 점점 늘어나고 있으며, 이는 암 검진으로 행동을 실천하지 못하는 원인으로 이어지고 있다.

(2) 캠페인 목표

- 한번 걸리면 치료가 불가능한 질병이라는 암에 대한 국민적 불안감 해소.
- 1/3은 예방이 가능하고, 1/3은 조기 진단으로 완치가 가능하고, 1/3은 적절한 치료로 완치가 가능하다는 것을 국민들에게 알림으로 암 예방과 조기 치료에 대한 관심 향상.

(3) 캠페인 타깃

- 타깃: 40대 이상 지역 의료 보험 가입자

(4) 메인 메시지

- "암, 조기에 발견하면 90% 이상이 완치될 수 있습니다. 이제 겁내지 마세요."
- "유비무암! 미리 검진하면, 암을 이길 수 있습니다."

(5) 프로그램

- 광고: 지상파 TV, 케이블 TV, DMB, 라디오, 지하철 무가지 등 다양한 매체를 통한 광고 집행.

(6) 캠페인 실패 요인

2010년 국립암센터의 조기 암 검진 캠페인 기획의 실패 요인은 너무 다양한 메시지들을 소구한 것에 있다고 볼 수 있다. 암에 대한 공포감 해소, 조기 검진, 치료, 완치가 가능한 질병, 예방 등의 다양한 메시지는 수용자들에게 혼란을 주고, 타깃의 행동 변화에 영향을 주지 못한다. 커뮤니케이션에서 가장 중요한 메시지는 조기 암 검진임에도 불구하고, 정리를 하지 못한 점은 다소 아쉬움이 남는다. 또한 시각적으로도 아쉬움이 남는 캠페인 기획으로 생각된다. 타깃이 공감할 수 있는 일상적인 상황을 TPO 상황에 맞춰 시각적으로 소구하고자 노력을 했지만, 가장 공감할 장소와 상황은 나오지 않는다. 단순히 여러 상황에서 일어나는 일들만 보여주고자 한 광고는 타깃들에게 기억에 남지 않기 때문에 실패 요인으로 지적하고 싶다. 특히, call to action을 이끌어 내는 것을 커뮤니케이션 목적으로 설정했음에도 타깃의 공감을 통해 행동을 이끌어 내지 못한 것이 아쉬운 부분이다.

〈부록: 실패 사례 5〉 조기 암 검진(국립암센터, 2010) 참조.

참고문헌

박동진, 정의철, 2009, 「헬스커뮤니케이션의 역사, 정의, 과제」, 『헬스커뮤니케이션연구』 1(1), 33-48.

박성철, 최진명, 오상화, 2008, 「한국과 미국의 최근 헬스커뮤니케이션 연구 경향에 관한 기술적 분석」, 『한국언론학보』 52(4), 40-69.

손애리, 박지은, 2009, 「서울시 청소년의 에이즈에 대한 낙관적 편견」, 한국헬스커뮤니케이션학회 정기학술대회 발표 논문, 서울.

손영석, 채서일, 2008, 『체계적 설문 디자인』, 서울: 비엔앰북스.

이병관, 2009, 「헬스커뮤니케이션 연구의 접근방법」, 『헬스커뮤니케이션연구』 1(1), 1-32.

이병관, 오현정, 신경아, 고재영, 2008, 「행위단서로서의 미디어 캠페인이 인플루엔자 예방행동에 미치는 영향: 건강신념모델의 확장을 중심으로」, 『한국광고홍보학보』 10(4), 108-138.

조현이, 소지연, 이진로, 2009, 「자기 효능감과 흡연: 대학생 사례 연구」, 한국헬스커뮤니케이션학회 창립기념 학술대회 발표 논문, 서울.

차동필, 2008, 「고혈압·당뇨병 관리 PR 캠페인 전략개발 사례연구」, 『한국광고홍보학보』 10(1), 140-164.

차배근, 1999, 『매스커뮤니케이션 효과이론』(2판), 서울: 나남.

최민옥, 2009, 「헬스 커뮤니케이션 캠페인의 제3자 효과에 관한 연구」, 『커뮤니케이션 연구』 17(2), 125-153.

Aaker, D., 1996, *Building a Strong Brands*, New York: Simon & Schuster.

Ajzen, I. & Driver, B. L., 1991, "Prediction of leisure participation from behavioral, normative, and control beliefs: An application of the theory of planned behavior," *Leisure Science*, 13, 185-204.

Ajzen, I. & Fishbein, M., 1980, *Understanding Attitudes and Predicting Social Behavior*, Englewood Cliffs, NJ: Prentice-Hall.

Albrecht, T. L. & Bryant, C., 1996, "Advances in segmentation modeling for health communication and social marketing campaigns," *Journal of Health Communication*, 1, 65-80.

American Marketing Association, 2010, AMA Dictionary.
http://www.marketingpower.com/_layouts/Dictionary.aspx

Andreasen, A. R., 1993, "Presidential address: A social marketing research agenda for consumer behavior researchers," In M. Rothschild & L. McAlister (Eds.), *Advances in Consumer Research* (Vol.20, pp.1-5), Provo, UT: Association for Consumer Research.

______, 1995, *Marketing Social Change*, San Francisco: Jossey-Bass.

Asbury, L. D., Wong, F. L., Price, S. M. & Nolin, M. J., 2008, "The VERB™ campaign: Applying a branding strategy in public health," *American Journal of Preventive Medicine*, 34(6s), s183-s187.

Atkin, C. K., 1994, "Designing persuasive health messages," In L. Sechrest, T. Backer, E. Rogers, T. Campbell, & M. Grady (Eds.), *Effective Dissemination of Clinical Health Information* (AHCPR Publication No. 95-0015, pp. 99-110), Rockville, MD: Public Health Service, Agency for Health Care Policy and Research.

______, 2001, "Theory and principles of media health campaigns," In R. E. Rice & C. K. Atkin (Eds.), *Public Communication Campaigns* (3rd ed., pp.49-68), Thousand Oaks, CA: Sage.

Backer, T. E., Rogers, E. M. & Sopory, P., 1992, *Designing Health Communication Campaigns: What Works?*, Newbury Park, CA: Sage.

Bandura, A., 1986, *Social Foundations of Thought and Action: A Social Cognitive Theory*, Englewood Cliffs, NJ: Prentice-Hall.

Bandura, A., 1997, *Self-Efficacy: The Exercise of Control*, New York: Freeman.

______, 2004, "Health promotion by social cognitive means," *Health Education & Behavior*, 31(2), 143-164.

Baran, S. J. & Davis, D. K., 1995, *Mass Communication Theory: Foundations Ferment and Future*, Belmont, CA: Wadsworth Publishing Company.

Berger, B. K., Hertog, J. K. & Park, D-J., 2002,. "The political role and influence of business organizations: A communication perspective," In W. B. Gudykunst (Ed.), *Communication Yearbook* 26 (pp.160-200). Mahwah, NJ: Lawrence Erlbaum Associates, Publishers.

Bernhardt, J. M., 2006(July), "Improving health through health marketing," *Preventing Chronic Disease*, 3(3), 1-3.
http://www.cdc.gov/pcd/issues/2006/jul/05_0238.htm

Bernheim, R. G., 2003, "Public health ethics: The voice of practitioners," *Journal of Law, Medicine, & Ethics*, 31(4 suppl), 104-109.

Bletzer, K. V., 1995, "Use of ethnography in the evaluation and targeting of HIV/AIDS education among Latino farm workers," *AIDS Education and Prevention*, 7(2), 178-191.

Bloom, P. N. & Novelli, W. D., 1981, "Problems and challenges in social marketing," *Journal of Marketing*, 45, 79-88.

Bobbitt, R. & Sullivan, R., 2005, *Developing the Public Relations Campaign: A Team-Based Approach*, Boston: Pearson.

Borrayo, E. A., 2007, "Using a community readiness model to help overcome breast health disparities among U.S. Latinas," *Substance Use & Misuse*, 42(4), 603-619.

Brown, J. D. & Walsh-Childers, K., 1994, "Effects of media on personal and public health," In J. Bryant & D. Zillmann (Eds.), *Media Effects: Advances in Theory and Research* (Ch.13, pp.389-415), Mahwah, NJ: LEA.

Brown, J. D. & Walsh-Childers, K., 2002, "Effects of media on personal and public health," In J. Bryant & D. Zillmann (Eds.), *Media Effects: Advances in Theory and Research* (Ch.17, pp.453-488), Mahwah, NJ: LEA.

Bryant, J. & Thompson, S., 2002, *Fundamentals of Media Effects*, New York: McGraw-Hill.

Bryant, J. & Zillmann, D., 2002, *Media Effects: Advances in Theory and Research*, Mahwah, NJ: LEA.

Bunton, R. & Macdonald, G., 1992, *Health Promotion: Disciplines, Diversity and Developments*, New York: Routledge.

Cassata, D. M., 1980, "Health communication theory and research: A definitional overview," In D. Nimmo (Ed.), *Communication Yearbook* 4 (pp.583-589), Brunswick, NJ: ICA.

Cheng, H., Kotler, P. & Lee, N. R., 2009, *Social Marketing for Public Health: Global Trends and Success Story*, Boston: Jones and Bartlett Publishers.

Clark, N. M. & Gong, M., 1997, "A scale for assessing health care providers' teaching and communication behavior regarding asthma," *Health Education & Behavior*, 24, 245-257.

Cohen, B. C., 1963, *The Press and Foreign Policy*, Princeton, NJ: Princeton University Press.

Conner, M. & Norman, P., 1996, *Predicting Health Behavior*, Buckingham: Open University Press.

Cottrell, R. R., Girvan, J. T. & McKenzie, J. F., 2009, *Principles and Foundations of Health Promotion and Education* (4th ed.), San Francisco, CA: Benjamin Cummings.

DeBarr, K. A., 2004, "A review of current health education theories," *California Journal of Health Promotion*, 2(1), 74-87.

DiClemente, R. J., Crosby, R. A. & Kegler, M. C., 2002, *Emerging Theories in Health Promotion Practice and Research: Strategies for Improving Public Health*, San Francisco: Jossey-Bass.

Edberg, M., 2007, *Social and Behavioral Theory in Public Health*, Sudbury, MA: Jones and Bartlett Publishers.

Edwards, R. W., Jumper-Thurman, P., Plested, B. A., Oetting, E. R. & Swanson, L., 2000, "Community readiness: Research to practice," *Journal of Community Psychology*, 28(3), 291-307.

El-Ansary, A. I. & Kramer, O. E. Jr., 1973, "Social marketing: The family planning experience," *Journal of Marketing*, 37, 1-7.

Evans, W. D., 2008, "Social marketing campaigns and children's media use," *The Future of Children*, 18(1), 181-202.

Evans, W. D., Price, S. & Blahut, S., 2005, "Evaluating the truth® brand," *Journal of Health Communication*, 10, 181-192.

Farrelly, M. C., Davis, K. C., Haviland, M. L., Messeri, P. & Healton, C. G., 2005, "Evidence of a dose — Response relationship between 'truth' antismoking ads and youth smoking prevalence," *American Journal of Public Health*, 95(3), 425-431.

Fine, S. H., 1981, *The Marketing of Idea and Social Issues*, New York: Praeger.

Finnegan, J. & Viswanth, K., 2002, "Communication theory and health behavior change," In K. Glanz, B. Rimer & L. F. Macus (Eds.), *Health Behavior and Health Education* (pp.361-388), San Francisco: Jossey-Bass.

Fishbein, M. & Ajzen, I., 1975, *Belief, Attitude, Intention, and Behavior: An Introduction to Theory and Research*, Reading, MA: Addison-Wesley.

Fishbein, M. & Cappella, J. N., 2006, "The role of theory in developing effective health communications," *Journal of Communication*, 56(supplement), s1-s17.

Fishbein, M. & Yzer, M. C., 2003, "Using theory to design effective behavior interventions," *Communication Theory*, 13(2), 164-183.

Freimuth, V. S., Massett, H. A. & Meltzer, W., 2006, "A descriptive analysis of 10 years of research published in the journal of health communication," *Journal of Health Communication*, 11, 11-20.

Glanz, K., Rimer, B. K. & Lewis, F. M., 2002, *Health Behavior and Health Education: Theory, Research, and Practice* (3rd ed.), San Francisco, CA: Jossey-Bass.

Glanz, K., Rimer, B. K. & Viswanath, K., 2008, *Health Behavior and Health Education: Theory, Research, and Practice* (4th ed.), San Francisco: Jossey-Bass.

Godin, G. & Kok, G., 1996, "The theory of planned behavior: A review of its applications to health-related behaviors," *American Journal of Health Promotion*, 11(2), 87-98.

Goldberg, M. E., Fishbein, M. & Middlestadt, S. E., 1997, *Social Marketing: Theoretical and Practical Perspectives*, Mahwah, NJ: LEA.

Grunig, J., 1989, "Publics, audiences, and market segments: Segmentation principles for campaigns," In C. Salmon (Ed.), *Information Campaigns: Balancing Social Values and Social Change* (pp.199-228). Newbury Park, CA: Sage.

Guttman, N., 1997, "Ethical dilemmas in health campaigns," *Health Communication*, 9(2), 155-190.

______, 2003, "Ethics in health communication interventions," In T. L. Thompson, A. M. Dorsey, K. I. Miller, & R. Parrott (Eds.), *Handbook of Health Communication* (pp.651-679), Mahwah, NJ: LEA.

Haider, M. & Lee, M. J., 2008, "Branding of international public health organizations: Applying commercial marketing to global public health," In W. D. Evans & G. Hastings (Eds.), *Public Health Branding: Applying Marketing for Social Change* (pp.233-250), New York: Oxford University Press.

Hayden, J., 2009, *Introduction to Health Behavior Theory*, Sudbury, MA: Jones and Bartlett Publishers.

Jones, K. O., Denham, B. E. & Springston, J. K., 2006, "Effects of mass and interpersonal communication on breast cancer screening: Advancing agenda-setting theory in health contexts,"

Journal of Applied Communication Research, 34(1), 94-113.

Kakefuda, I., Stallones, L. & Gibbs, J., 2008, "Readiness for community-based bicycle helmet use programs: A study using community-and individual-level readiness models," *Journal of Health Psychology*, 13(5), 639-643.

Kass, N. E., 2001, "An ethical framework for public health," *American Journal of Public Health*, 91(11), 1776-1782.

Keller, K. L., 1998, "Branding perspectives on social marketing," *Advances in Consumer Marketing*, 25, 299-302.

______, 2003, *Strategic Brand Management: Building, Measuring, and Managing Brand Equity* (International Edition), Upper Saddle River, NJ: Prentice Hall.

Kirby, S. D., Taylor, M. K., Freimuth, V. S. & Fishman, C., 2001, "Identity building and branding at CDC: A case study," *Social Marketing Quarterly*, 7, 16-35.

Kosicki, G. M., 1993, "Problems and opportunities in agenda-setting research," *Journal of Communication*, 43(2), 100-127.

Kotler, P., 1975, *Marketing for Nonprofit Organizations*, Englewood Cliffs, NJ: Prentice Hall.

______, 1991, *Marketing Management: Analysis, Planning, and Control* (8th ed.), Englewood, CA: Prentice Hall.

Kotler, P. & Lee, N. R., 2008, *Social Marketing: Influencing Behavior for Good* (3rd Ed.), Thousand Oaks, CA: Sage.

Kotler, P. & Levy, S., 1969, "Broadening the concept of marketing," *Journal of Marketing*, 33, 10-15.

Kotler, P. & Zaltman, G., 1971, "Social marketing: An approach to planned social change," *Journal of Marketing*, 35, 3-12.

Lapinski, M. K. & Witte, K., 1998, "Health communication campaigns," In L. D. Jackson & B. K. Duffy (Eds.), *Health Communication Research: A Guide to Developments and Directions* (pp.139-161), Wesrport, CT: Greenwood.

Lefebvre, C., 1992, "Social marketing and health promotion," In R. Bunton & G. Macdonald (Eds.), *Health Promotion: Disciplines, Diversity and Developments*, New York: Routledge.

Lewin, K., 1935, *A Dynamic Theory of Personality*, New York: McGraw-Hill.

Macdonald, G., 1992, "Communication theory and health promotion," In R. Bunton, & G. Macdonald (Eds.), *Health Promotion: Disciplines, Diversity and Development* (pp.153-201), New York: Routledge.

Maibach, E. W., Abroms, L. C. & Marosits, M., 2007, "Communication and marketing tools to cultivate the public's health: A proposed "people and places" frame work," *BMC Public Health*, 7, 88.

Manoff, R. K., 1985, *Social Marketing: A new Imperative for Public Health*, New York: Praeger Publishers.

Marcus, B. H., Owen, N., Forsyth, L. H., Cavill, N. A. & Fridinger, F., 1998, "Physical activity interventions using mass media, print media, and information technology," *American Journal of Preventive Medicine*, 15, 362-378.

McCombs, M. E. & Shaw, D. L., 1972, "The agenda setting function of mass media," *Public Opinion Quarterly*, 36, 176-187.

Noar, S. T., 2006, "A 10-year retrospective of research in health mass media campaigns: Where do we go from here?," *Journal of Health Communication*, 11, 21-42.

Palmgreen, P., Donohew, L., Lorch, E. P., Hoyle, R. H. & Stephenson, M. T., 2001, "Television campaigns and adolescent marijuana use: Tests of sensation seeking targeting," *American Journal of Public Health*, 91, 292-296.

Parraga, I. M., 1990, "Determinants of food consumption," *Journal of American Dietetic Association*, 90, 661-663.

Pechmann, C., Goldberg, M. & Reibling, E., 2003, "What to convey in antismoking advertisements for adolescents: The use of protection motivation theory to identify effective message themes," *Journal of Marketing*, 67, 1-18.

Perloff, R. M., 2003, *The Dynamics of Persuasion: Communication and Attitudes in the 21st Century* (2nd ed.), Mahwah, NJ: Erlbaum.

Randolph, W. & Viswanath, K., 2004, "Lesson learned from public health mass media campaigns: Marketing health in a crowded media world," *Annual Review of Public Health*, 25, 419-437.

Renger, R., Steinfelt, V. & Lazarus, S., 2002, "Assessing the effectiveness of a community-based media campaign targeting physical inactivity," *Family and Community Health*, 25(3), 18-30.

Rice, R. E. & Atkin, C. K., 1989, "Trends in communication campaign research," In R. E. Rice & C. K. Atkin (Eds.), *Public Communication Campaign* (2nd ed., pp.15-41), Newbury, CA: Sage.

Rimer, B. K. & Glanz, K., 2005, *Theory at a Glance: A Guide for Health Promotion Practice* (2nd ed.), Washington, DC: U.S. Department of Health and Human Services; National Institute of Health.

Rimon, J. G. I., 2001, "Behavior change communication in public health," In Beyond Dialogue: Moving toward Convergence, Managua, Nicaragua: Presented at the United Nations Roundtable on Development Communication.

Rogers, E. M., 1995, *Diffusion of Innovations* (4th ed.), New York: Free Press.

Rogers, E. M. & Peterson, J. C., 2008, "Diffusion of clean indoor air ordinances in the southwestern United States," *Health Education & Behavior*, 35(5), 683-697.

Rogers, E. M. & Singhal, A., 1996, "Diffusion of innovations," In M. B. Salwen & D. W. Stacks (Eds.), *An Integrated Approach to Communication Theory and Research* (pp.409-420), Mahwah, NJ: Erlbaum.

Rogers, E. M. & Storey, J. D., 1987, "Communication campaigns," In C. R. Berger & S. H. Chafee (Eds.), *Handbook of Communication Science* (pp.817-846), London: Sage.

Salmon, C. T., 1989, "Campaign for social "improvement": An overview of values, rationales and impacts," In C. T. Salmon (Ed.), *Information Campaigns: Balancing Social Values and Social Change* (pp.19-53), Newbury Park, CA: Sage.

Sato, H., 2003, "Agenda setting for smoking control in Japan, 1945-1990: Influence of the mass media on national health policy making," *Journal of Health Communication*, 8(1), 23-40.

Sharma, M. & Romas, J. A., 2008, *Theoretical Foundations of Health Education and Health Promotion*, Sudbury, MA: Jones and Bartlett Publishers.

Slater, M. D., 1996, "Theory and method in health audience segmentation," *Journal of Health Communication*, 1(3), 267-285.

Stainback, R. D. & Rogers, R. W., 1983, "Identifying effective components of alcohol abuse prevention programs: Effects of fear appeals, message style and source expertise," *International Journal of Addictions*, 18, 393-405.

Stephenson, M. T. & Witte, K., 2001, "Creating fear in a risky world: Generating effective health risk messages," In R. E. Rice & C. K. Atkin (Eds.), *Public Communication Campaigns* (3rd ed., pp.88-102), Thousand Oaks, CA: Sage.

Suggs, L. S., 2006, "A 10-year retrospective of research in new technologies for health communication," *Journal of Health Communication*, 11, 61-74.

Thomas, J. C., Sage, M., Dillenberg, J. & Guillory, V. J., 2002, "A code of ethics for public health." *American Journal of Public Health*, 92(7), 1057-1059.

U.S. Department of Health and Human Services, 2000(Nov.), *Healthy People 2010 (2nd ed.)—With*

Understanding and Improving Health and Objectives for Improving Health, Washington, DC: U.S. Government Printing Office.

Valente, T. W., 2001, "Evaluating communication campaigns," In R. E. Rice & C. K. Atkin (Eds.), *Public Communication Campaigns* (3rd ed., pp.105-124), Thousand Oaks, CA: Sage.

Vaughan, P. W. & Rogers, E. M., 2000, "A staged model of communication effects: Evidence from an entertainment-education radio soap opera in Tanzania," *Journal of Health Communication*, 5, 203-227.

Vaughan, P. W., Rogers, E. M., Singhal, A. & Swalehe, R. M., 2000, "Entertainment education and HIV/AIDS prevention: A field experiment in Tanzania," *Journal of Health Communication*, 5(3), 81-101.

Wallack, L., 1990, "Media advocacy: Promoting health through mass communication," In K. Glanz, F. M. Lewis, & B. K. Rimer (Eds.), *Health Behavior and Health Education* (pp.370-386), San Francisco: Jossey-Bass.

Wallack, L., Dorfman, L., Jernigan, D., & Themba, M., 1993, *Media Advocacy and Public Health*, Newbury Park, CA: Sage.

Wang, X., 2009, "Integrating the theory of planned behavior and attitude functions: Implication for health campaign design," *Health Communication*, 24(5), 426-434.

Weinstein, A., 1987, *Market Segmentation*, Chicago, IL: Probus.

Weinstein, N. D., Lyon, J. E., Sandman, P. M. & Cuite, C. L., 1998, "Experimental evidence for stages of health behavior change: The precaution adoption process model applied to home radon testing," *Health Psychology*, 17(5), 445-453.

Weinstein, N. D. & Sandman, P. M., 2002, "The precaution adoption process model," In K. Glanz, B. K. Rimer, & F. M. Lewis (Eds.). *Health Behavior and Health Education: Theory, Research, and Practice* (3rd ed., pp.121-143), San Francisco: Jossey-Bass.

Williams, F., Strover, S. & Grant, A. E., 1994, "Social aspect of new media technologies," In J. Bryant & D. Zillmann (Eds.), *Media Effects: Advances in Theory and Research*, Hillsdale, NJ: Erlbaum.

Withers, G. F. & Wertheim, E. H., 2004, "Applying the elaboration likelihood model of persuasion to a videotape-based eating disorders primary prevention program for adolescent girls," *Eating Disorder*, 12(2), 103-124.

Witte, K., 1992, "Putting the fear back into fear appeals: The extended parallel process model," *Communication Monographs*, 59, 329-349.

Witte, K., Meyer, G., Bidol, H., Casey, M., Kopfman, J. & Maduschke, K., 1996, "Bringing order to chaos: Communication and health," *Communication Studies*, 47, 229-242.

Witte, K., Stokols, D., Ituarte, P. et al., 1993, "Testing the health belief model in a field study to promote bicycle safety helmets," *Communication Research*, 20(4), 564-586.

부록

캠페인 기획 사례

1. 헬스 커뮤니케이션 캠페인 성공 사례

〈부록 1〉 신종 인플루엔자 캠페인(보건복지가족부, 2009)
〈부록 2〉 절주 캠페인(보건복지가족부, 2008)
〈부록 3〉 AIDS 캠페인(질병관리본부, 2009)

2. 헬스 커뮤니케이션 캠페인 실패 사례

〈부록 4〉 건일제약 기업 이미지 사례(건일제약, 2010)
〈부록 5〉 조기 암 검진(국립암센터, 2010)

〈부록: 성공 사례 1〉

신종 인플루엔자 캠페인

신종인플루엔자 3차 공익광고 제작 제안서

2009. 10. 9.

Prepared by

McCANN HEALTHCARE WORLDWIDE

(보건복지가족부, 2009)

343,298
(Source : WHO, 2009. 10. 기준)
4,108
(Source : WHO, 2009. 10. 기준)

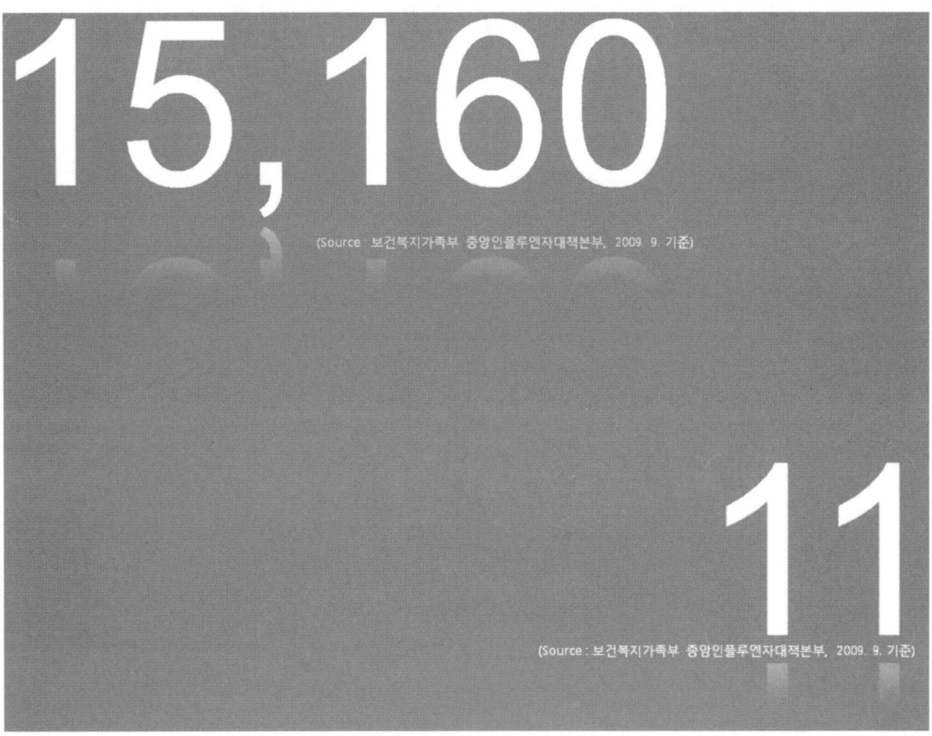
15,160
(Source : 보건복지가족부 중앙인플루엔자대책본부, 2009. 9. 기준)
11
(Source : 보건복지가족부 중앙인플루엔자대책본부, 2009. 9. 기준)

0.05
국내 신종인플루엔자 사망률
0.05에서 생기는 불안감..

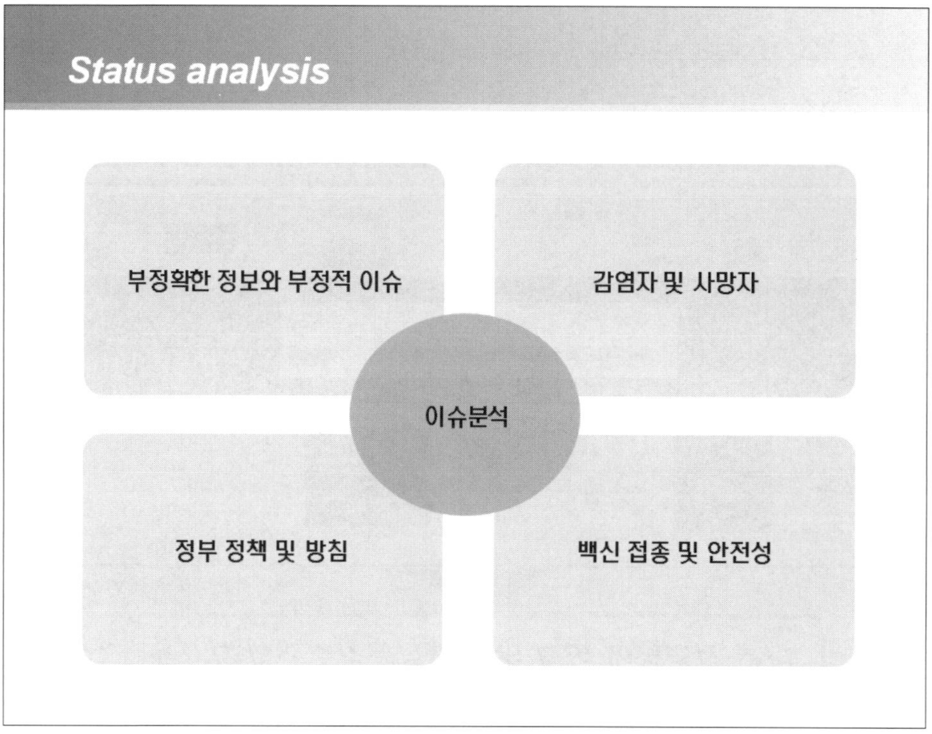
Status analysis
부정확한 정보와 부정적 이슈
감염자 및 사망자
이슈분석
정부 정책 및 방침
백신 접종 및 안전성

Status analysis
부정확한 정보와 부정적 이슈
신종플루 확산 비상 … "사망자 더 있다" 괴소문 떠돌아
신종플루 확산 공포가 가져온 풍경들
보건 복지
10명중 1명 신종플루 감염 우려 해외여행 '기피'
뉴스홈 > 뉴스 검색
모든뉴스
신종플루 괴담
검색
관련기사 총 65건
출처 : 국민일보, 헬스코리아, 메디컬코리아, 매일경제
언론을 통한 올바른 정보 전달

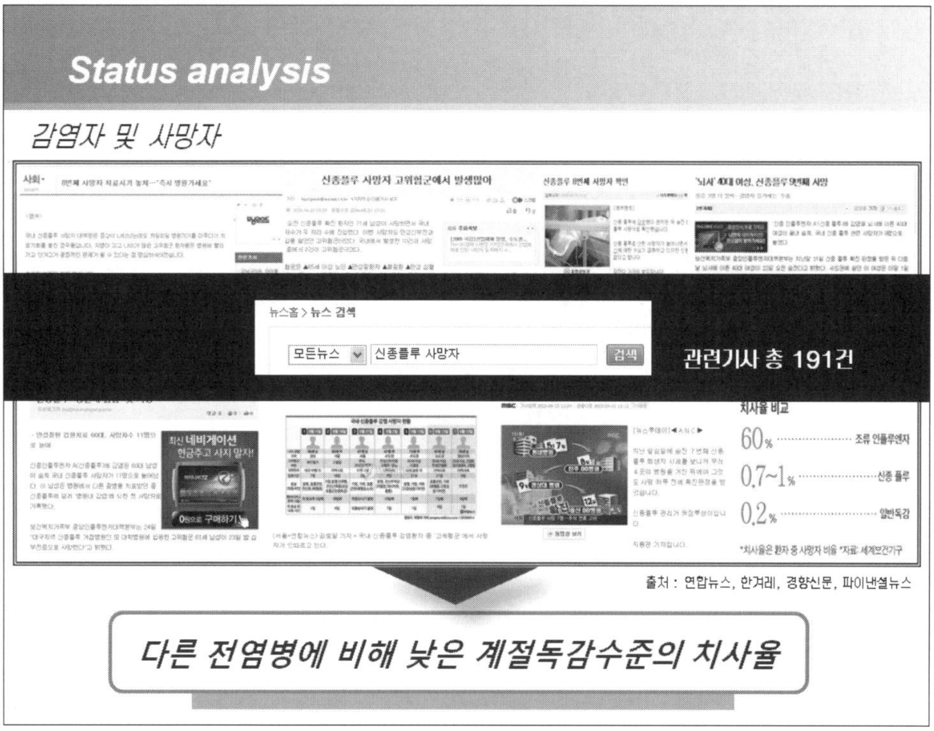
Status analysis
감염자 및 사망자
신종플루 사망자 고위험군에서 발생많아
뉴스홈 > 뉴스 검색
모든뉴스
신종플루 사망자
검색
관련기사 총 191건
치사율 비교
60% 조류 인플루엔자
0.7~1% 신종 플루
0.2% 일반독감
*치사율은 환자 중 사망자 비율 *자료: 세계보건기구
출처 : 연합뉴스, 한겨레, 경향신문, 파이낸셜뉴스
다른 전염병에 비해 낮은 계절독감수준의 치사율

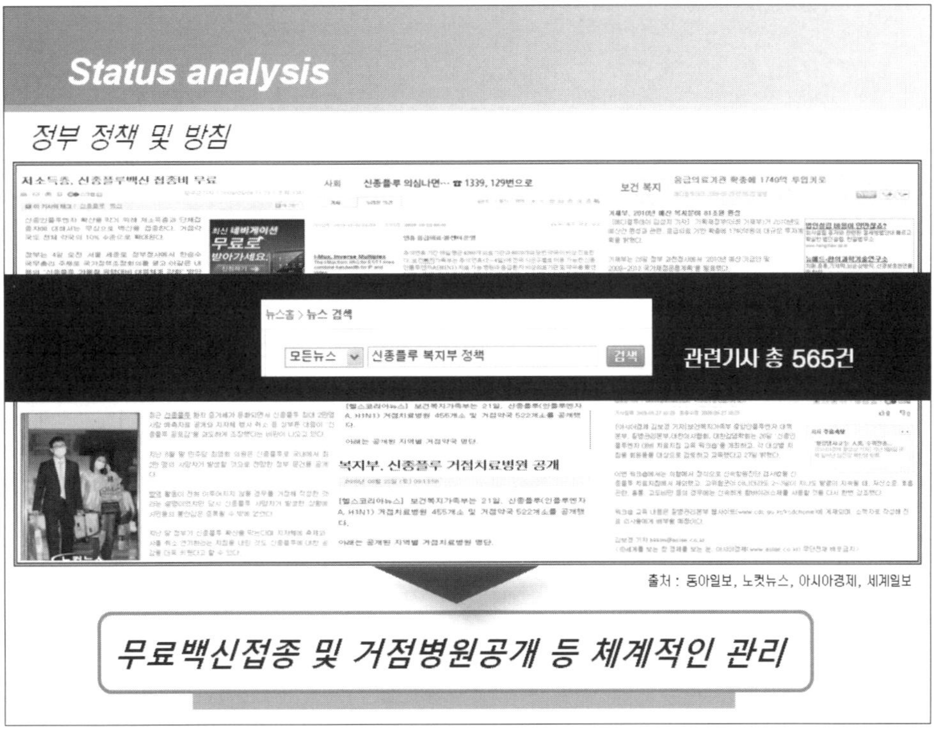

Status analysis
정부 정책 및 방침
신종플루 의심나면… ☎1339, 129번으로
보건 복지
무료로
복지부, 신종플루 거점치료병원 공개
뉴스홈 > 뉴스 검색
모든뉴스
신종플루 복지부 정책
검색
관련기사 총 565건
출처 : 동아일보, 노컷뉴스, 아시아경제, 세계일보
무료백신접종 및 거점병원공개 등 체계적인 관리

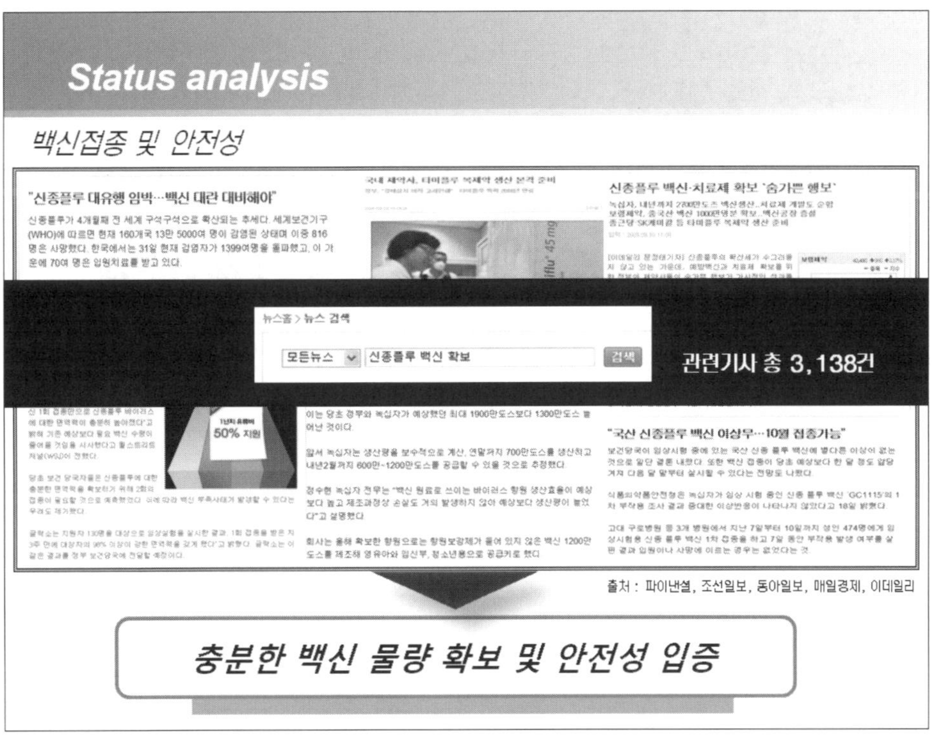

Status analysis
백신접종 및 안전성
"신종플루 대유행 임박…백신 대란 대비해야"
신종플루 백신·치료제 확보 '숨가쁜 행보'
뉴스홈 > 뉴스 검색
모든뉴스
신종플루 백신 확보
검색
관련기사 총 3,138건
50% 지원
"국산 신종플루 백신 이상무…10월 접종가능"
출처 : 파이낸셜, 조선일보, 동아일보, 매일경제, 이데일리
충분한 백신 물량 확보 및 안전성 입증

다양한 이슈 해결을 위한 정부의 노력

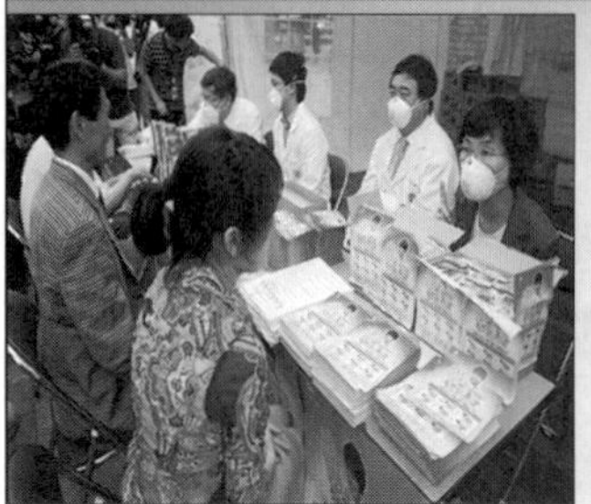

'신종인플루엔자 안내 및 상담센터'

건강보험공단 신종인플루엔자 콜센터

인천세계도시축전 행사 공간살균기

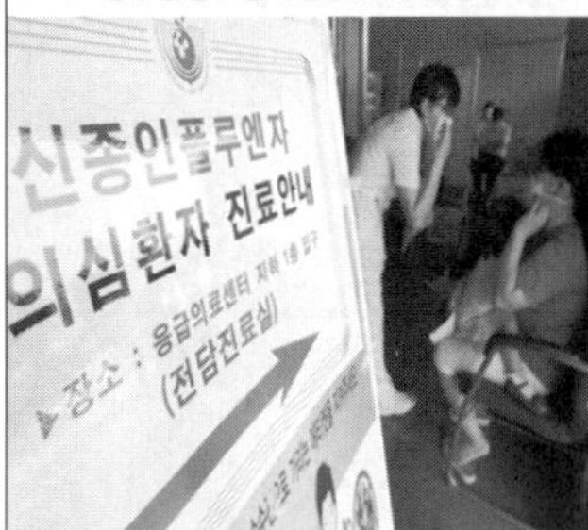

응급의료 진료 센터 운영

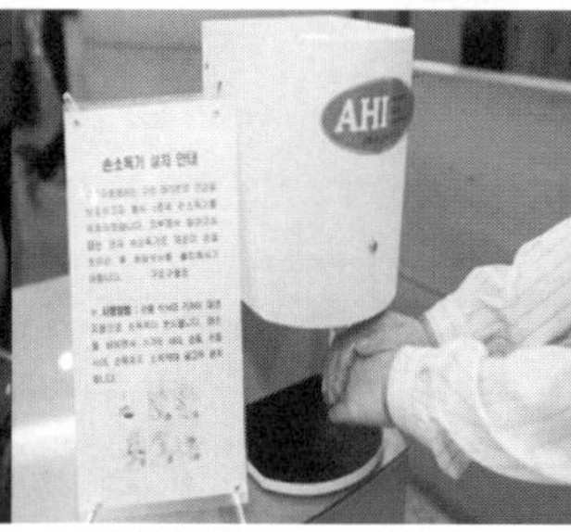

유치원, 학교 등 손소독기 설치

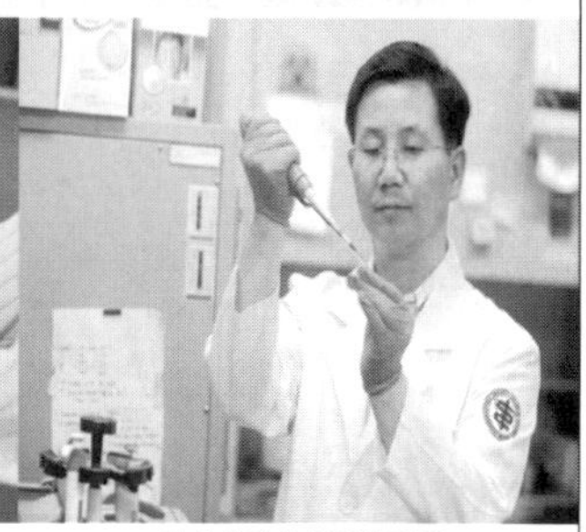

백신 안전성 철저한 검증

다양한 이슈 해결을 위한 정부의 노력

질병관리본부(대응)

신종인플루엔자 대응 세미나
(전략적인 대응을 위한 예방대책 논의)

신종인플루엔자 모니터링센터 운영
(발병위험국가 방문자들의 검역질문서 입력)

외국인 학생 대량입국에 따른 신종인플루엔자 국내유입 방지 대책회의
(대학별 발열상담센터 설치.운영 등 3단계 신종인플루엔자 대응계획안)

보건복지가족부(대책)

중앙인플루엔자 대책본부 확대·개편
(대책본부 역할 강화)

예방백신의 우선 접종 확대 방안
(의료·방역요원·영유아 우선)

인구의 11%인 531만명분 신종인플루엔자 치료제확보, 연내 500만명분 추가 확보 계획
(예산 1100억 편성)

이러한 정부의 노력에도 불구하고
신종인플루엔자에 대한 ***불안감****은*
여전히 존재하고 있으며
또한..
국민들은 신종인플루엔자에 대해
부정확한 정보들로 이슈가 지속적으로 제기되고 있다.

캠페인 목적

Influenza type A(H1N1)

신종인플루엔자 국내 감염자 1만 5천 여명. 그 중 11명 사망.
고령자 및 만성 질환자 사망사례 발생.
대규모 행사 및 학교 휴교 등 지역사회 감염 문제 증가.
거점 의료기관에서의 진료 및 관리소홀 문제 대두.
백신 부족 및 부작용, 안전성 등과 같은 백신 문제 대두.

신종인플루엔자에 대한 정확한 정보 전달을 통해
국민들의 불안해소와 지속적인 예방활동 유지

Research Design

McCann에서는 더 정확한 Insight를 찾기 위해 3가지 조사를 실시함.

	Phase I.	Phase II.	Phase III.
Methodology	심층 인터뷰 (In-depth Interview)	온라인 기사 분석	온라인 커뮤니티 분석
Target Audience	Total N = 1 호흡기 내과 전문의 유광하 교수	Total N = 5 조선, 조인스, 동아, 한겨레, 연합뉴스	Total N = 10 맘스홀릭 베이비(임신,육아), 레몬테라스, 까페파우더룸, 임산부 모여라! 임신,출산 육아 엄마표 학습지도법 유아초중고등 4050 중년 쉼터, 엄마친구 아가친구 사교육비 절약하는 학습법 해피마미, 마미들의 공간
Area Coverage	Seoul GH	헬스관련 전문의 인터뷰 기사	포털사이트 (Naver, Daum Cafe)
Time & Site N	약 30분	5 사이트	10 포털 카페

Phase I _ 전문가 인터뷰(In-depth Interview)

건국대학교 호흡기내과
유광하 교수

Q1. 백신접종의 우선 접종군은 어느 집단이라 보십니까?

"개인적으로 고위험군에게는 백신접종을 권고하고 있음.
그 이유는 백신을 맞은 위험보다 고위험군이 가지고 있는 병 자체의 리스크가 더 크기 때문.
저 위험군은 젊은 층이 플루 확진자 50%를 차지한다고 함. 본인의 몸 상태에 따라 회복력이 99%를 보이기 때문에 굳이 맞지 않아도 되기 때문에 권고하지 않는 편임."

Q2. 감염에 대한 우려 부분은 무엇입니까?

"병원이 매개체가 되어, 확진자로 인해 다른 질병을 가지고 있는 환자들에게 감염이 될까 우려됨.
5배정도 전염력이 강한 플루이기에, 당분간 소강에 쉽게 접어들 것 같지는 않음."

Q3. 신종인플루엔자 사망률은 어떻게 보십니까?

"만 명이 조금 넘게 감염된 상태이지만, 다른 플루에 비해 사망률은 오히려 낮은 편임.
이전에 유행했던 사스를 생각해본다면, 한국에서는 크게 사망이 문제되진 않을 것으로 예상됨.
이유는 우리나라의 의료기술은 선진국 수준이기 때문이죠.
결국 그렇게 위험한 질병으로 오인지하는 것 해결이 중요한 부분인 것 같습니다."

전염성은 강하나 회복률이 높고, 사망률은 낮음!!

두려운 질병은 아니고, 불안해소가 중요!!

Phase II _ 온라인 기사분석

	박승철 삼성서울병원 감염내과 교수	오명돈 서울대병원 감염내과 교수	이기덕 을지병원 감염내과 교수	강진한 서울성모병원 소아청소년과 교수	전윤희 이화의료원 감염내과 전임의
한국은 신종플루 대유행기인가	유전자 변이, 세계적 대유행, 중증환자 및 사망자발생 등으로 볼 때 대유행이다.	대유행기 보다는 지역 사회 확산기가 적합하다.	WHO 정의상 전세계적 대유행 시기다.	아직 대유행은 아니다.	WHO가 대유행을 선포한 만큼 한국도 예외는 아니다.
국내 신종플루 향후 전망	유행의 규모에 비례해서 사망자가 발생할 것이다.	호주나 남미처럼 2개월 정도 후에 확산세기 꺾일 수 있다.	사망자 수가 감염자 수에 비례해서 늘어날 것이다.	고위험군 환자 중 사망자가 늘 것이다.	중증 환자들이 많이 생길 것이다.
국민 대처 요령	과음, 과로, 스트레스, 흡연 등을 자제해 면역력을 키워야 한다.	스스로가 고위험군에 해당하는지 아는 것이 중요하다.	마스크로 코와 입을 가리고 외출해야 한다.	증상이 소멸될 때까지 무리한 외부 활동을 삼가 해야 한다.	위생수칙을 지켜야 한다.
학생들 휴교 조치 의견	학교가 아니라 학원에서도 옮을 수 있어 무조건 휴교는 반대한다.	지역사회 확산 상황에서 의미가 없는 조치다.	휴교보다는 사람이 많이 모이는 곳에 가지 않는 것이 중요하다.	발열학생만 병원에서 관리하는 것이 바람직하다.	아이들 감염이 휴교령으로 해결되지 않는다.
지금 시점에서 정부정책은 어떻게 해야 하나	정부정책은 잘하고 있다	신종플루 사망사례 발표 시 기존 인플루엔자 사망사례와 비교돼야 한다	보건소 등 공공의료시설이 비상진료체제를 갖춰야 한다	정부 따로 현실 따로 실행되는 신종플루 관리를 개선해야 한다	국민을 동요시키지 않았으면 좋겠다.

대유행기이긴 하지만, 위생수칙 준수와 관리가 필요!!

Phase III _ 온라인 커뮤니티 분석

감염증상 맞나요?
- Q. 이게 감기증상인가요? 신종인플루엔자인가요?
- Q. 저희 애가 고열에 오한입니다!!!!!!
- Q. 신종인플루엔자 검사 하신 분들 있나요? 어떤가요?

백신은 어떤가요?
- Q. 백신 맞으신 분 계신가요?
- Q. 백신 효과가 정말 있는건가요? 위험하지 않나요?
- Q. 백신 언제 맞아야 하는 건가요? 지금 맞을 수 있나요?

확진자 있는데요
- Q. 직장 동료가 확진 받았대요!
- Q. 친구가 걸렸는데 잘 쉬고, 약 먹고 2주 만에 나았대요.
- Q. 제 아이가 확진 받았는데, 어떻게 간호해야 하나요?

플루 현황 어떤가요?
- Q. 신종인플루엔자 좀 약해진 건가요? 잠잠해진 건가요?
- Q. 신종인플루엔자 때문에 너무 불안해요.
- Q. 언론에서 신종인플루엔자 이렇다던데 도대체 뭐가 맞는 말인가요?

플루감염 불안해요
- Q. 주변에 신종인플루엔자 걸린 사람 있나요?
- Q. 신종인플루엔자 때문에 어디 나가기가 꺼려지고 걱정이에요.
- Q. 신종인플루엔자 때문에 아이들 학원, 유치원, 어린이집 안 보내는데..

감염증상, 백신, 확진자, 감염 및 사망자 현황, 불안감

Phase III _ 온라인 커뮤니티 분석

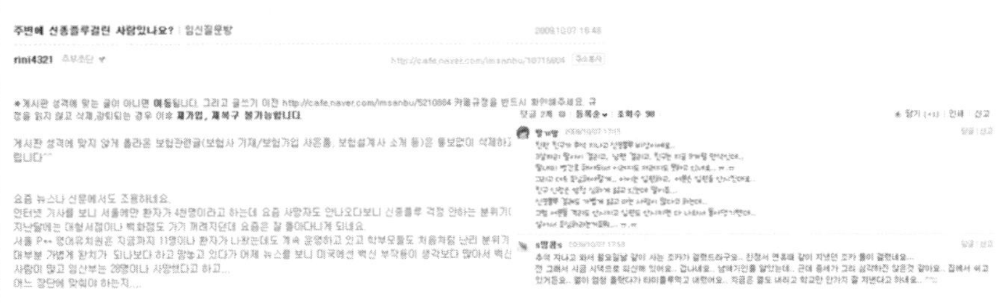

자료: 네이버 까페, 다음까페

실제 감염자의 이야기나 극복 사례를 듣고 싶어요

확진 후, 감염환자에 대한 대처방법 및 회복지침 알고 싶어요

백신은 안전한 건지, 효과가 있는 건가요?

조사를 통해 얻은 결론은..

신종인플루엔자에 대한
위험 요소를 감소시키기 위해
감염 및 전염 예방을 위한
정부의 철저한 준비와
지속적인 예방활동과
개인 위생을 강조함으로
신종인플루엔자에 대한 **불안감**을 해소!!

타겟분석

전체 신종인플루엔자 감염자는
10대 청소년 층에서 가장 높게 나타남(53%).

그 다음으로 20대(21%)
0세~9세의 영 · 유아 층(15.3%) 순으로 나타남.

신종인플루엔자 감염자 연령별 분포

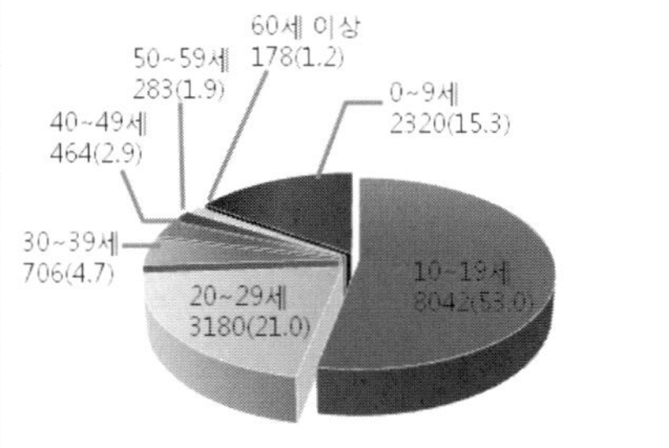

[단위:명,%] 자료 : 질병관리본부

[신종플루 알아야 이긴다] (30·끝) 백신 접종 어떻게

[2009.10.06 18:41] + 확대 - 축소

신종 플루 백신 접종은 다음 달부터 시작된다. 구체적인 날짜는 결정되지 않았다. 올해 정부가 확보한 백신 1000만 도스(1도스는 1회 접종량)는 이달 안에 선정되는 우선 순위에 따라 접종이 실시된다.

정부는 내년 2월까지 의료인, 방역요원, 고위험군, 학생 등 1336만명에게 무료로 백신을 접종키로 했다.

학교 군대 등에서 실시하는 단체접종과 저소득층 등의 보건소 접종은 무료다. 민간 의료기관에서 예방접종을 맞을 땐 백신비용은 공짜인 대신 접종비는 내야 한다.

올해 예방접종 대상자가 백신을 몇 차례 맞아야 하는지는 700만 도스를 생산 중인 국내 백신 제조업체인 녹십자의 임상 시험이 끝나는 이달 결정된다. 이미 확보된 다국적 제약회사 글락소스미스클라인의 백신 300만 도스는 2회 접종용으로 150만명분에 해당된다.

신종인플루엔자 감염에 취약하고,
우선 접종 대상인
10대 청소년, 고위험군,
특히, 0~9세의 영 · 유아 층(15.3%) 엄마인 여성의 특성 고려

건강 신념 모델 (Sheeran & Abraham, 2001)

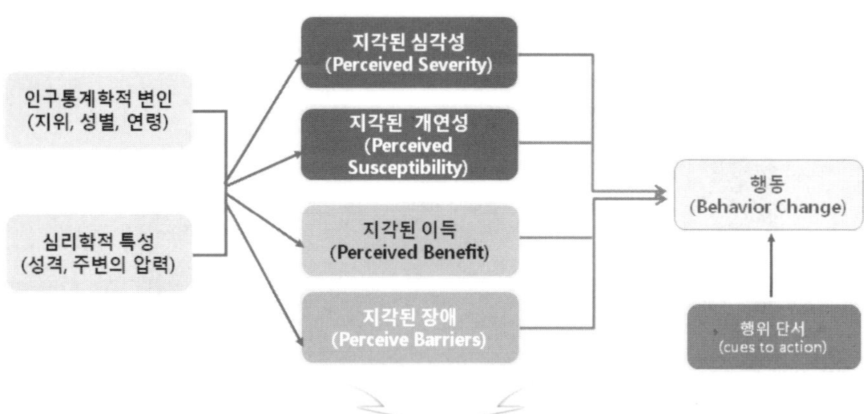

국민들이 신종인플루엔자에 대한 심각성과 개연성에서 오는 불안감을 해소하기 위해
정부의 신종인플루엔자에 대한 준비상태와 불안요소를 해소하는 이득을 강조
잠재적으로 발생할 수 있는 부정적 결과와 행동 실천을 방해하는 지각된 장애를 낮추어
신종인플루엔자에 대한 태도 및 행동 변화를 유도.

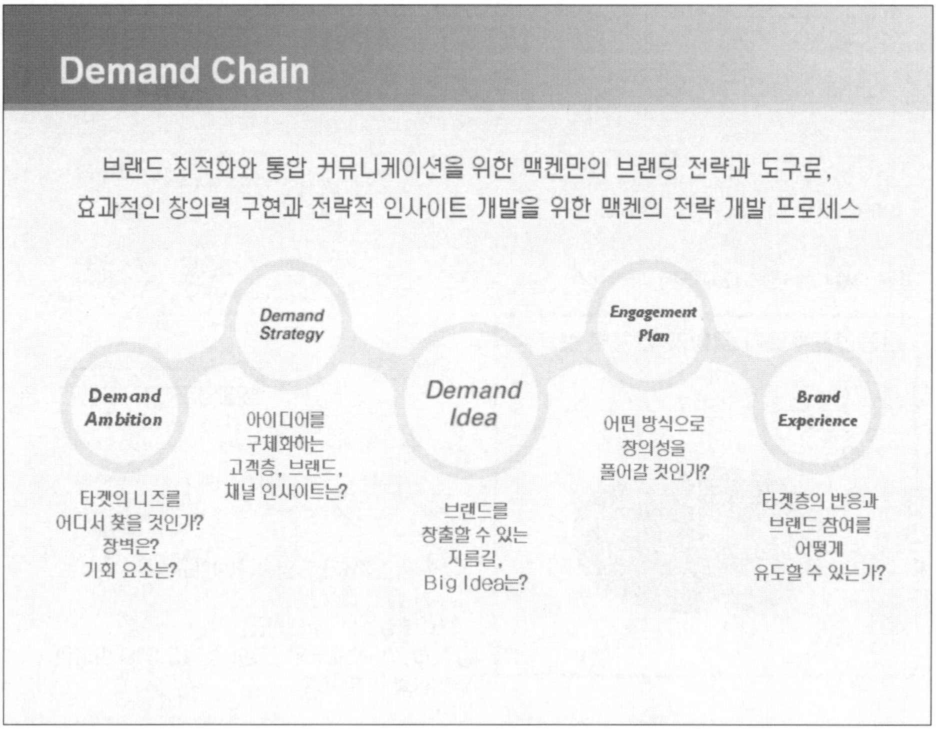
Demand Chain
브랜드 최적화와 통합 커뮤니케이션을 위한 맥켄만의 브랜딩 전략과 도구로,
효과적인 창의력 구현과 전략적 인사이트 개발을 위한 맥켄의 전략 개발 프로세스
Demand Ambition
타겟의 니즈를 어디서 찾을 것인가? 장벽은? 기회 요소는?
Demand Strategy
아이디어를 구체화하는 고객층, 브랜드, 채널 인사이트는?
Demand Idea
브랜드를 창출할 수 있는 지름길, Big Idea는?
Engagement Plan
어떤 방식으로 창의성을 풀어갈 것인가?
Brand Experience
타겟층의 반응과 브랜드 참여를 어떻게 유도할 수 있는가?

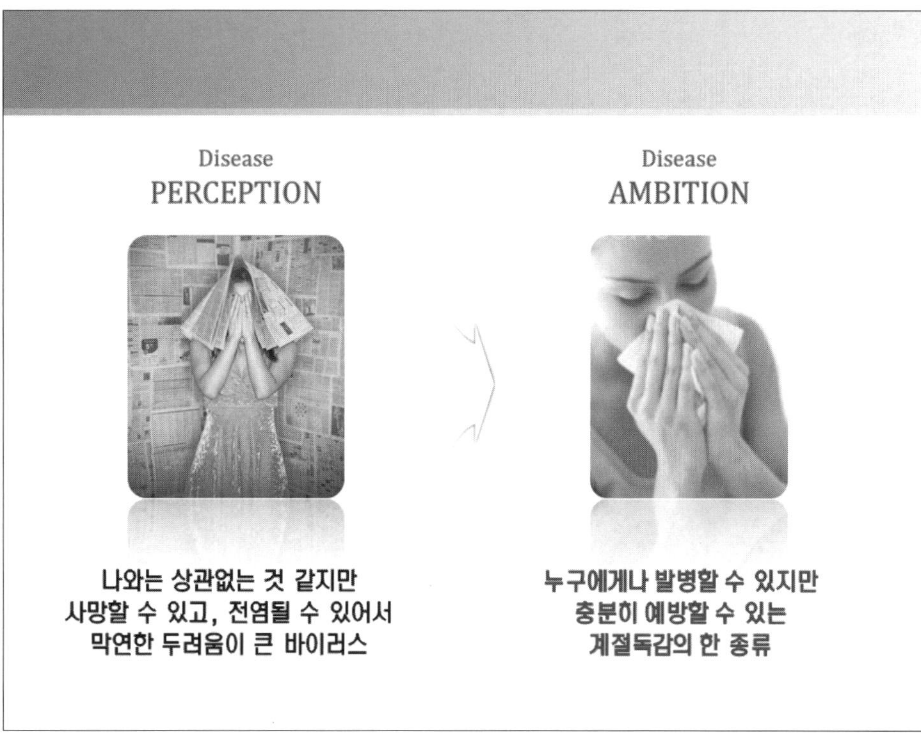
Disease
PERCEPTION
나와는 상관없는 것 같지만
사망할 수 있고, 전염될 수 있어서
막연한 두려움이 큰 바이러스
Disease
AMBITION
누구에게나 발병할 수 있지만
충분히 예방할 수 있는
계절독감의 한 종류

CONSUMER

국민들의 신종인플루엔자에 대한 불안감 공존

지역사회 감염 문제..
거점 의료기관의 진료 및 관리소홀 문제..
대규모 행사 및 학교 휴교 등의 문제..

신종인플루엔자에 대한 부정확한 정보와 이슈들..
신종인플루엔자 감염자와 사망자 관련 언론보도..
계속해서 제기되는 백신 접종 및 안전성 문제..

국민들은 아직까지도 사회적 이슈가 되고 있는 신종인플루엔자로 인해, 실질적인 체감도와 불안감의 강도는 낮지만, 여전히 불안해 하고 있습니다.

CULTURE

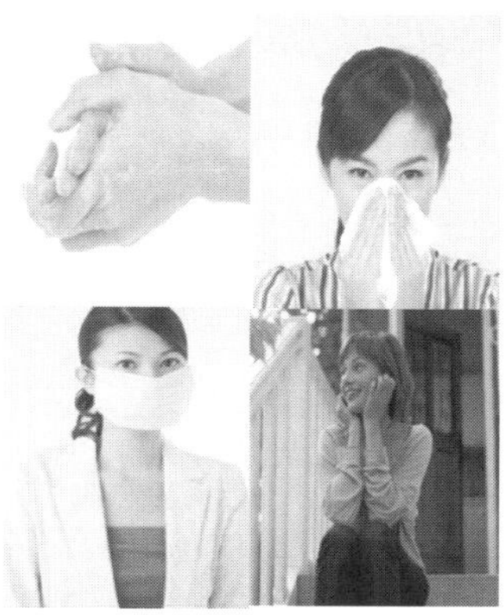

신종인플루엔자 예방수칙 생활

손씻기..
기침할 때 입가리기..
외출할 때 마스크하기..
많은 인원이 모이는 장소 피하기..

정부의 다양한 커뮤니케이션 활동으로 인해 국민들은 신종인플루엔자 예방 수칙은 비교적 잘 인지하고 있지만, 백신의 효과와 안전성과 같은 문제가 계속적으로 제기되어, 신종인플루엔자에 대한 불안감은 여전히 형성되고 있습니다.

COMPANY

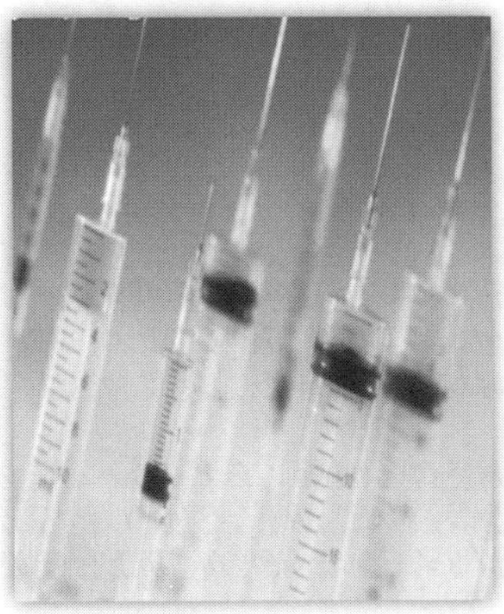

백신 확보와 고위험군 접종 계획 마련

사망위험이 높은 고위험군과 감염율이 가장 높았던 10~19세 학생 대상의 접종 고려.

손씻기, 기침 에티켓 등 지속적인 예방 캠페인 강화.

검역 및 확산 방지를 위한 국가적 자원의 체계적 관리.

정부에서는 신종인플루엔자 감염과 확산 방지를 위해 많은 노력을 하고 있습니다.

COMMUNICATION

더 이상 두렵지 않은 신종인플루엔자

충분한 백신과 방역체계가 구축되어 있습니다.
전염은 되지만, 사망률은 다른 질병에 비해 낮은 질병으로 예방수칙만 잘 지켜도 충분히 예방할 수 있습니다.

신종인플루엔자..
더 이상 두렵지 않습니다.
보건복지가족부와 질병관리본부에서 철저한 대응 방안과 계획을 수립하여 국민건강을 지켜주기 위해 최선을 다 하고 있습니다.

Demand Idea
1
충분한 백신 확보
및 예방수칙 강화
2
철저한 의료시스템과
인프라 구축
Don't Worry. Be happy.
"당신의 건강, 대한민국이 함께 지킵니다."

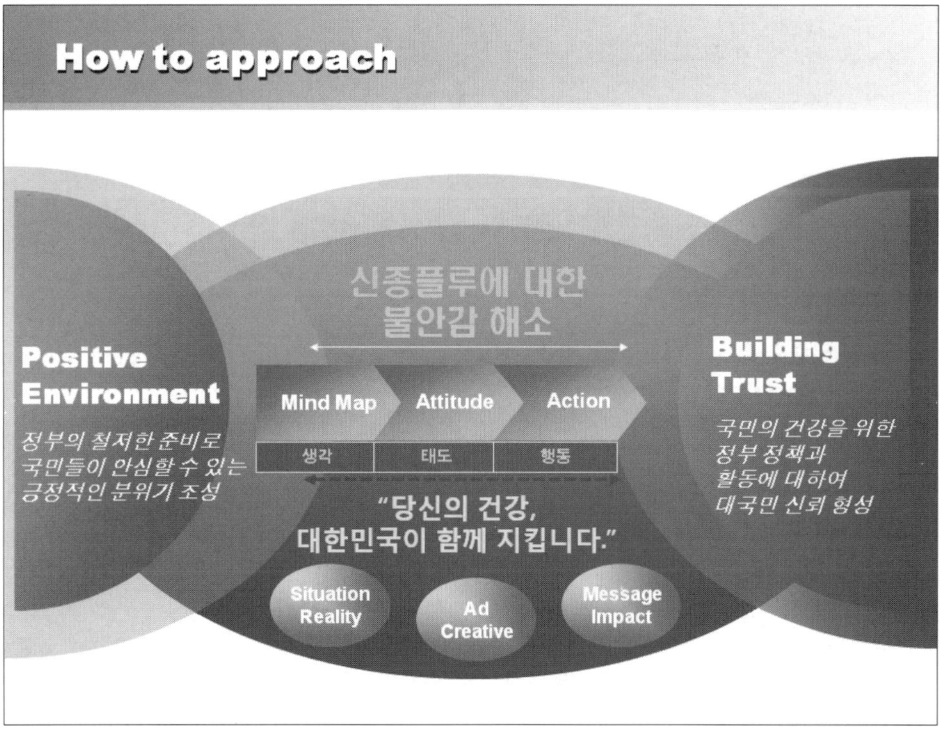
How to approach
신종플루에 대한
불안감 해소
Positive
Environment
정부의 철저한 준비로
국민들이 안심할 수 있는
긍정적인 분위기 조성
Mind Map
Attitude
Action
생각
태도
행동
"당신의 건강,
대한민국이 함께 지킵니다."
Situation
Reality
Ad
Creative
Message
Impact
Building
Trust
국민의 건강을 위한
정부 정책과
활동에 대하여
대국민 신뢰 형성

휘파람 편

신종 인플루엔자에 철저히 준비된 상황에서 안심하는 사람들의 모습을
휘파람이라는 소재를 사용하여 밝고 즐거운 분위기로 보여주며
신종 인플루엔자 예방과 치료에 대한 긍정적인 이미지를 확산 시킨다

신종인플루엔자PT 휘파람 편 A-1

#.갓난아이를 태운 유모차가 보인다

#.유모차를 밀고 가는 젊은 엄마 기분좋게 휘파람으로 노래를 분다

엄마) 휘~악~♪/ 휘파람

#.꽃에 물 주는 할머니도 휘파람을 불고있다

할머니) 휘~악~♪/ 휘파람

#.유치원 아이들도 기분좋게 휘파람을 분다

아이들) 휘~악~♪/ 휘파람

신종인플루엔자PT 휘파람 편 A-2

#.장면 바뀌면 학교의 학생들도 휘파람을 분다

학생들) 휘~악~♪/ 휘파람

#.군인도 휘파람을분다

군인) 휘~악~♪/ 휘파람

#.회사원들도 휘파람을 분다

회사원) 휘~악~♪/ 휘파람

#.컷트 바뀌면 에스컬레이터에 오르 내리는 사람들 모두 휘파람을 불고 있다

사람들) 휘~악~♪/ 점점 여러 사람의 휘파람 소리가 합창하듯 들린다

신종인플루엔자PT 휘파람 편 A-3

#. 거리의 사람들 모두 기분 좋게 휘파람을 분다

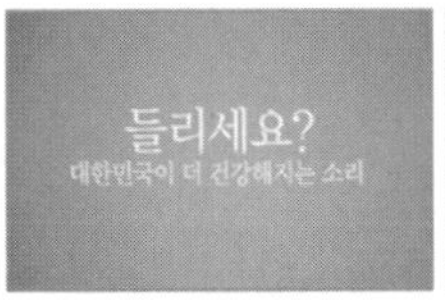

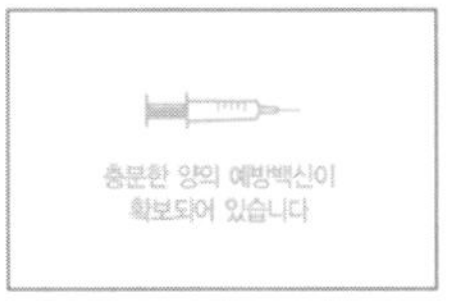

사람들) 휘~익~♪/ 점점 여러 사람의 휘파람 소리가 합창하듯 들린다

NA) 들리세요? 대한민국이 더 건강해지는 소리

NA) 개인 예방수칙과 국가의 철저한 대비로..

신종인플루엔자PT 휘파람 편 A-4

#. 기분좋게 휘파람 부는 가족의 모습이 보인다

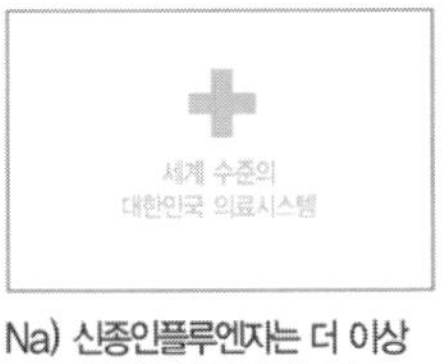

Na) 신종인플루엔자는 더 이상 무서운 병이 아닙니다

보건복지가족부 장관) 당신의 건강, 대한민국이 함께 지킵니다

NA) 굿바이, 신종인플루엔자!

NA) 보건복지가족부와 질병관리본부가 함께 합니다

테스티모니얼 편

생활 속에서 신종 인플루엔자 예방수칙을 실천하는 사람들의
모습을 생생하고 자연스러운 증언형식으로 보여주어 신뢰감을 형성하고
국가에서 실시하는 예방 정책으로 모두 안심할 수 있다는 믿음을 전달한다

신종인플루엔자PT 테스티모니얼 편 B-1

일상에서 만날수 있는 일반 시민의 느낌
먼저 회사원이 카메라를 보며 리얼하게 말한다

회사원) 그래도 처음엔.. 겁났죠
심각한 질병인줄 알고..

학생 교실 배경으로 자연스럽게 말한다

학생) TV보니까 계절 독감과
별 다를게 없다던데....

유치원에가던 모녀,
꼬마가 엄마의 흉을 보듯 카메라에 말한다

유치원생) 손 안 씻으면
엄마가 자꾸 혼내요

중년여자, 카메라를 보며 말한다

여자) 당뇨라 걱정했는데
백신이 있어 다행이야

신종인플루엔자PT 테스티모니얼 편 B-2

#.주방에서 일하던 남자 일손을 멈추고 말한다

주방장) 우리나라 의료수준이
그렇게 허술하겠어요!

#.노인정에서 노부부 다정하게 웃으며 말한다

노부부) 예방주사 맞았지,
보건소에 가니까 놔주던데!

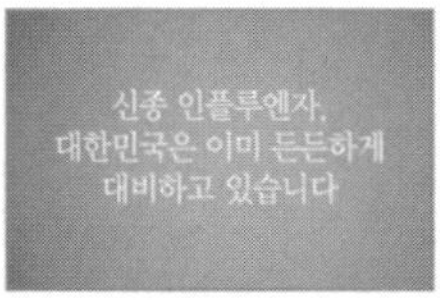

NA) 신종 인플루엔자!
대한민국은 이미 든든하게
대비하고 있습니다

보건복지가족부 장관)
개인 예방수칙과...

신종인플루엔자PT 테스티모니얼 편 B-3

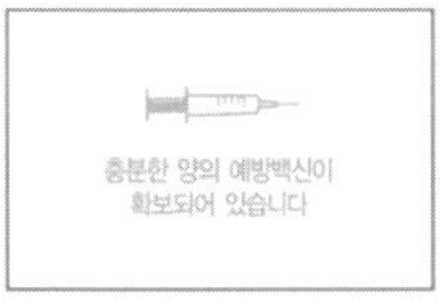

보건복지가족부 장관) 국가의 철저한 대비로 신종인플루엔자는 더 이상 무서운 병이 아닙니다

미소짓는 행복한 가족의 모습이 보인다

NA) 당신의 건강,
대한민국이 함께 지킵니다

NA) 보건복지가족부와
질병관리본부가 함께 합니다

철저한 대비 편

신종인플루엔자로부터 국민의 꿈을 지켜주는 국가의 모습이라는 상징성을 통해
국가에서 마련한 예방, 치료 대책에 대한 긍정적인 믿음을 전달한다

신종인플루엔자PT 철저한 대비 편 A-1

#. 꼬마아이, 화면을 향해 팔을 걷어 올린다 / # 학생 교실 배경으로 자연스럽게 말한다 / #.남자, 러닝을 하다 화면을 향해 팔을 걷어 올린다 / #. 학생, 화면을 향해 팔을 걷어 올린다

NA) 처음으로 짝꿍이 생긴 성운이를 위해~

NA) 뱃속의 아이를 손꼽아 기다리는 은서씨를 위해~

NA) 천식을 이겨내고 마라톤에 도전하는 원국씨를 위해~

NA) 친구들이 마냥 좋은 진수를 위해

신종인플루엔자PT 철저한 대비 편 A-2

#. 노인, 화면을 향해 팔을 걷어 올린다

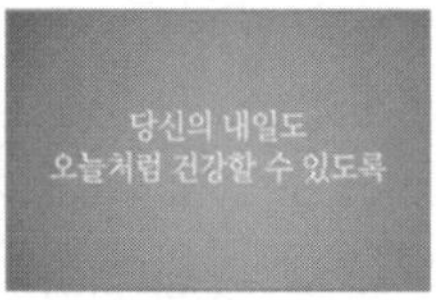

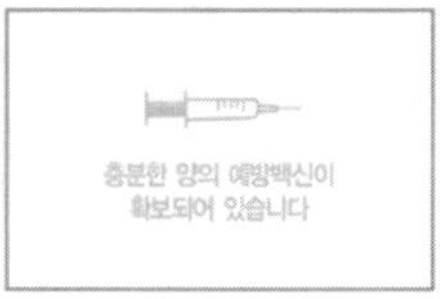

NA) 칠순잔치를 앞둔
민주 할아버지를 위해

NA) 당신의 내일도 오늘처럼 건강할 수 있도록, 대한민국은 신종인플루엔자 대비를
든든하게 하고 있습니다

신종인플루엔자PT 철저한 대비 편 A-3

보건복지가족부 장관)
신종인플루엔자!
더 이상 두려운 질병이 아닙니다

미소짓는 행복한 가족의 모습이 보인다

NA) 당신의 건강,
대한민국이 함께 지킵니다

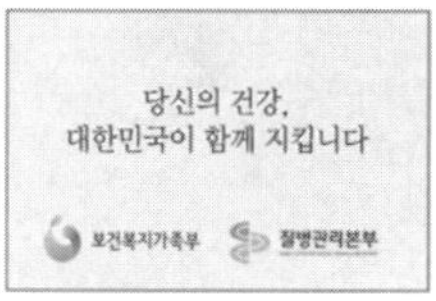

NA) 보건복지가족부와
질병관리본부가 함께 합니다

모델 선정의 기준

<그림1> 광고 모델의 정보원적 속성에 따른 광고 효과

◆ 정보원 공신력 모델(Source Credibility)

- 전문성(Expertise)
- 진실성(Trustworthiness)

▶

- **내면화 (Internalization)**
  모델이 제시하는 주장을 믿기 때문에 태도나 행위에 순응

◆ 정보원 매력성 모델(Source Attractiveness)

- **호감성(Likability)**
- **유사성(Similarity)**
- **친밀성(Familiarity)**

▶

- **동일시(Identification)**
  모델과 비슷하게 되고 싶은 욕망과 비슷하다는 믿음
- 모방

제시하는 주장을 믿고 태도나 행위에 순응하기를 기대하는 공익 광고의 경우 전문성과 진실성을 대표하는 광고 모델이 적합하다.

유명인 광고모델의 속성이 광고와 브랜드 태도에 미치는 영향,「광고연구」, 제62호(2004), pp.7-28.

모델 제안

신종인플루엔자 광고 모델로 가장 적합한 분야 종사자는?

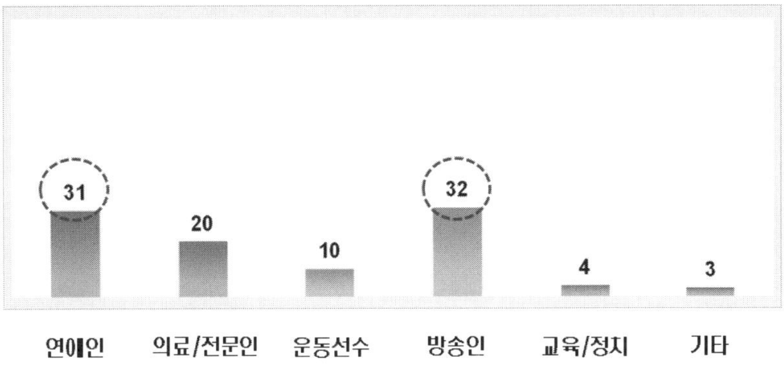

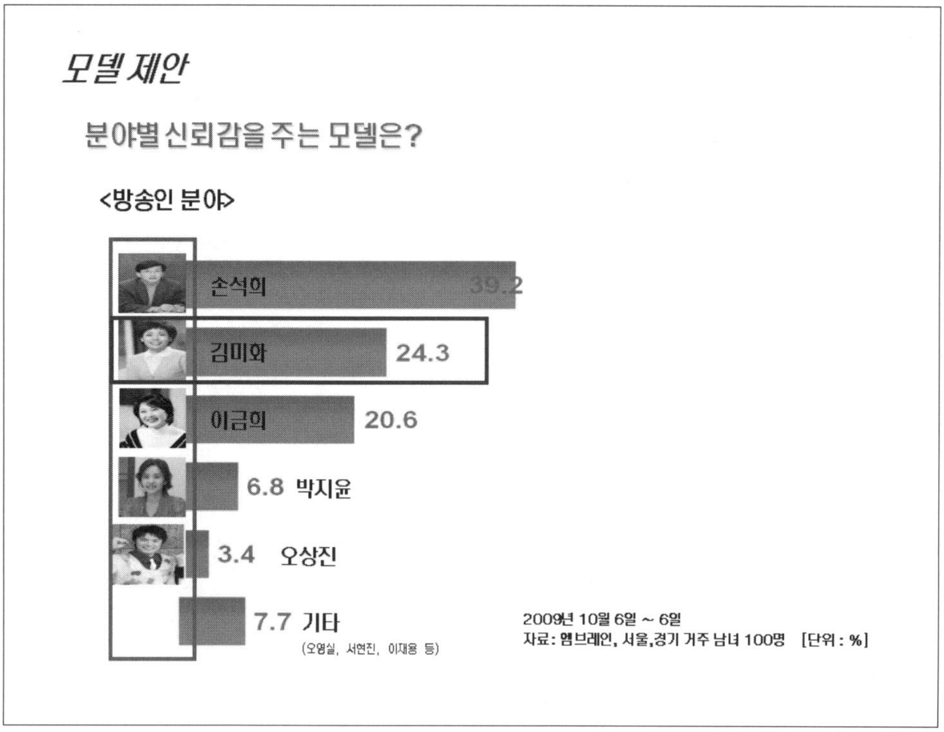
모델 제안
분야별 신뢰감을 주는 모델은?
<방송인 분야>
손석희 39.2
김미화 24.3
이금희 20.6
6.8 박지윤
3.4 오상진
7.7 기타
(오영실, 서현진, 이재용 등)
2009년 10월 6일 ~ 6일
자료: 엠브레인, 서울,경기 거주 남녀 100명 [단위 : %]

〈부록: 성공 사례 2〉

절주 캠페인

절주 캠페인 제안서

'파랑새 2010 Plan' 의 성공적 수행을 위한

節酒에 대한 인식 전환 캠페인

"2008년 음주 폐해 예방 관리 홍보" 캠페인

2008년 3월 7일

멕켄에릭슨

McCann Erickson

(보건복지가족부, 2009)

Mission

節酒 擴散을 위한 인식의 전환

"(음주) 권리 이전에 (절주) 의무가 있다"

McCANN ERICKSON

Approach Methods

Situation Analysis

- 신문기사 검색 DB
- 절주 관련 논문 자료
- Basis-net자료
- Media Profile Research

Consumer Analysis

- 통계청/사회통계조사보고서
  (통계청 사회통계국 사회복지통계과)
- 소비자 Life-style Report
- Consumer Profile Research

McCANN ERICKSON

I. 목표와 과제

McCANN ERICKSON

사업 목표

목표 1

과도한 음주로 인해 발생하는
개인 및 사회적 폐해를 인식

절주에 대한 인식 확산 및
건전한 음주문화 정착

목표 2

'파랑새 플랜 2010'의 궁극 목표인
알코올 걱정 없는
'건강한 국민', '행복한 가정' 형성

McCANN ERICKSON

양적 목표

캠페인 기간(08년3월~12월)동안

절주/금주 시도 비율을 20% 이상 증가 ('07년 대비)

특히, 음주 빈도가 높은 40~50대에서는 25% 이상 증가 ('07년 대비)

<절주/금주 시도율 : 전체>

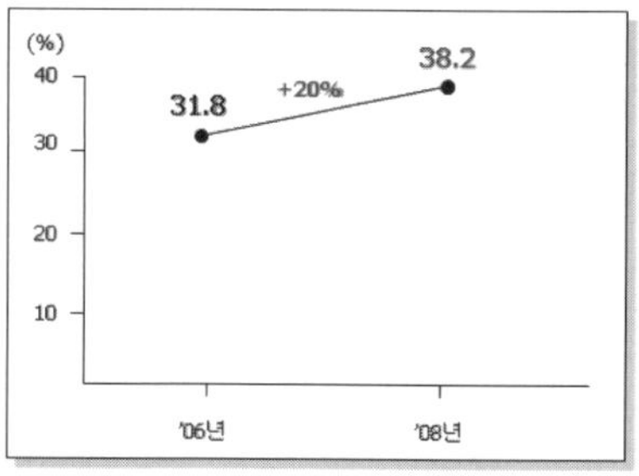

자료원:통계청/사회통계조사보고서

<절주/금주 시도율 : 40~50대>

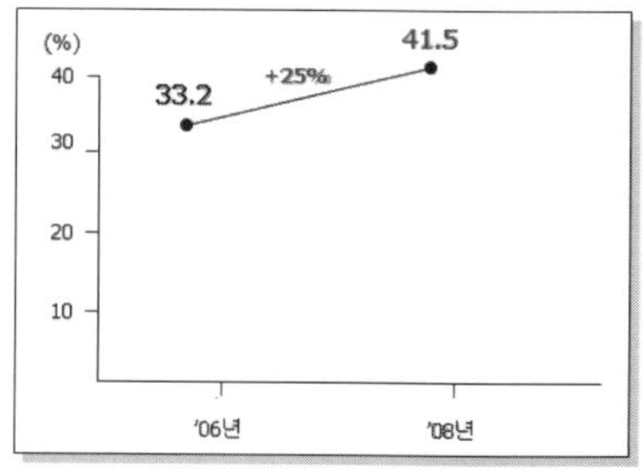

자료원:통계청/사회통계조사보고서

McCann Erickson

II. Situation 분석

– 음주 시장의 Mega Trend

McCann Erickson

'마시는 술'에서 '즐기는 술'로…

□ 음주 빈도 추이 ('86~'99)

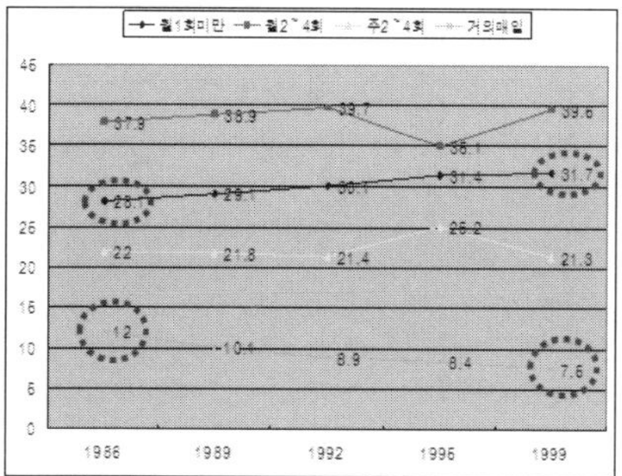

(음주자 중에서) 자료원:통계청/사회통계조사보고서 각년도

□ 음주 빈도 추이 ('03~'06)

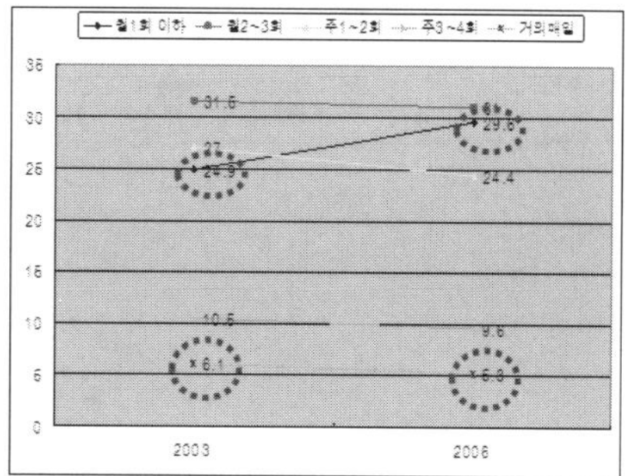

(음주자 중에서) 자료원:통계청/사회통계조사보고서 각년도

Heavy User↓ Light User↑

MCCANN ERICKSON

'술 마시는 여자'가 아름답다

□ 성별 음주율 추이

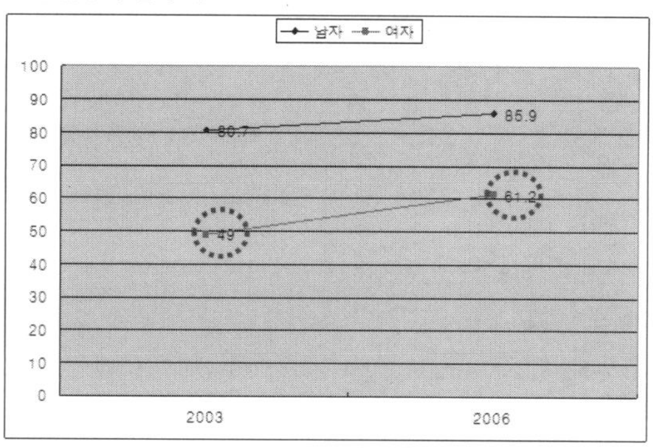

자료원:통계청/사회통계조사보고서 각년도

여성 음주 인구의 증가

MCCANN ERICKSON

단순히 수치상으로만 봐도…

OECD 국가 중 19위

(1인당 연간 순수 알코올 소비량)

세계 4위

(소주,위스키 등 '독한 술' 소비량)

McCANN ERICKSON

더욱 심각한 것은…

술은 사회생활에 도움이 된다
=>술을 잘 마시면 일도 잘한다

내 잔 한 잔은 받아야지
=>권주는 미덕, 거기에 답례주까지

술 먹고 생긴 일인데, 뭐 어때…

술 권하는 사회
술에 관대한 인식

McCANN ERICKSON

III. Communication 전략

MCCANN ERICKSON

기존의 커뮤니케이션 Review

Say No

"권하지도 말고 받지도 말자"

단기간 사회관습 변화 유도

MCCANN ERICKSON

실패 사례들

'부조금 5만원 넘으면 뇌물'(대한상공회의소 규정) …> 유명무실

'정당인의 부조금 법적으로 금지' 추진 …> 실패

인식의 변화 없이 행동의 변화만을 강요

Culture를 넘어서기에는 한계

McCann Erickson

또 다른 캠페인

사회적 Issue를 제기

음주로 인한 비용 연간 20조 990억원

공감대를 형성하지 못한 광고는

행동 변화를 이끌어내기엔 한계

McCann Erickson

시대는 바뀐다

비행기 출발 지연 … 벌금 천만원 ('07.12)
(OO기업 XXX회장)

비행기내 소란행위 … 벌금 천만원 ('08.3)
(OO항공 일반 승객)

위험 행동에 대한
사회적 규제 강화

MCCANN ERICKSON

지금까지는 취중 행동에 면죄부를 주어 왔지만,…

이제부터는
같은 죄라도 음주가 개입되어 있다면
가중 처벌 해야 한다는
사회적 여론이 확대되기 시작

MCCANN ERICKSON

그 이유는…

가시적인 위협을 느끼기 때문
(책임과 공감)

McCann Erickson

똑같은 음주인데도…

음주운전 / 기내 음주소란 …> **公共의 敵**

VS.

사석에서의 음주 …> **개인적 문제**로 치부

McCann Erickson

Key Insight

과다한 음주로 인한

가시적 위협에 대한 共感

McCANN ERICKSON

새로운 캠페인의 단초

위협에 대한 共感을 통해

책임감을 형성할 수 있다면…

McCANN ERICKSON

커뮤니케이션 전략의 핵심

행동 변화를 촉구하기 이전에
인식의 변화를 먼저…

MCCANN ERICKSON

인식의 변화를 이끌어내기 위해서는 어떤 접근법이 더 효과적일까요?

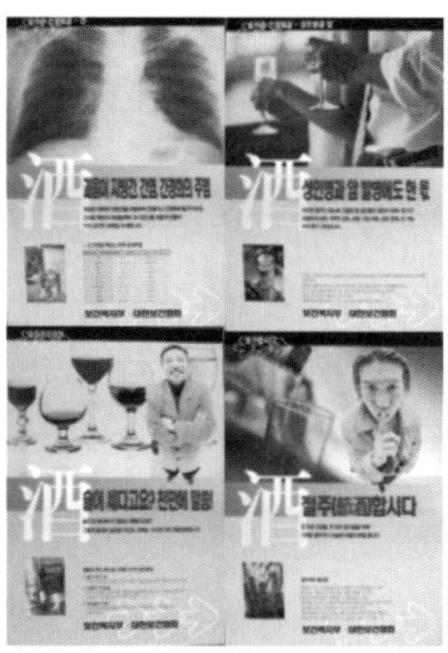

vs.

?

MCCANN ERICKSON

과다한 음주로 인한 폐해 소구 ①

건강상의 소구는
남의 일이지.
나에게는 일어나지 않는 …
확률이 낮은 위험으로 치부

문제 인식과
동기 유발 광고가 필요

MCCANN ERICKSON

과다한 음주로 인한 폐해 소구 ②

살인 폭력 강간 아동학대	Black Out 상태에서의 범죄

그 피해는 누구에게…?

부메랑이 되어
돌아온다

MCCANN ERICKSON

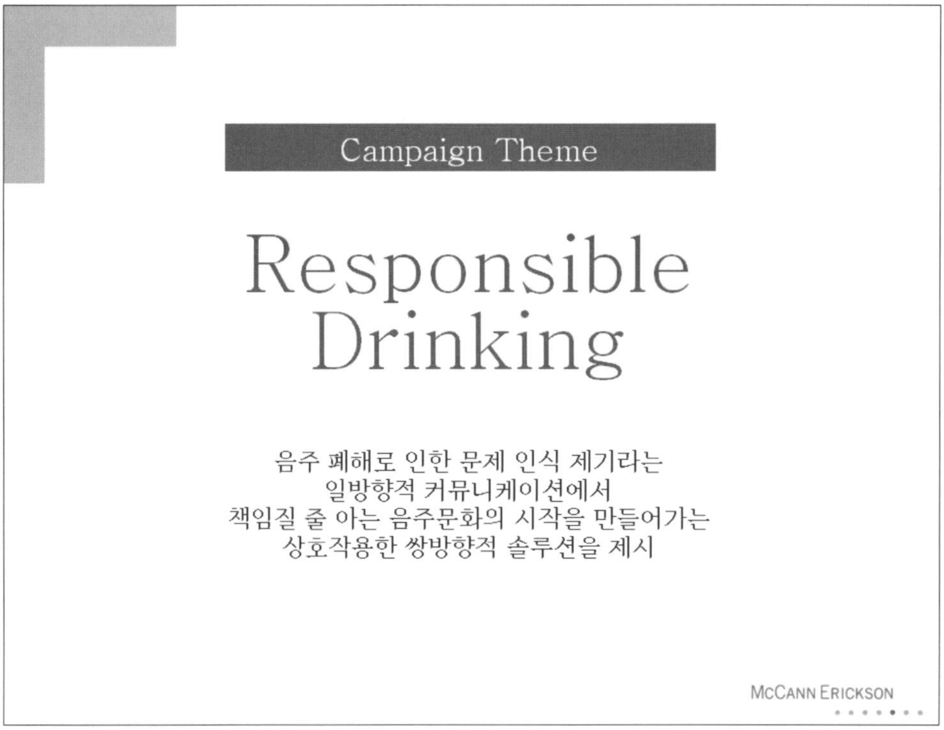
Campaign Theme
Responsible Drinking
음주 폐해로 인한 문제 인식 제기라는
일방향적 커뮤니케이션에서
책임질 줄 아는 음주문화의 시작을 만들어가는
상호작용한 쌍방향적 솔루션을 제시
McCANN ERICKSON

Ⅳ. Creative 전략

술 딱 한잔

주량이 자랑인 한국인

8:1 주당에게 물어 보았다 .
술 먹고 눈을 떴을 때 가장 황당한 장소는..?

장롱, 자동차 위, 옛 여자친구 집, 쓰레기장, 이사님 의자, 미끄럼 틀..

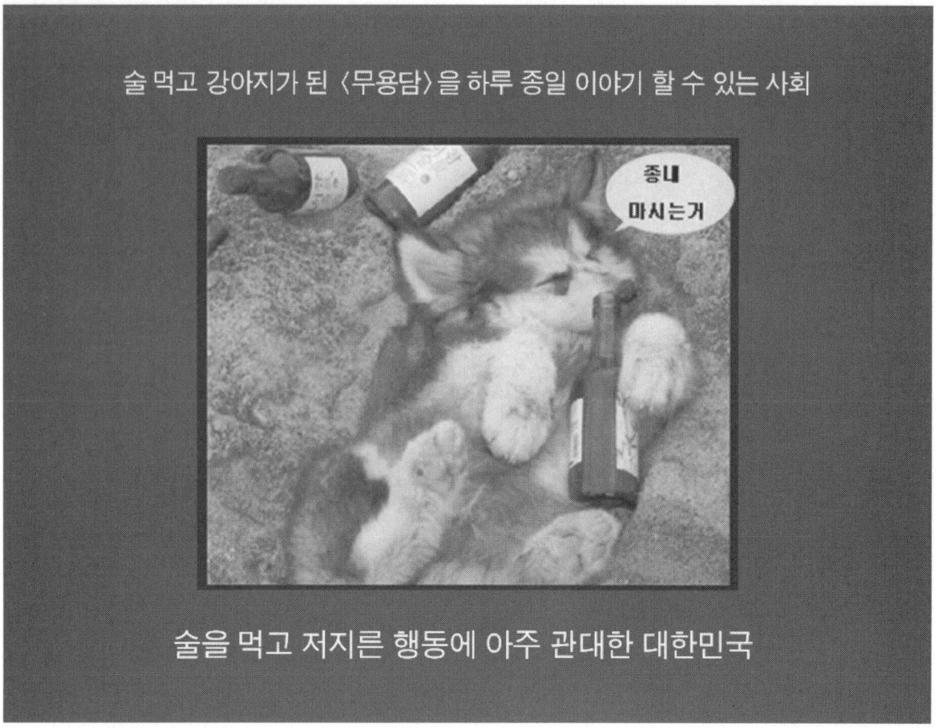
술 먹고 강아지가 된 〈무용담〉을 하루 종일 이야기 할 수 있는 사회
종내
마시는거
술을 먹고 저지른 행동에 아주 관대한 대한민국

으이그 술이 웬수지..술이 웬수야…

충격 요법

대형사고 보다는 작은 사건 사고에 더 마음을 아파한다.

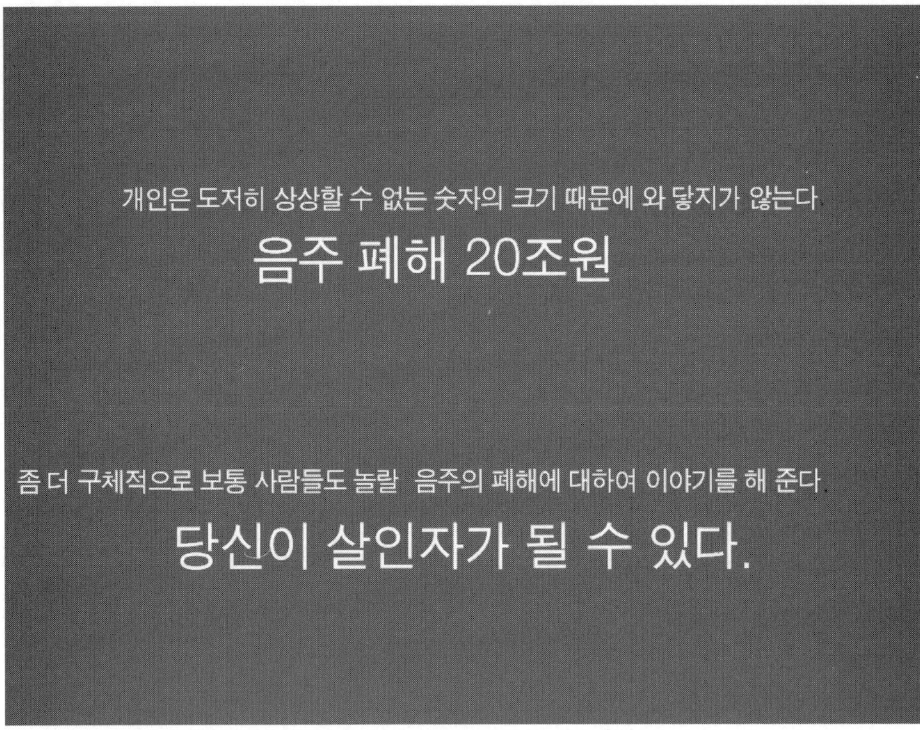
개인은 도저히 상상할 수 없는 숫자의 크기 때문에 와 닿지가 않는다.
음주 폐해 20조원
좀 더 구체적으로 보통 사람들도 놀랄 음주의 폐해에 대하여 이야기를 해 준다.
당신이 살인자가 될 수 있다.

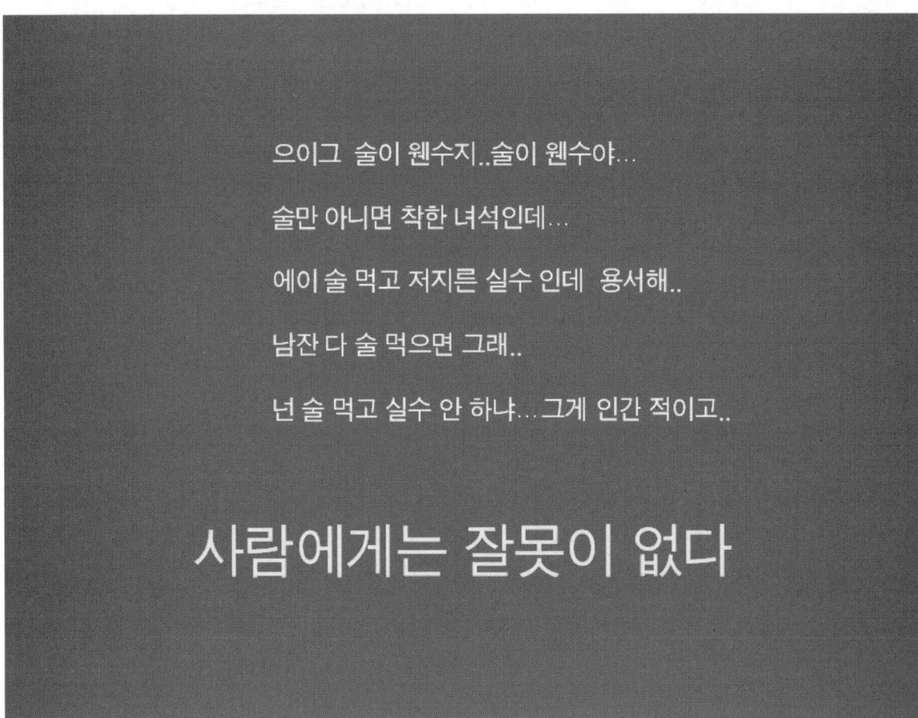
으이그 술이 웬수지..술이 웬수야...
술만 아니면 착한 녀석인데...
에이 술 먹고 저지른 실수 인데 용서해..
남잔 다 술 먹으면 그래..
넌 술 먹고 실수 안 하냐...그게 인간 적이고..
사람에게는 잘못이 없다

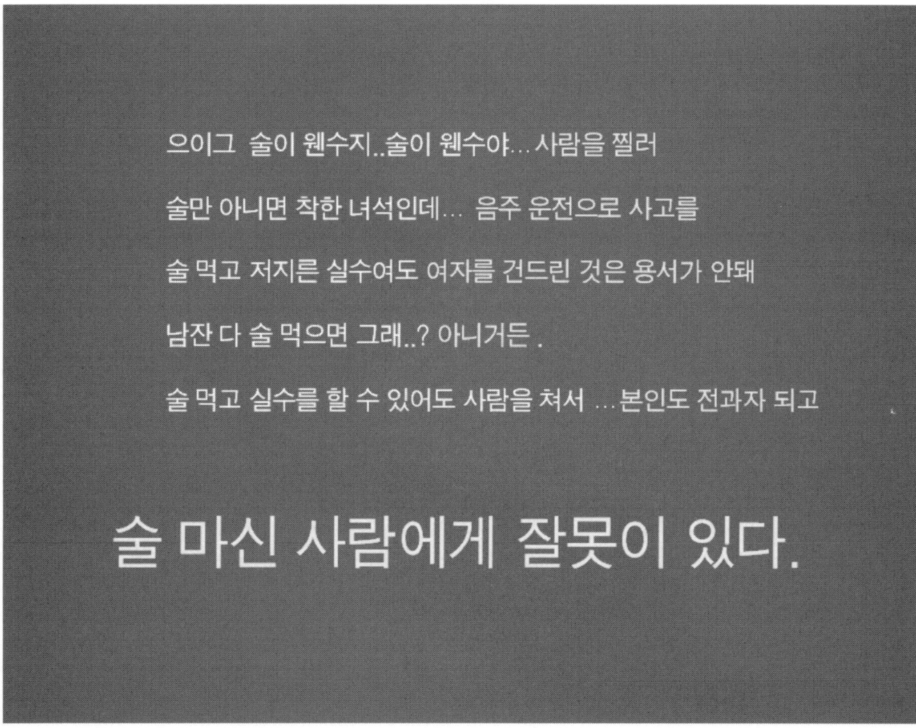
으이그 술이 웬수지..술이 웬수야... 사람을 찔러
술만 아니면 착한 녀석인데... 음주 운전으로 사고를
술 먹고 저지른 실수여도 여자를 건드린 것은 용서가 안돼
남잔 다 술 먹으면 그래..? 아니거든 .
술 먹고 실수를 할 수 있어도 사람을 쳐서 ...본인도 전과자 되고
술 마신 사람에게 잘못이 있다.

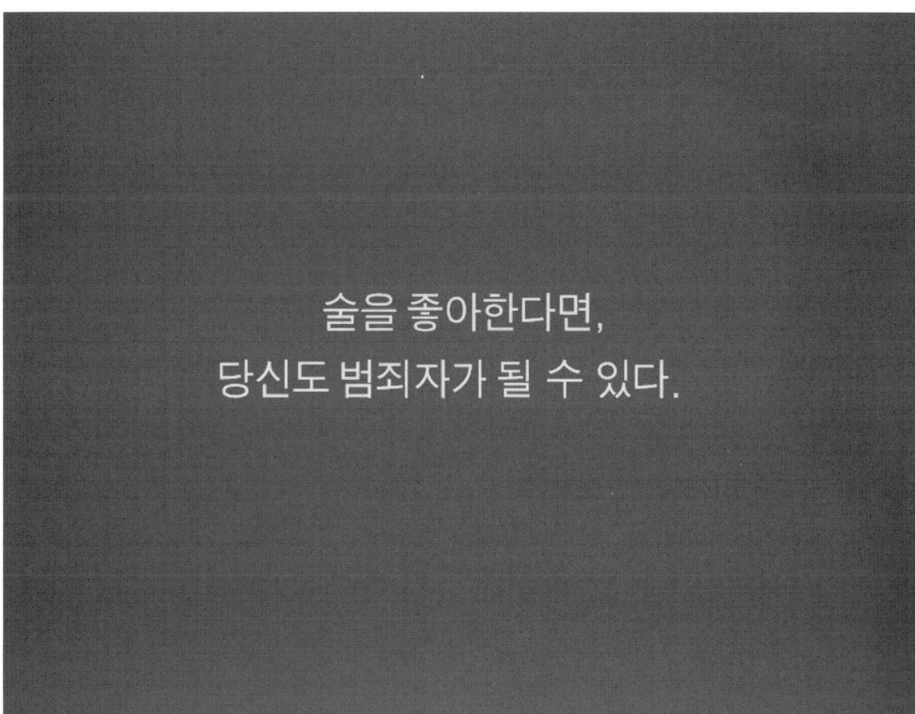
술을 좋아한다면,
당신도 범죄자가 될 수 있다.

공범자 편

살인자의 59%는
공범이 있습니다
189013
AKPHT 05 - 10 - 05

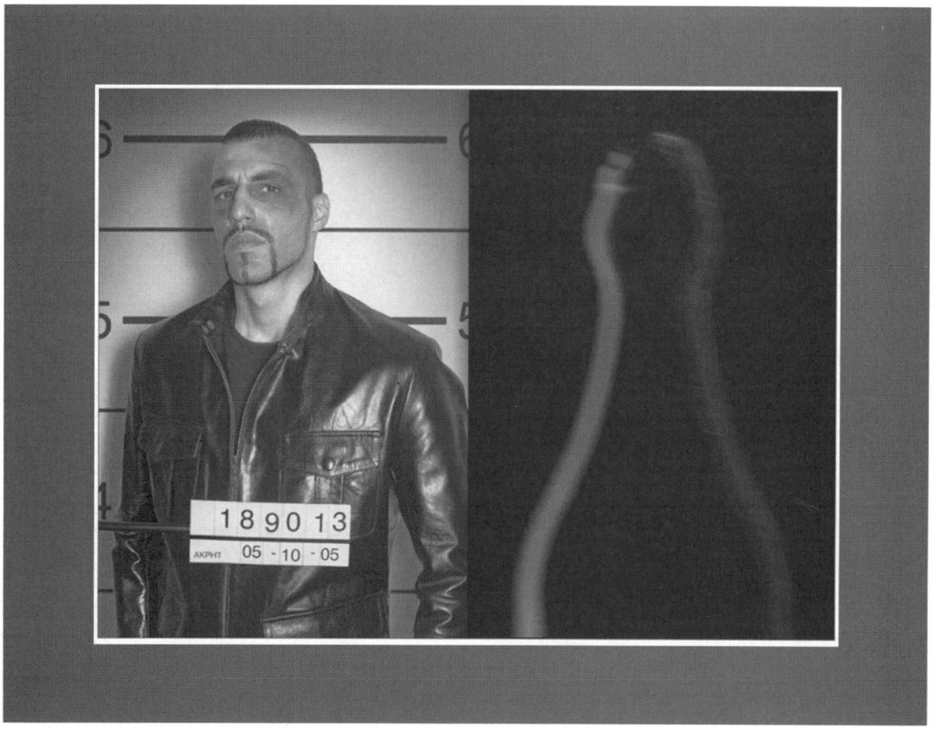
189013
AKPHT 05 - 10 - 05

폭력범의 71%는
공범이 있습니다

강간범의 50%는
공범이 있습니다

아동학대범의
71%는
공범이 있습니다

공범자는 바로
지나친 음주!
(살인사건 59%의 원인, 폭행사건 71%의 원인,
강간사건 50%의 원인, 아동학대 71% 의 원인은
모두 음주, 대한보건협회2007통계)

NA) 평범한 사람도 범죄자로 만드는 과음!

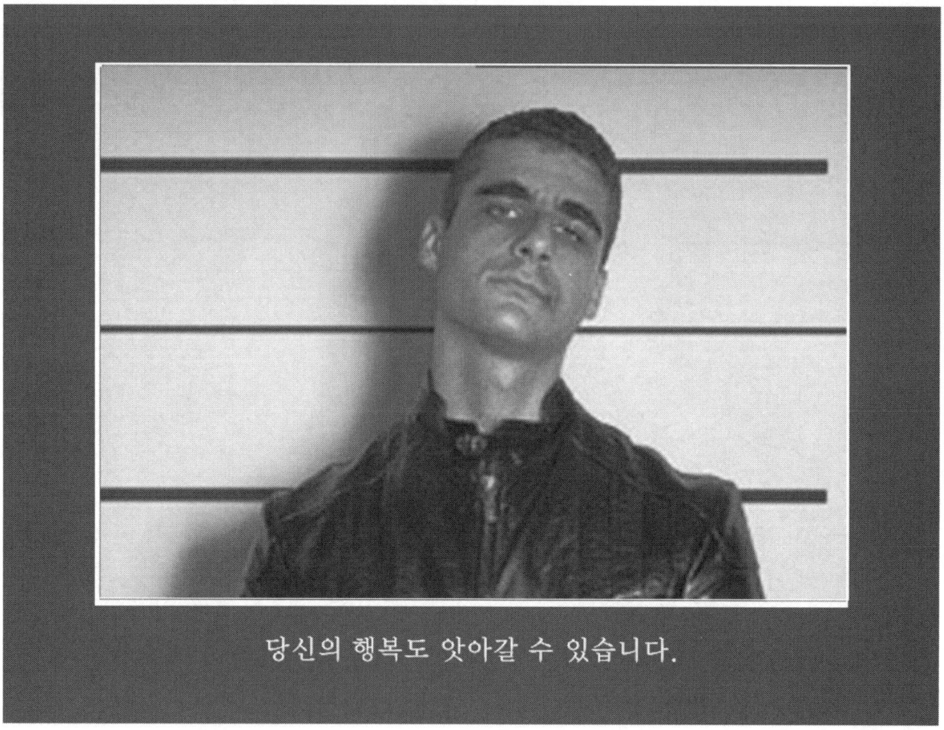
당신의 행복도 앗아갈 수 있습니다.

NA&자막) 과음 피해 없는 건강한 가족만들기!
파랑새 플랜 2010에 동참하세요.

과음 피해없는 건강한 가족만들기
파랑새 플랜 2010
보건복지부

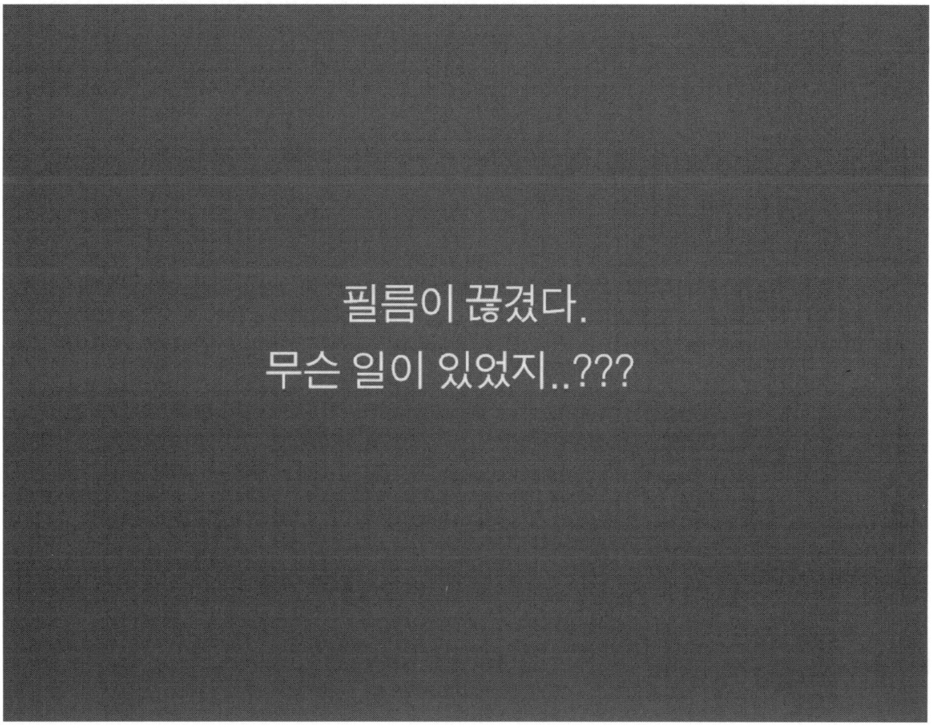
필름이 끊겼다.
무슨 일이 있었지..???

필름편

필름이 끊겼던 시간,
당신은 자신있습니까?

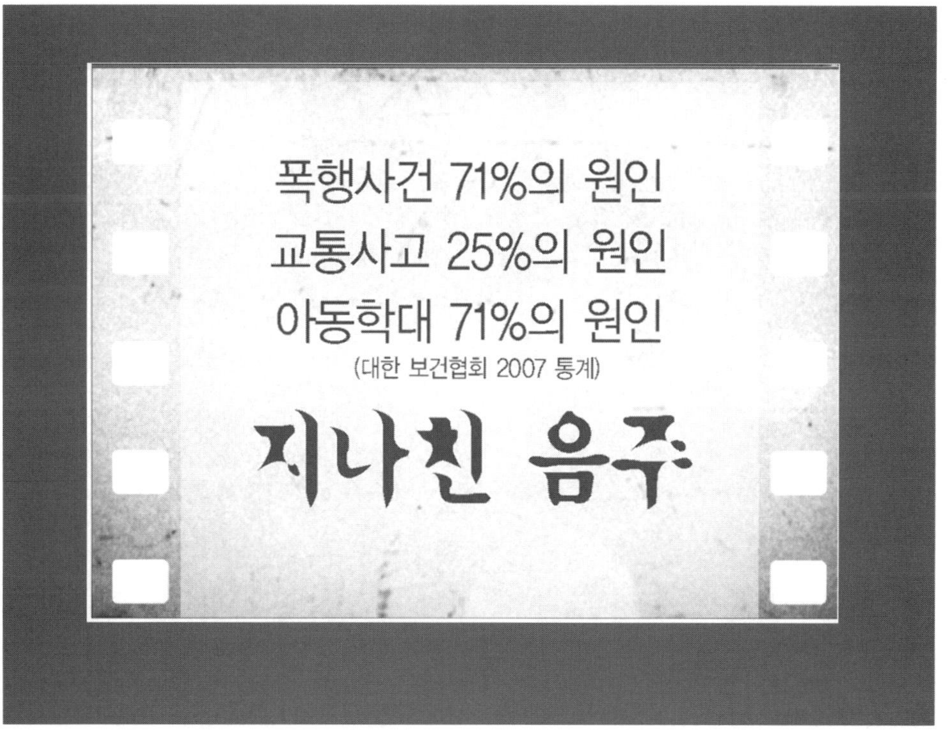
폭행사건 71%의 원인
교통사고 25%의 원인
아동학대 71%의 원인
(대한 보건협회 2007 통계)
지나친 음주

NA) 지나친 음주로 인한 위험! 바로 당신 자신의 책임입니다.

NA&자막)
과음 피해없는 건강한 가족만들기! **파랑새 플랜** 2010에 동창하세요.

과음 피해없는 건강한 가족만들기
파랑새 플랜 2010
보건복지부

www.mohw.go.kr
어제 밤 필름이 끊겼던 시간,
당신은 자신 있습니까?
과음 피해없는 건강한 가족만들기!
파랑새 플랜 2010에 동참하세요.
파랑새 플랜 2010
보건복지부

살인자의 59%
폭력범의 71%
강간범의 50%
아동학대범의 71%
이들에게는 모두 공범이 있습니다.

보건복지부
www.mohw.go.kr
음주는 모든 범죄의 공범입니다
평범한 사람도 범죄자로 만드는 과음!
당신의 행복도 앗아갈 수 있습니다.
과음 피해없는 건강한 가족만들기!
파랑새 플랜 2010에 동참하세요.
파랑새 플랜 2010

과음 피해없는 건강한 가족만들기
파랑새 플랜 2010
보건복지부
술은 즐기지만 술로 인한 실수는 용서되지 않는…
책임질 줄 아는 사회의 시작-
함께 만들어 가겠습니다

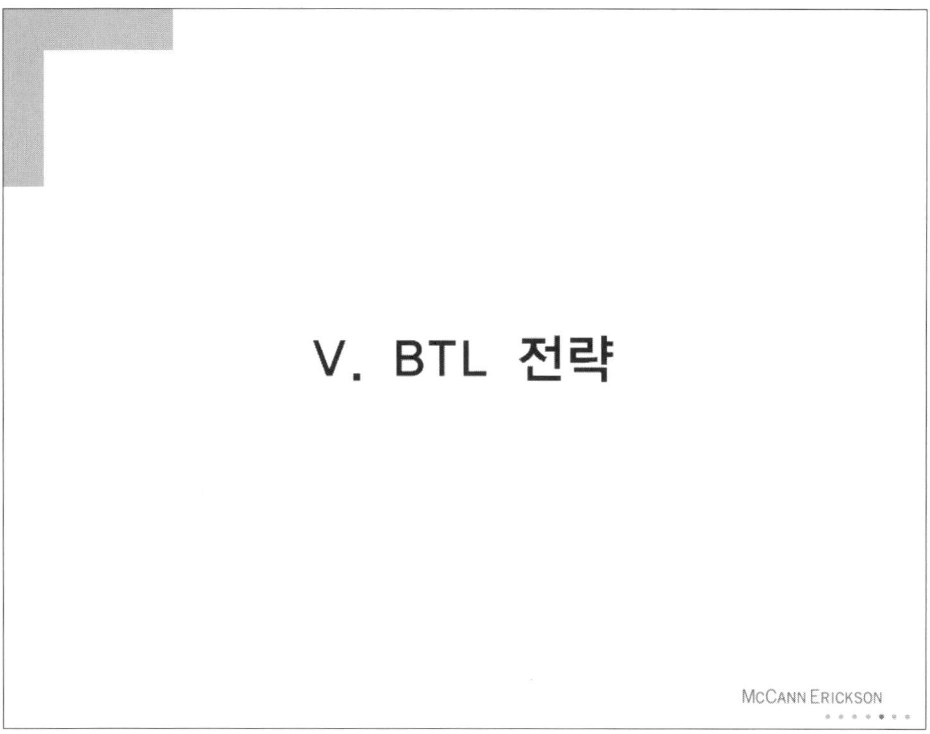
V. BTL 전략
McCANN ERICKSON

방송 프로그램 협찬
연예인 소속사 협찬

절주
파랑새의 약속

McCANN ERICKSON

프로그램 협찬 전략

Information
위협 소구 → Edutainment

음주자의 선택적 회피를 피하기 위해 위협 소구를 하는 다큐 프로그램보다는
엔터테인먼트 프로그램에 절주운동 꼭지를 구성하여 보다 광범위한 노출과 시청을 확보

1. 클린 점포, 청정street 만들기 캠페인
2. "책 읽기 캠페인" "문화제 반환" 캠페인과 유사한 형태의 공감 프로그램 구성
3. 직장방문, 학교방문 절주 캠페인
4. 유명 연예인 또는 아이돌 스타의 동참으로 실질적인 절주 효과 확보
5. 초기에는 연예인의 절주 모습에서 출발해서 일반인(학생, 여성, 장년층)으로 확대
6. 절주 배지 배포

대상 프로그램 : 알코올탈출 넘버원, 무한절주도전, 절주 1박2일

예산 (예상): 2 천만원 (편당)
* 예산은 편성 횟수 및 기간에 따라 변동 가능

McCANN ERICKSON

기존 캠페인 유지

음주청정지역

직장내 건전음주 서약
(파랑새의 약속)

McCANN ERICKSON

무한도전 - "무한절주도전"

무한 도전이 도전한다

5명의 남자들이 자신과
시청자들에게 파랑새의 약속을 한다

McCANN ERICKSON

1박2일 - "절주 1박2일"

1박2일과 함께하는

시청자들과 즐거운 약속을
떠나는 1박2일 팀!.

McCANN ERICKSON

연예인 소속사 협찬

설운도와 태진아와
함께 하는

몇 십 년 동안 실패 했던
애주가들이 시작했다

McCANN ERICKSON

기타 프로모션

MCCANN ERICKSON

칼라링

칼라링

저는 지금 파랑새와의 약속을
지키고 있는 중입니다
많이 응원해 주세요!

MCCANN ERICKSON

Online Promotion

〈Main Page〉

〈Event Page〉

McCANN ERICKSON

VI. Media 전략

McCANN ERICKSON

매체 운영 목표

1. 매스미디어를 통한 절주 광고의 노출 최대화

2. 뉴미디어를 활용하여 목표 타겟에 대한 노출 접점을 극대화

3. 캠페인 효과를 극대화 할 수 있는 집행 기간 제안 및 이에 대한 예산 분배

McCANN ERICKSON

Media Mix

신문광고

RD광고

TV

온라인광고

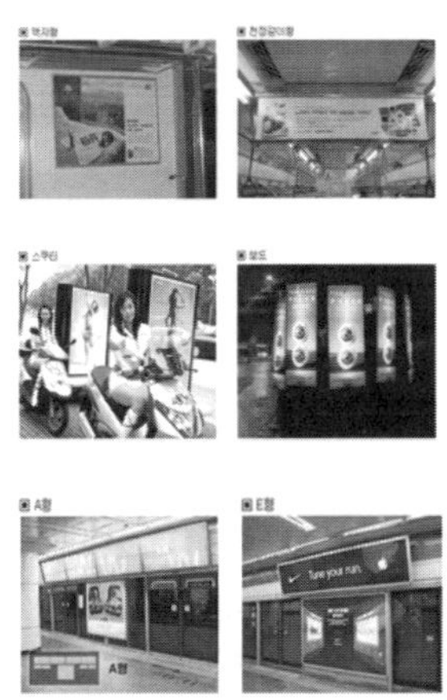

옥외광고

McCANN ERICKSON

Media Mix 및 역할

매체	효과 및 역할
공중파 TV	타겟 접촉률이 가장 높은 매체로 빠른 시간 내에 인지도 및 도달률 달성
라디오	공중파 TV에 대한 재인지를 강화 및 라이프 스타일을 고려한 노출을 통한 광고 효과 증대
신문	가격 효율성을 고려한 매체 선정 및 이를 통한 빠른 인지도 달성
옥외 광고	타겟들이 가장 많이 이용하는 교통매체 위주로 진행하거나 야외 활동이 낮은 기간에 독특한 매체로 관심 유발
온라인 광고	타겟의 사용률이 제일 높은 매체로 유저의 참여를 이끌어 웹사이트를 통하여 건강 관련 자세한 정보를 전달할 수 있음

MCCANN ERICKSON

Media Scheduling Guideline

TV
한정된 예산을 고려하여,
광고시청률과 광고 주목도가 높은 시간대를 중심으로 집중 노출

RD광고
특정시간대에 반복적으로 노출시킴으로써
광고에 대한 인지도를 유지시키는 역할을 함

신문광고
방송매체에 비해 좀 더 자세한 정보를 전달하는데 효과적인 매체로
가격효율성이 높은 무가지 신문을 중심으로 매체 집행

옥외광고
타겟들의 생활동선을 고려하고 유동 인구가 많은 지역을
중심으로 선정 및 집행

온라인광고
타겟들의 주요 이용목적인 정보검색/뉴스에 맞는 사이트를 활용,
노출하여 도달을 극대화

MCCANN ERICKSON

Media Scheduling 및 Budget

단위:천원

미디어	5월	6월	7월	합계
공중파 TV	500,000			500,000
라디오	50,000	50,000		100,000
무가지	25,000	25,000		50,000
온라인	50,000	50,000		100,000
옥외 (지하철, 스쿠어, 보드)		50,000	50,000	100,000
합계	**625,000**	**175,000**	**50,000**	**850,000**

McCANN ERICKSON

권리를 주장하기 전에 의무를 실천해야 하듯이

음주를 즐기기 전에 책임질 줄 아는 음주문화의 길을 알리고

국민들을 '파랑새 2010 플랜'에 **동참**시킴으로써

'건강한 국민, 행복한 가정'을 **함께 만들겠습니다**

McCANN ERICKSON

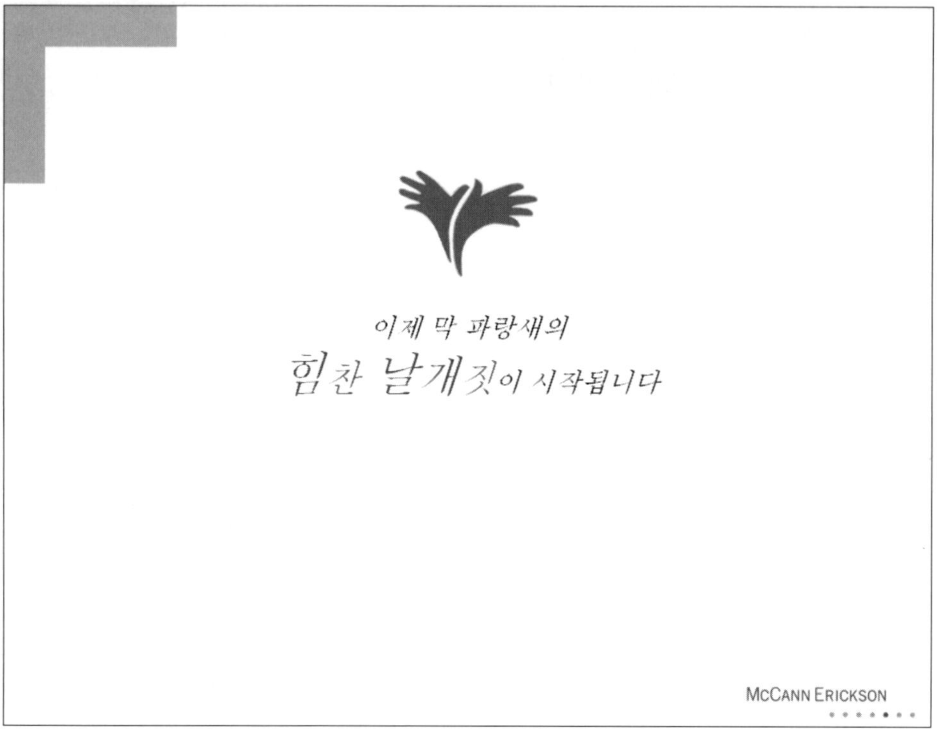
이제 막 파랑새의
힘찬 날개짓이 시작됩니다
McCANN ERICKSON

〈부록: 성공 사례 3〉

AIDS 캠페인

(질병관리본부, 2009)

Introduce McCann

2009년 기준, 전세계
통합 에이전시 순위 1위,
국내 대행사 순위 12위
통합 마케팅 에이전시

2009 Agency Ranking

	Agency	
1.	Cheil worldwide	2,671,000
2.	innocean	842,243
3.	hs ad	533,620
4.	daehong	383,359
5.	tbwa	382,933
6.	publicis welcomm	184,836
7.	oricom	168,226
8.	hancom	163,678
9.	sk marketing & company	153,100
10.	phoenix	149,724
11.	lee & ddb	111,215
12.	mccann worldgroup	110,411

unit : mil won source : korea federation of advertising associations

IMC 지원이 가능한
115명의 전문가 그룹
및 헬스커뮤니케이션 조직
특화

Members

MHC	Media Planner /Buyer	MRM	Erickson	Creative	MOM	Finance
34명	25명	7명	14명	16명	5명	14명

McCANN HEALTHCARE WORLDWIDE

캠페인 목적

2010 에이즈 캠페인

10대 ~ 40대 사회 활동 층을 대상으로 에이즈 바로 알리기
에이즈에 대한 올바른 지식수준 향상으로 질병에 대한 잘못된 오해를 해소
대국민 에이즈 캠페인 전개를 통해 에이즈 예방 태도 강화
에이즈에 대한 이해와 배려, 관심을 유도하여 감염인에 대한 편견 해소

**에이즈에 대한 올바른 지식전달을 통해
에이즈 예방과 대국민 지식수준 향상**

McCANN HEALTHCARE WORLDWIDE

캠페인 목표

Disease
PERCEPTION

죽음에 이르는 두려운 질병
완치 불가능한 질병

Disease
AMBITION

잘 알고 대처하면 예방할 수 있는 질병
관리가 가능한 질병

McCANN HEALTHCARE WORLDWIDE

AIDS 감염 현황

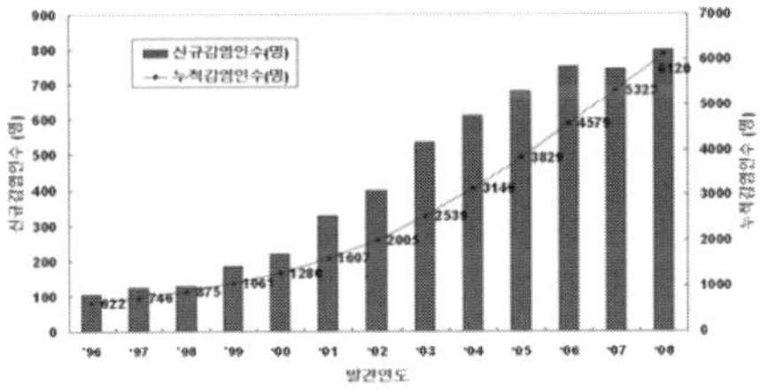

연도별 내국인 HIV감염 발견현황(1996~2008) ×1986~1995 : 517명

구분	계	'85~'95	'96	'97	'98	'99	'00	'01	'02	'03	'04	'05	'06	'07	'08
계	6,120	517	105	124	129	186	219	327	398	534	610	680	750	744	797
남성	5,604	453	93	107	111	160	194	292	363	502	557	640	688	701	743
여성	516	64	12	17	18	26	25	35	35	32	53	40	62	43	54
전년대비 증가율(%)			-1.9	18.1	4.0	44.2	17.7	49.3	21.7	34.2	14.2	11.5	10.3	-0.8	7.1

2008년 신규 HIV감염 내국인 성별.연령별 현황

구 분	계		남자		여자	
	감염인수	백분율(%)	감염인수	백분율(%)	감염인수	백분율(%)
계	797	100.0	743	100.0	54	100.0
10~19	20	2.5	20	2.7	0	0.0
20~29	154	19.3	140	18.8	14	25.9
30~39	207	26.0	194	26.1	13	24.1
40~49	223	28.0	216	29.1	7	13.0
50~59	137	17.2	122	16.4	15	27.8
60세 이상	56	7.0	51	6.9	5	9.2

자료 : 한국에이즈정보센터 ※ 발견 당시 연령(만연령)

HIV감염인수는 여전히 증가 추세.

2008년 HIV 감염인

6,120명

신규 감염인은 20~40대가

70% 이상!!

McCANN HEALTHCARE WORLDWIDE

AIDS에 대한 차별의식

국가별 에이즈에 대한 차별의식 비교 결과

	미국	영국	프랑스	한국	
	1999년	2006년	1992년	2007년	2008년
가족에서 추방	-	-	-	24.3	23.7
직장에서 추방	18.6	8.0	-	26.7	30.0
자녀와 같은 학교 불가	14.9	-	20.7	44.4	44.6
사회적 격리 필요	-	-	5.6	36.5	41.5

에이즈에 대한 차별의식

질문문항	예	아니오
당신의 자녀가(없을 경우 '있다'고 가정) 에이즈 감염인과 같은 학교에 다니도록 허용하시겠습니까?	24.0%	51.8%
같은 병원, 같은 층에 에이즈 환자가 입원해 있다면 당신은 이 병동에 입원하시겠습니까?	24.8%	56.9%
에이즈 감염인과 같은 직장에 다닌다면 쫓아내야 됩니까?	15.5%	57.4%
에이즈 감염인은 다른 사람과 격리시켜 수용시설에 보내야 합니까?	40.2%	40.5%
당신은 에이즈 감염인과 식사를 함께할 수 있습니까?	32.9%	44.1%
당신의 가족 중에 에이즈 감염인이 생긴다면 집에서 함께 지내실 수 있습니까?	49.9%	26.9%
같은 동네에 에이즈 감염인이 있다면 같이 어울려 살 수 있습니까?	49.9%	26.9%

(2005 서울대학교 보건대학원 「에이즈에 대한 지식 태도, 신념 및 행태조사」)

다른 나라에 비해
감염인에 대한
차별이 심각!!

McCANN HEALTHCARE WORLDWIDE

AIDS 감염인들의 어려움

HIV 감염인으로서 일상 삶에서의 가장 큰 어려움	전체(n=358명)	2005 실태조사결과(n=248명)
가족들로부터의 외면	18(5.0)	24(9.7)
주변인으로부터의 차별과 소외	8(2.2)	6(2.4)
HIV 감염인과 관련한 대중매체에서의 자극적인 보도	**23(6.4)**	**14(5.7)**
직장을 잃을까 하는 걱정	23(6.4)	22(8.9)
경제적 곤란	95(26.5)	66(26.6)
건강악화에 대한 불안감	57(15.9)	44(17.7)
감염 사실이 주위에 알려질까 하는 걱정	90(25.1)	31(12.5)
의료기관에서의 냉대와 차별	1(0.3)	7(2.8)
의료기관 이용의 불편	4(1.1)	4(1.6)
항바이러스약 복용의 불편	4(1.1)	3(1.2)
항바이러스약의 부작용으로 인한 고통	4(1.1)	3(1.2)
나로 인한 가족의 고통	12(3.4)	12(4.8)
나 스스로에 대한 자책감	17(4.8)	12(4.8)
기타	2(0.6)	-

자료 에이즈감염인의 생활 및 지원실태조사 (2009)

감염 사실이 주위에 알려질까 하는 걱정 25.1%
HIV 감염인과 관련된 대중 매체에서의 자극적인 보도6.4%
직장을 잃을까 하는 걱정 6.4%
가족들로부터의 외면 5.0%

주변인들로 인해 느끼는 어려움
46.5%

McCANN HEALTHCARE WORLDWIDE

AIDS의 잘못된 지식으로..

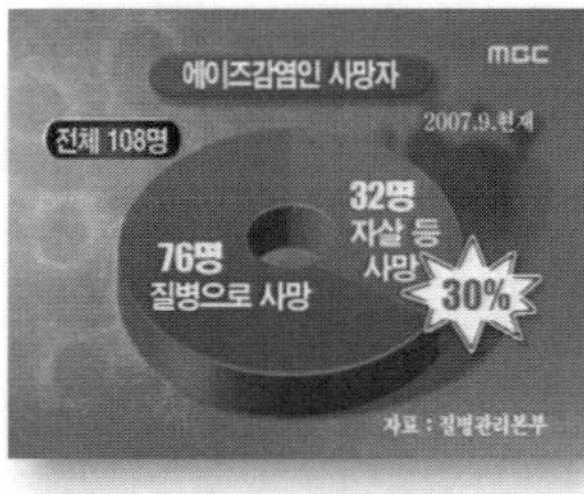

감염인들은 결국..

자살까지 이어짐!!

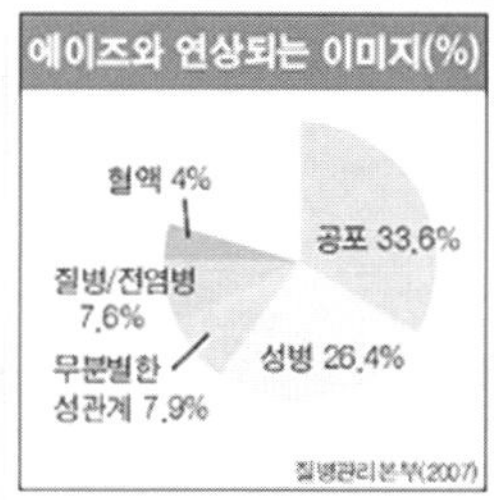

또한..

에이즈에 대한

부정적 이미지를 만듬!!

McCANN HEALTHCARE WORLDWIDE

언론에서는..

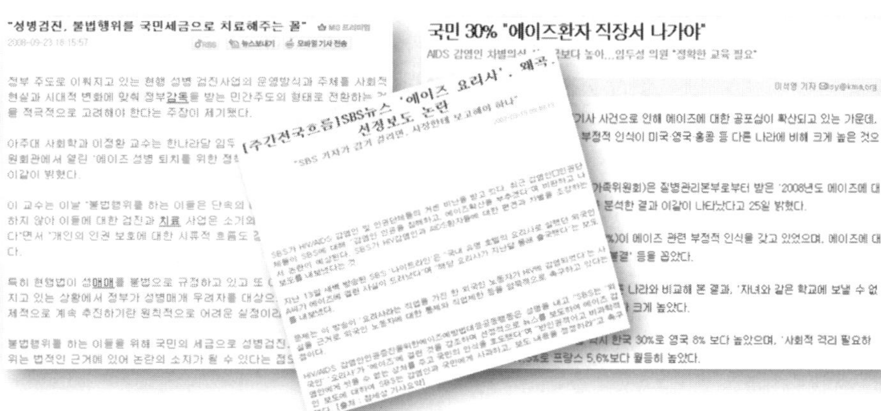

AIDS에 대한..

부정적 기사로 ***위기감***과 ***불안감*** 조성

McCANN HEALTHCARE WORLDWIDE

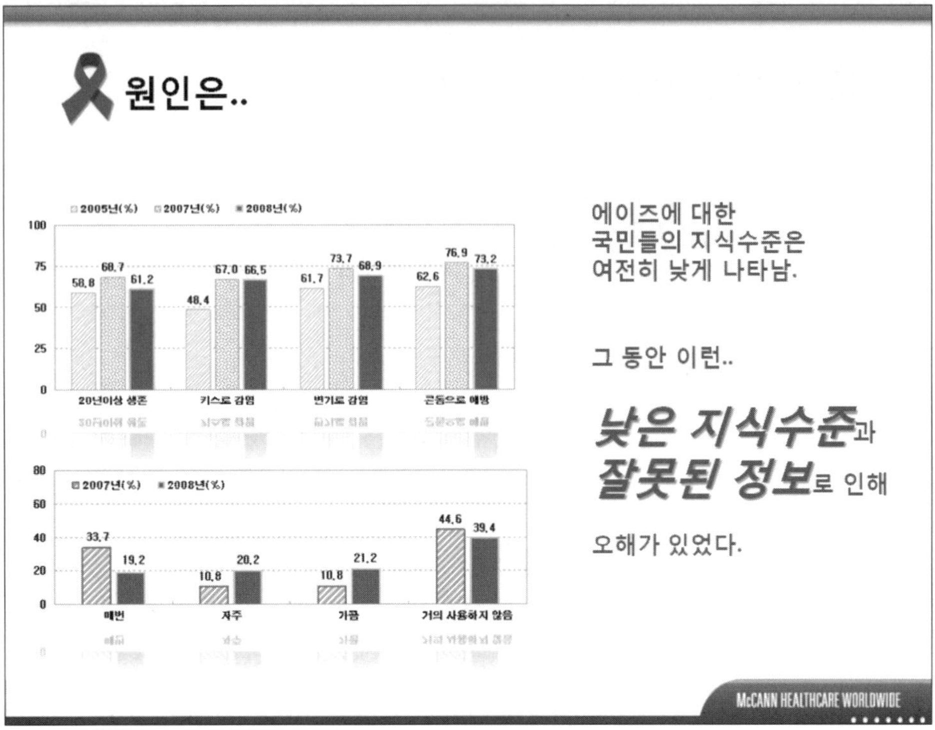
원인은..
2005년(%) 2007년(%) 2008년(%)
100
75
50
25
0
58.8 68.7 61.2
48.4 67.0 66.5
61.7 73.7 68.9
62.6 76.9 73.2
20년이상 생존
키스로 감염
변기로 감염
콘돔으로 예방
80
60
40
20
0
2007년(%) 2008년(%)
33.7 19.2
10.8 20.2
10.8 21.2
44.6 39.4
매번
자주
가끔
거의 사용하지 않음
에이즈에 대한
국민들의 지식수준은
여전히 낮게 나타남.
그 동안 이런..
낮은 지식수준과
잘못된 정보로 인해
오해가 있었다.
McCANN HEALTHCARE WORLDWIDE

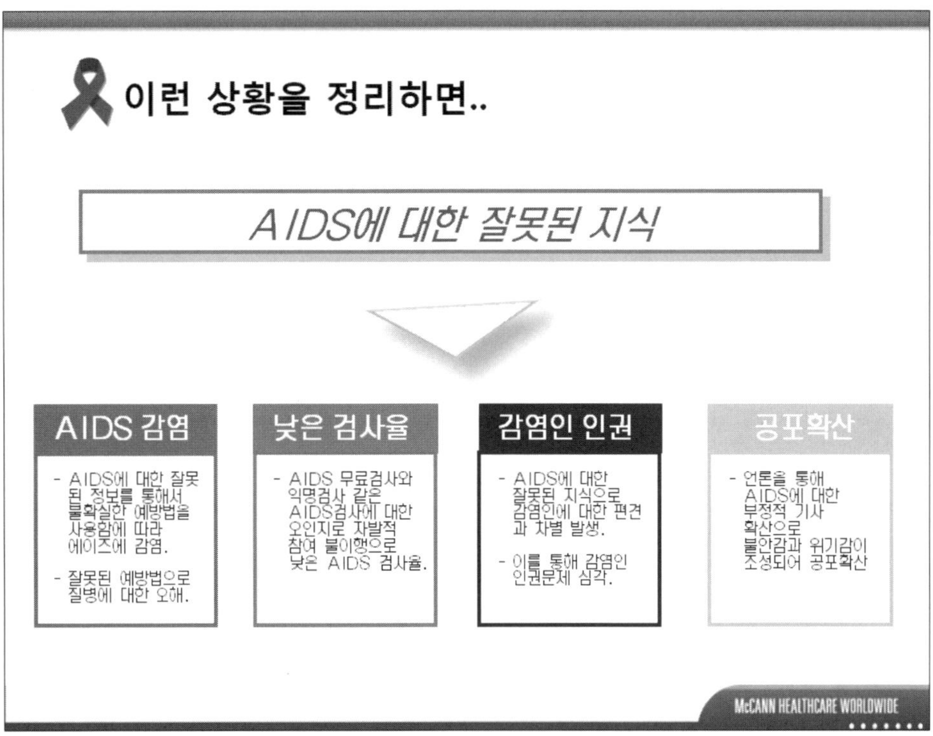
이런 상황을 정리하면..
AIDS에 대한 잘못된 지식
AIDS 감염
- AIDS에 대한 잘못된 정보를 통해서 불확실한 예방법을 사용함에 따라 에이즈에 감염.
- 잘못된 예방법으로 질병에 대한 오해.
낮은 검사율
- AIDS 무료검사와 익명검사 같은 AIDS검사에 대한 오인지로 자발적 참여 불이행으로 낮은 AIDS 검사율.
감염인 인권
- AIDS에 대한 잘못된 지식으로 감염인에 대한 편견과 차별 발생.
- 이를 통해 감염인 인권문제 심각.
공포확산
- 언론을 통해 AIDS에 대한 부정적 기사 확산으로 불안감과 위기감이 조성되어 공포확산
McCANN HEALTHCARE WORLDWIDE

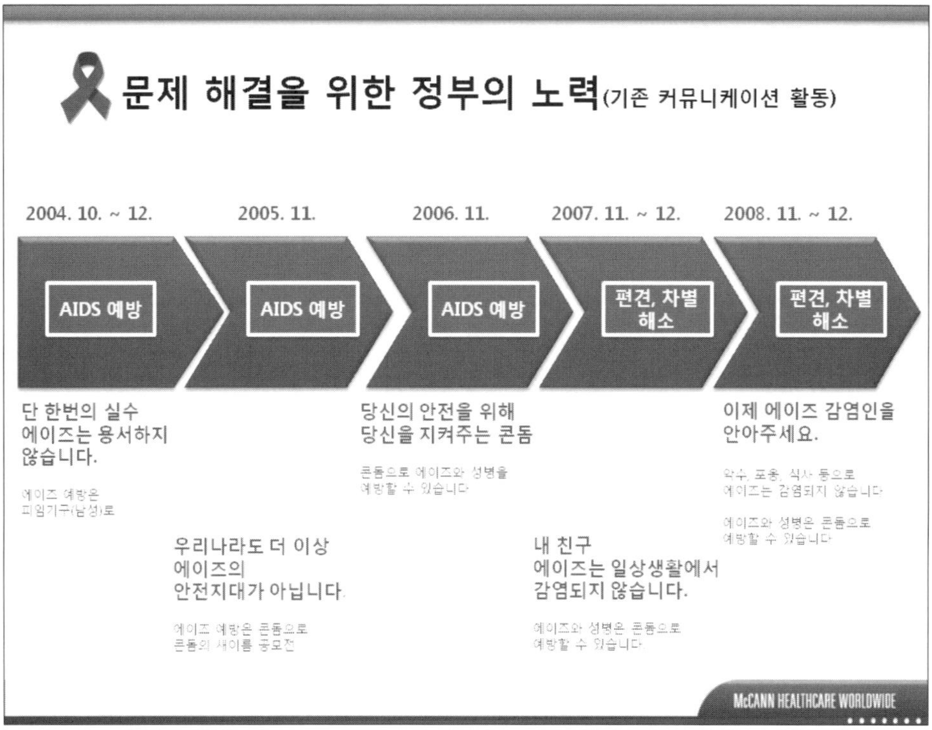
문제 해결을 위한 정부의 노력(기존 커뮤니케이션 활동)
2004. 10. ~ 12.
2005. 11.
2006. 11.
2007. 11. ~ 12.
2008. 11. ~ 12.
AIDS 예방
AIDS 예방
AIDS 예방
편견, 차별 해소
편견, 차별 해소
단 한번의 실수 에이즈는 용서하지 않습니다.
에이즈 예방은 피임기구(남성)로
우리나라도 더 이상 에이즈의 안전지대가 아닙니다.
에이즈 예방은 콘돔으로 콘돔의 새이름 공모전
당신의 안전을 위해 당신을 지켜주는 콘돔
콘돔으로 에이즈와 성병을 예방할 수 있습니다
내 친구 에이즈는 일상생활에서 감염되지 않습니다.
에이즈와 성병은 콘돔으로 예방할 수 있습니다
이제 에이즈 감염인을 안아주세요.
악수, 포옹, 식사 등으로 에이즈는 감염되지 않습니다
에이즈와 성병은 콘돔으로 예방할 수 있습니다
McCANN HEALTHCARE WORLDWIDE

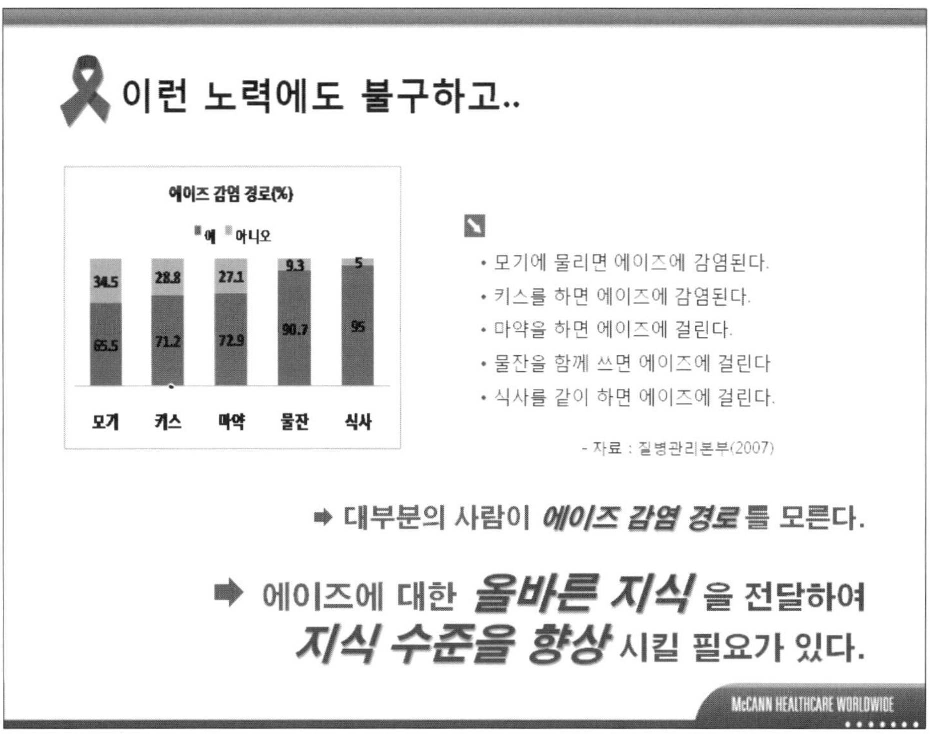
이런 노력에도 불구하고..
에이즈 감염 경로(%)
예 아니오
모기 65.5 34.5
키스 71.2 28.8
마약 72.9 27.1
물잔 90.7 9.3
식사 95 5
• 모기에 물리면 에이즈에 감염된다.
• 키스를 하면 에이즈에 감염된다.
• 마약을 하면 에이즈에 걸린다.
• 물잔을 함께 쓰면 에이즈에 걸린다
• 식사를 같이 하면 에이즈에 걸린다.
- 자료 : 질병관리본부(2007)
➡ 대부분의 사람이 에이즈 감염 경로를 모른다.
➡ 에이즈에 대한 올바른 지식을 전달하여 지식 수준을 향상시킬 필요가 있다.
McCANN HEALTHCARE WORLDWIDE

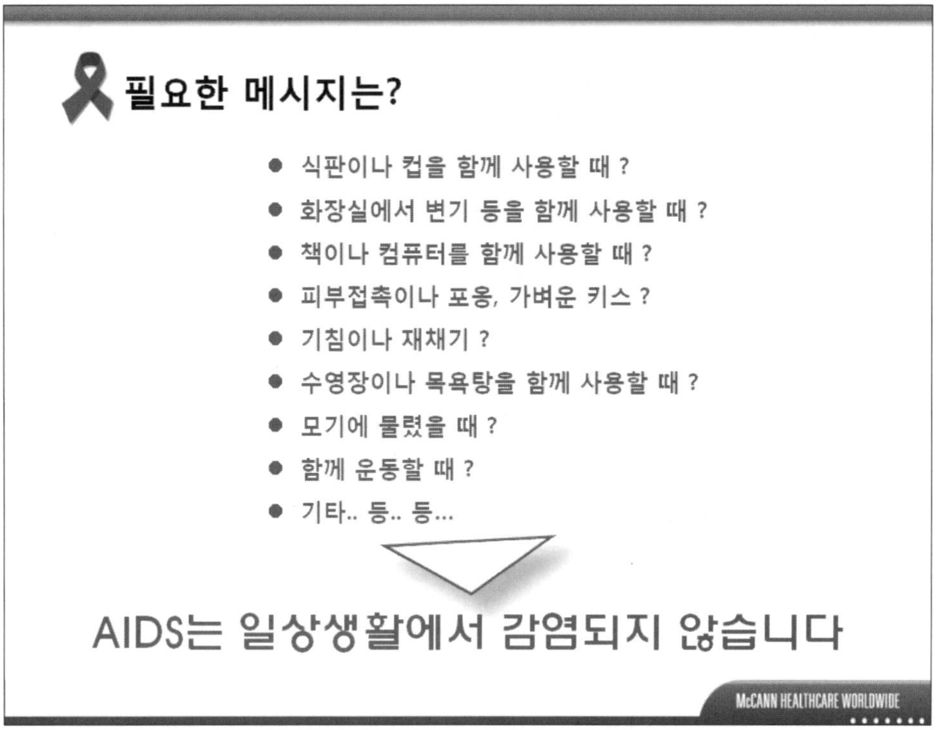
필요한 메시지는?
식판이나 컵을 함께 사용할 때 ?
화장실에서 변기 등을 함께 사용할 때 ?
책이나 컴퓨터를 함께 사용할 때 ?
피부접촉이나 포옹, 가벼운 키스 ?
기침이나 재채기 ?
수영장이나 목욕탕을 함께 사용할 때 ?
모기에 물렸을 때 ?
함께 운동할 때 ?
기타.. 등.. 등...
AIDS는 일상생활에서 감염되지 않습니다
McCANN HEALTHCARE WORLDWIDE

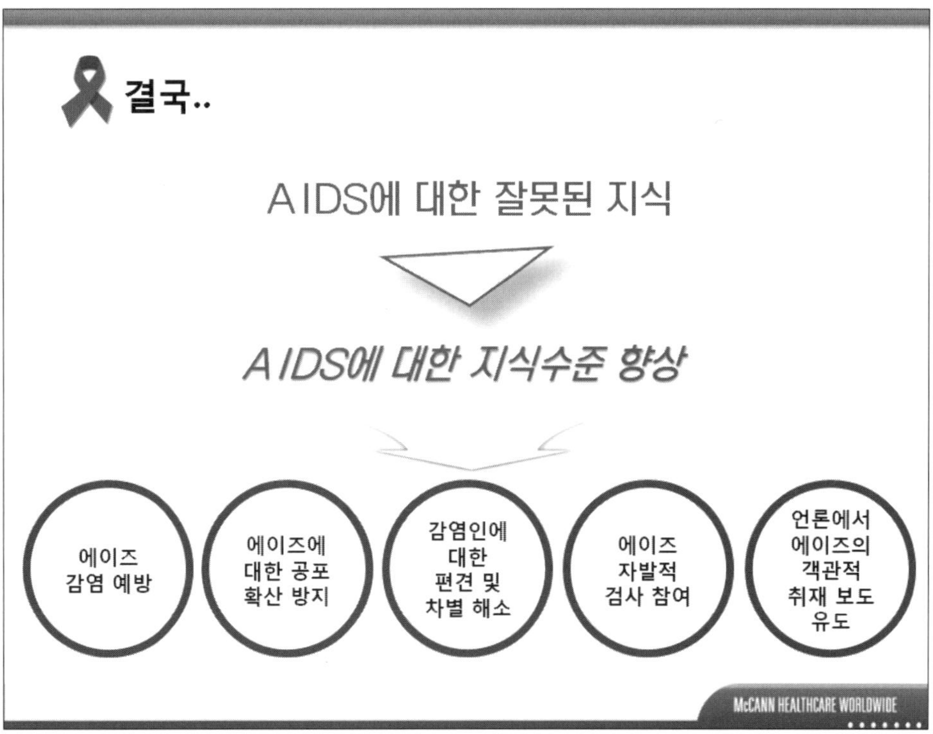
결국..
AIDS에 대한 잘못된 지식
AIDS에 대한 지식수준 향상
에이즈 감염 예방
에이즈에 대한 공포 확산 방지
감염인에 대한 편견 및 차별 해소
에이즈 자발적 검사 참여
언론에서 에이즈의 객관적 취재 보도 유도
McCANN HEALTHCARE WORLDWIDE

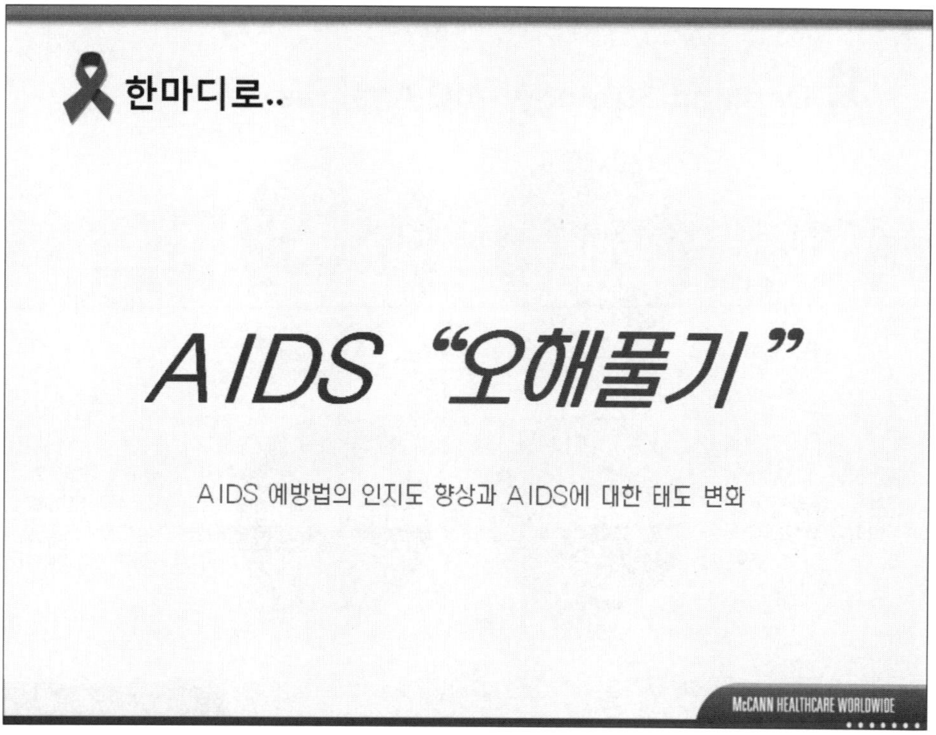
한마디로..
AIDS "오해풀기"
AIDS 예방법의 인지도 향상과 AIDS에 대한 태도 변화
McCANN HEALTHCARE WORLDWIDE

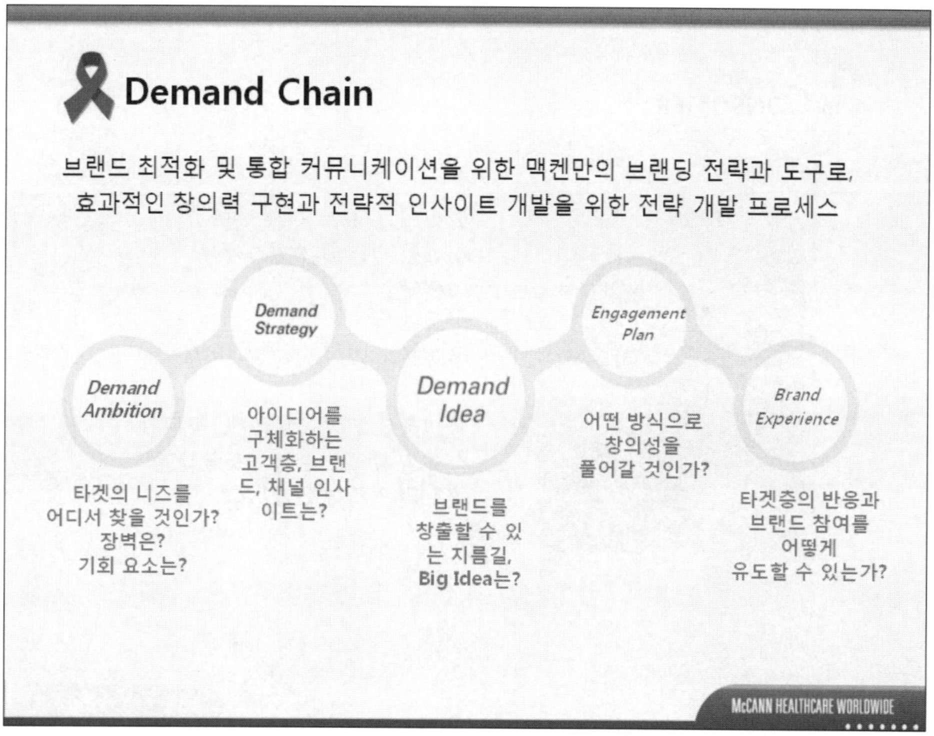
Demand Chain
브랜드 최적화 및 통합 커뮤니케이션을 위한 맥켄만의 브랜딩 전략과 도구로,
효과적인 창의력 구현과 전략적 인사이트 개발을 위한 전략 개발 프로세스
Demand Ambition
타겟의 니즈를 어디서 찾을 것인가? 장벽은? 기회 요소는?
Demand Strategy
아이디어를 구체화하는 고객층, 브랜드, 채널 인사이트는?
Demand Idea
브랜드를 창출할 수 있는 지름길, Big Idea는?
Engagement Plan
어떤 방식으로 창의성을 풀어갈 것인가?
Brand Experience
타겟층의 반응과 브랜드 참여를 어떻게 유도할 수 있는가?
McCANN HEALTHCARE WORLDWIDE

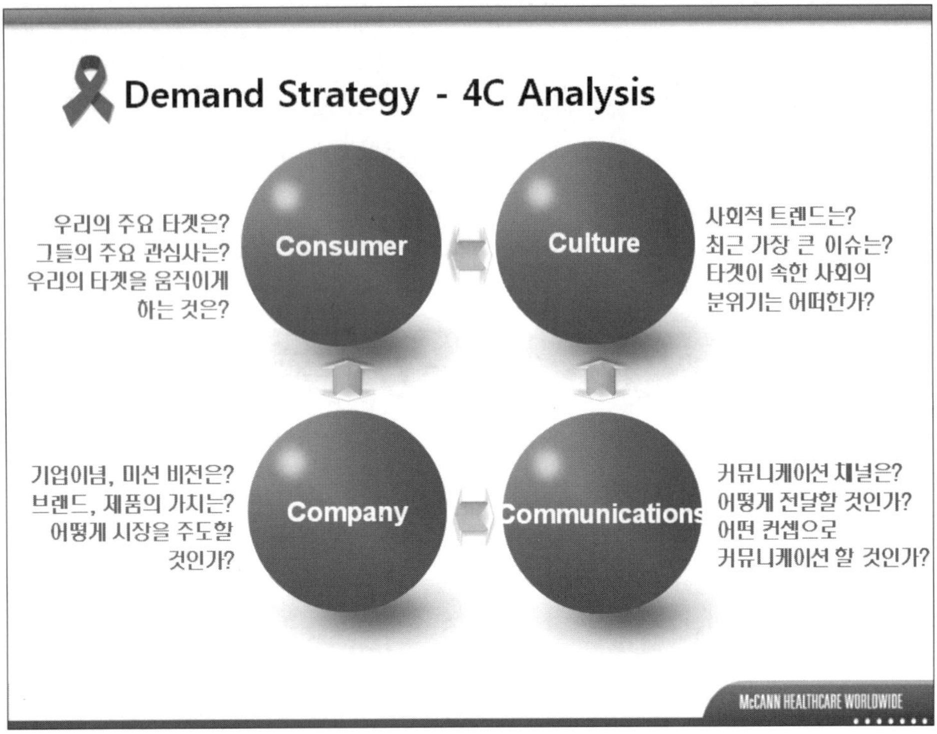
Demand Strategy - 4C Analysis
우리의 주요 타겟은?
그들의 주요 관심사는?
우리의 타겟을 움직이게
하는 것은?
Consumer
Culture
사회적 트렌드는?
최근 가장 큰 이슈는?
타겟이 속한 사회의
분위기는 어떠한가?
기업이념, 미션 비전은?
브랜드, 제품의 가치는?
어떻게 시장을 주도할
것인가?
Company
Communications
커뮤니케이션 채널은?
어떻게 전달할 것인가?
어떤 컨셉으로
커뮤니케이션 할 것인가?
McCANN HEALTHCARE WORLDWIDE

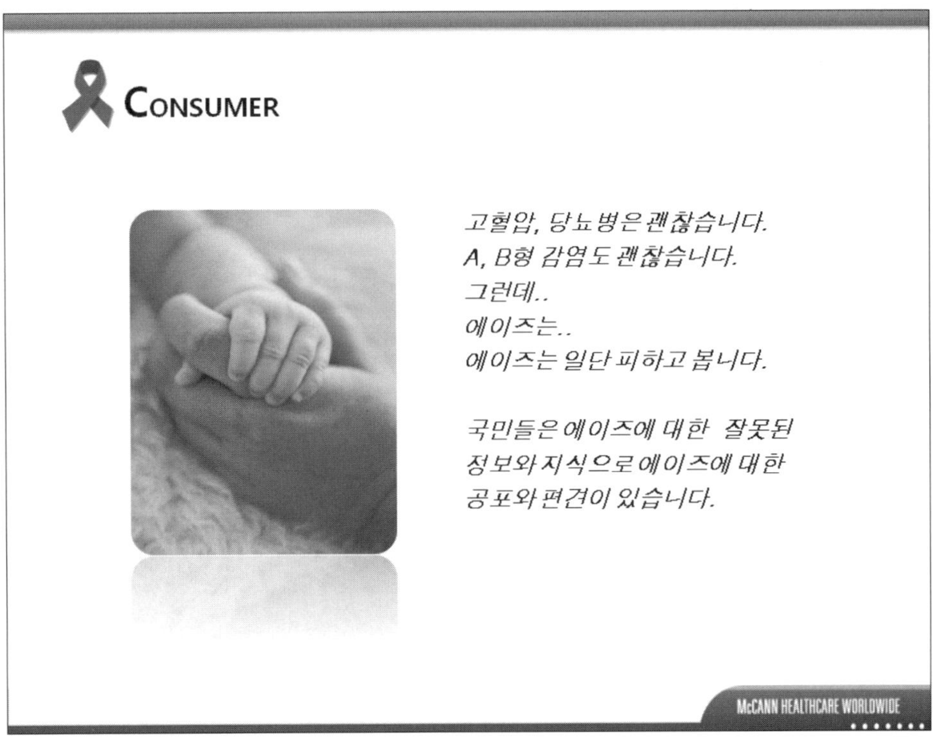
CONSUMER
고혈압, 당뇨병은 괜찮습니다.
A, B형 감염도 괜찮습니다.
그런데..
에이즈는..
에이즈는 일단 피하고 봅니다.
국민들은 에이즈에 대한 잘못된
정보와 지식으로 에이즈에 대한
공포와 편견이 있습니다.
McCANN HEALTHCARE WORLDWIDE

COMPANY

에이즈 예방과 감염인에 대한 편견
해소를 위해 많은 노력을 하고
있습니다.

에이즈는 잘 알고 대처하면 예방할 수
있습니다.

결국..
에이즈에 대한 올바른 지식을
전달하기 위해 더 많은 노력이
필요하다.

McCANN HEALTHCARE WORLDWIDE

CULTURE

계속해서 에이즈에 대한 부정적인
기사가 나오고 있습니다.
또한.. 계속해서 에이즈에 대한
사건들이 발생되고 있습니다.

에이즈에 대한 불안감이 사회적으로
대두되어 에이즈에 대한 인식이
부정적으로 형성되고 있습니다.

McCANN HEALTHCARE WORLDWIDE

COMMUNICATION

에이즈.. 그 동안 우리들의 잘못된
정보와 지식으로 무서운 질병으로만
인식되어 왔습니다.
그러나.. 에이즈는 더 이상 불치병이
아니고, 음지의 질병이 아닙니다.

잘 알고 대처하면 확실히 예방할 수 있고,
뽀뽀해도, 포옹해도, 안아줘도, 악수해도,
절대 일상생활에서 감염되지 않는
질병입니다.

McCANN HEALTHCARE WORLDWIDE

DEMAND IDEA

HUG AIDS
에이즈! 아는 만큼 세상은 더 건강해집니다.

에이즈와 성병은 콘돔으로 예방할 수 있습니다.
보건복지가족부 질병관리본부

계속해서 에이즈에 대한 문제가
일어나는 이유는 단 한가지!!
바로 에이즈에 대한 잘못된 정보와
잘못된 지식 때문입니다.

Hug AIDS로 에이즈에 대한 관심을
유발시켜, 에이즈에 대한 지식수준을
높임으로, 에이즈 예방과 감염인에 대한
편견까지도 없앨 수 있습니다.

McCANN HEALTHCARE WORLDWIDE

Theme
HUG AIDS
에이즈! 아는 만큼 세상은 더 건강해집니다.
에이즈와 성병은 콘돔으로 예방할 수 있습니다.
보건복지가족부
질병관리본부
2008
이제 에이즈 감염인을
안아주세요!
2009
에이즈! 아는 만큼
세상은 더 건강해집니다.
Hug AIDS를 통해
일반인들의 지식수준을 향상시킴으로 AIDS 예방과
AIDS 캠페인을 확대로 전국민 참여를 유도
McCANN HEALTHCARE WORLDWIDE

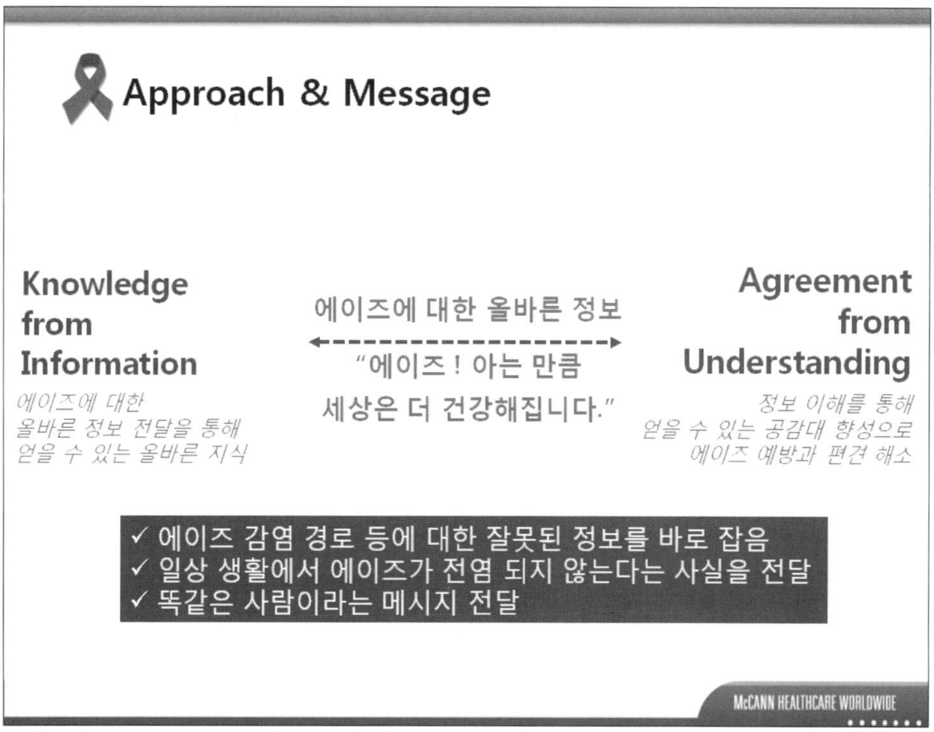
Approach & Message
Knowledge
from
Information
에이즈에 대한
올바른 정보 전달을 통해
얻을 수 있는 올바른 지식
에이즈에 대한 올바른 정보
"에이즈! 아는 만큼
세상은 더 건강해집니다."
Agreement
from
Understanding
정보 이해를 통해
얻을 수 있는 공감대 향성으로
에이즈 예방과 편견 해소
✓ 에이즈 감염 경로 등에 대한 잘못된 정보를 바로 잡음
✓ 일상 생활에서 에이즈가 전염 되지 않는다는 사실을 전달
✓ 똑같은 사람이라는 메시지 전달
McCANN HEALTHCARE WORLDWIDE

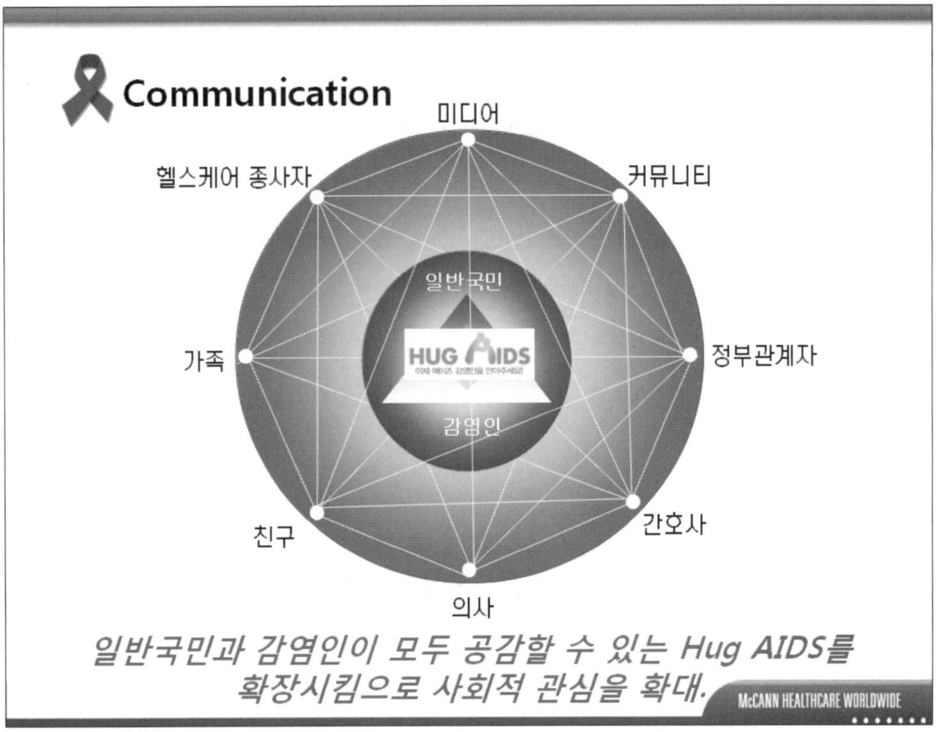
Communication
미디어
커뮤니티
정부관계자
간호사
의사
친구
가족
헬스케어 종사자
일반국민
HUG AIDS
감염인
일반국민과 감염인이 모두 공감할 수 있는 Hug AIDS를
확장시킴으로 사회적 관심을 확대.
McCANN HEALTHCARE WORLDWIDE

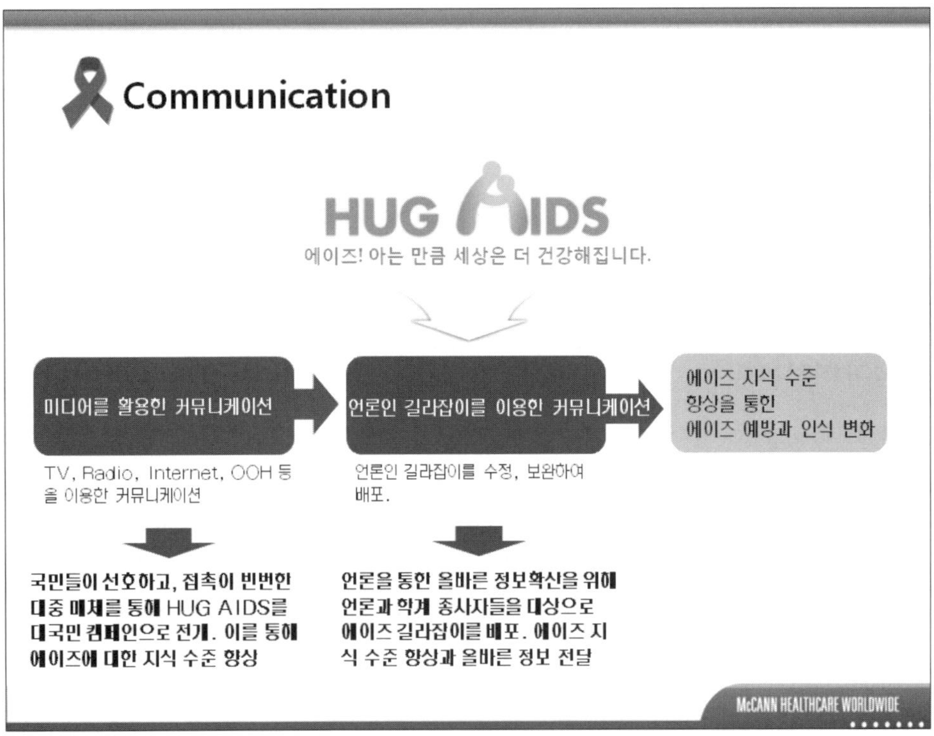
Communication
HUG AIDS
에이즈! 아는 만큼 세상은 더 건강해집니다.
미디어를 활용한 커뮤니케이션
언론인 길라잡이를 이용한 커뮤니케이션
에이즈 지식 수준
향상을 통한
에이즈 예방과 인식 변화
TV, Radio, Internet, OOH 등
을 이용한 커뮤니케이션
언론인 길라잡이를 수정, 보완하여
배포.
국민들이 선호하고, 접촉이 빈번한
대중 매체를 통해 HUG AIDS를
대국민 캠페인으로 전개. 이를 통해
에이즈에 대한 지식 수준 향상
언론을 통한 올바른 정보확산을 위해
언론과 학계 종사자들을 대상으로
에이즈 길라잡이를 배포. 에이즈 지
식 수준 향상과 올바른 정보 전달
McCANN HEALTHCARE WORLDWIDE

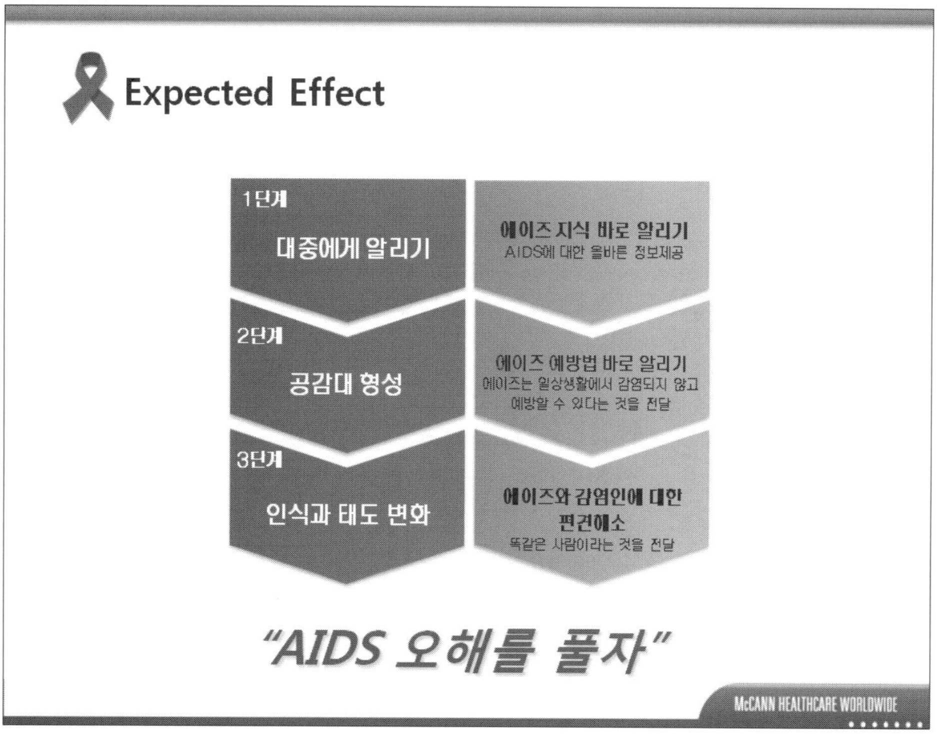
Expected Effect
1단계
대중에게 알리기
에이즈 지식 바로 알리기
AIDS에 대한 올바른 정보제공
2단계
공감대 형성
에이즈 예방법 바로 알리기
에이즈는 일상생활에서 감염되지 않고
예방할 수 있다는 것을 전달
3단계
인식과 태도 변화
에이즈와 감염인에 대한
편견해소
똑같은 사람이라는 것을 전달
"AIDS 오해를 풀자"
McCANN HEALTHCARE WORLDWIDE

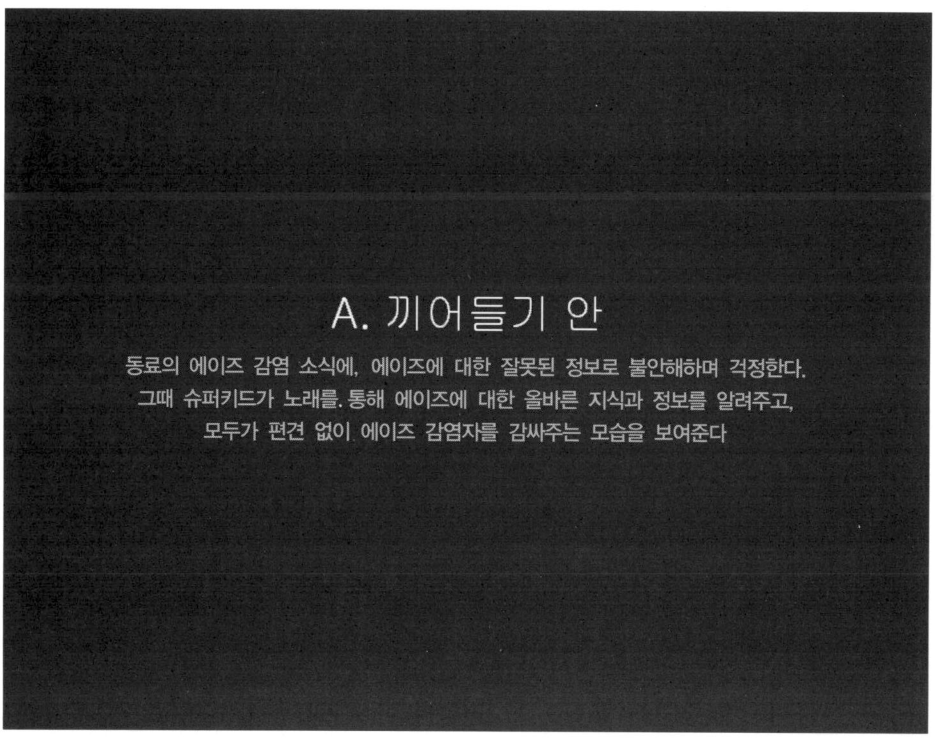
A. 끼어들기 안
동료의 에이즈 감염 소식에, 에이즈에 대한 잘못된 정보로 불안해하며 걱정한다.
그때 슈퍼키드가 노래를. 통해 에이즈에 대한 올바른 지식과 정보를 알려주고,
모두가 편견 없이 에이즈 감염자를 감싸주는 모습을 보여준다

HUG AIDS 끼어들기 편 ①

커피를 따르는 손 클로즈업

S.E) 쪼르르

탕비실에서 사람들이 커피를 마시며 얘기한다

남1) 이봐! 얘기들었어?

이때 한 남자가 조심스럽게 귓속말을 한다

남2) 글쎄, 김과장이 에이즈래.

귓속말을 들은 사람들이 깜짝 놀란다

여) 에이즈요?

HUG AIDS 끼어들기 편 ②

사람들의 마음 속 생각들이 들린다

남1) 으... 어제 사우나 같이 갔었는데!!

여직원 불안한듯 생각에 잠긴다

여) 어떻게 해! 아까 악수했는데!

남자직원이 불안한듯 고개를 갸웃한다

남2) 회식때 술잔 돌려 먹었는데...

갑자기 기타연주가 시작된다

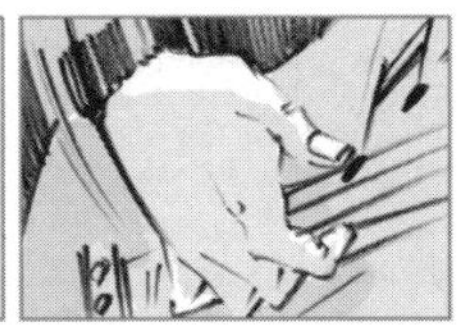

S.E) 장~

HUG AIDS 끼어들기 편 ③

화면이 빠져보면
슈퍼키드가 에이즈송을 부르기 시작한다

Song) 잘 알고 대처해봐요~♬

슈퍼키드의 등장에 놀라는 사람들

Song) 예방할 수 있어요~♪

호응하듯 슈퍼키드노래에
발장단을 맞추는 사람들

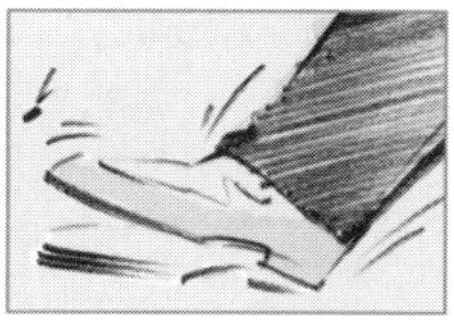

Song) Do You Know AIDS~♬

사람들이 슈퍼키드의 노래를
박수치며 따라부른다

Song) 뽀뽀해도 괜찮아요~♬

HUG AIDS 끼어들기 편 ④

복사하던 여자도 흥겨운듯
노래에 박수를 친다

Song) 손잡아도 괜찮아요~♪

사람들이 함께 노래를 합창하기 시작한다

Song) Do You Know AIDS~♬

힘내라는듯 김과장의 어깨에
손을 두드리는 사람들

Song) 오해하지 말아요
편견을 모두 버려요 ~♬

슈퍼키드와 사람들
모두함께 노래를 합창한다

Song) 에이즈 꼭 안아주세요~♬

HUG AIDS 끼어들기 편 ⑤

모두함께 노래를 합창한다

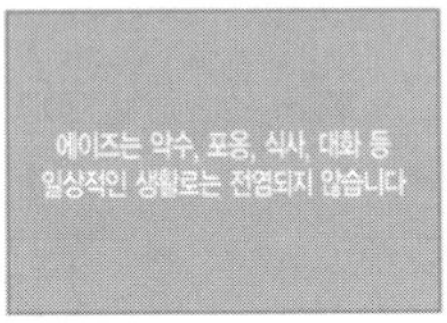

Na) 에이즈! 아는만큼
세상은 더 건강해집니다

Na) 이 캠페인은 보건복지가족부와
질병관리본부가 함께합니다

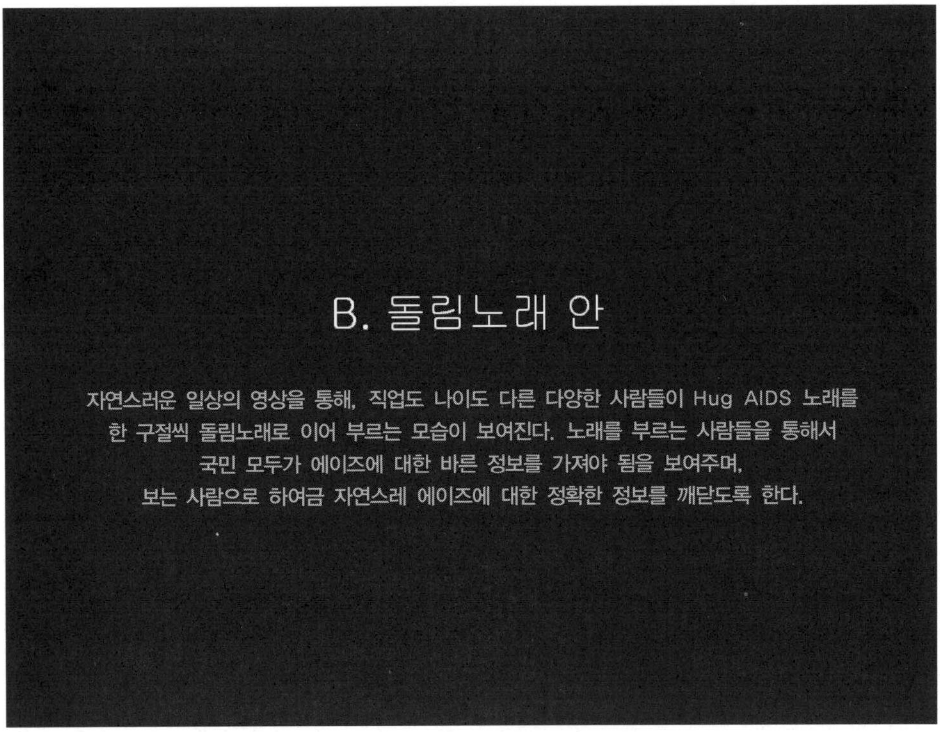

HUG AIDS 돌림노래 편 ①

기타를 튕기는 손이 클로즈업되며
노래가 시작된다

S.E) 장~

전주가 연주되며 빨래를 너는 모습

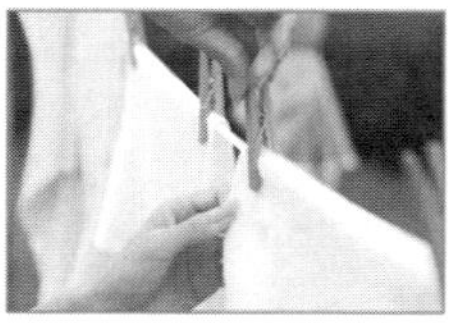

Song) 잘 알고 대처해봐요~♬

빨래를 널고있는 주부가 노래를 부른다

주부) 예방할 수 있어요~♪

이어서 회사원이 노래를 부른다

회사원) Do You Know AIDS~♬

HUG AIDS 돌림노래 편 ②

슈퍼키드 보컬이 이어서 노래를 부르고..

슈퍼키드) 뽀뽀해도 괜찮아요~♬

아침 조깅하던 아가씨가
다음 소절을 이어 부른다

조깅녀) 손잡아도 괜찮아요~♪

화원에서 아저씨가 이어 부른다

아저씨) Do You Know AIDS~♬

중간 다시 슈퍼키드가 이어부르는 모습

슈퍼키드) You Know AIDS~♬

HUG AIDS 돌림노래 편 ③

슈퍼 점원이 다음 소절을 부른다

점원) 오해하지 말아요~♬

할머니도 노래를 이어부른다

할머니) 편견을 모두 버려요~♬

지하철을 타고 가던 사람도 이어부른다

여자) Do You Know AIDS~♬

학생들 밝게 웃으며 다음 소절을 부른다

학생) You Know AIDS~♬

HUG AIDS 돌림노래 편 ④

사람들이 노래를 부르며
어딘가로 향하는 모습

사람들) 뽀뽀해도 돼~♬

점점 많은 사람들이 모여든다

사람들) 손 잡아도 OK~♪

함께 모여 에이즈송을 합창하는 사람들

사람들) Do You Know AIDS~♬

카메라가 점점 빠진다

사람들) 에이즈 꼭 안아주세요~♬

HUG AIDS 돌림노래 편 ⑤

함께 모여 노래부르던 사람들이
에이즈 로고로 바뀐다

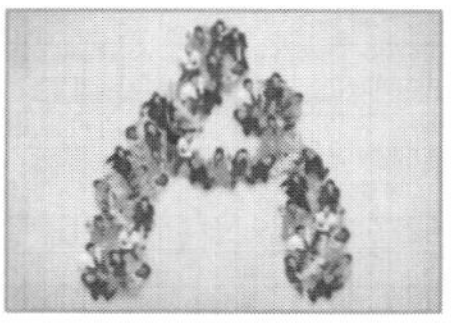

Na) 에이즈, 바로알면
이겨낼 수 있습니다

Na) 이 캠페인은 보건복지가족부와
질병관리본부가 함께합니다

C. 투명인간 안

에이즈에 대한 잘못된 정보로 인해 사람들로부터 소외 당할 때마다 에이즈 감염인이 점차 투명해진다.
에이즈에 대한 무지로 소외 당하는 감염인의 고통을 통해 사람들의 각성을 유도한 뒤,
에이즈에 대한 올바른 지식을 전달함으로써 공감과 인지도를 높인다.

HUG AIDS 투명인간 편 ①

6층에 엘리베이터가 도착한다 | 엘리베이터안에 한 남자가 서 있다 | 에이즈 감염인을 보고 타려는 아이를 제지하는 엄마 | 사람들의 외면에 남자의 모습이 투명해진다

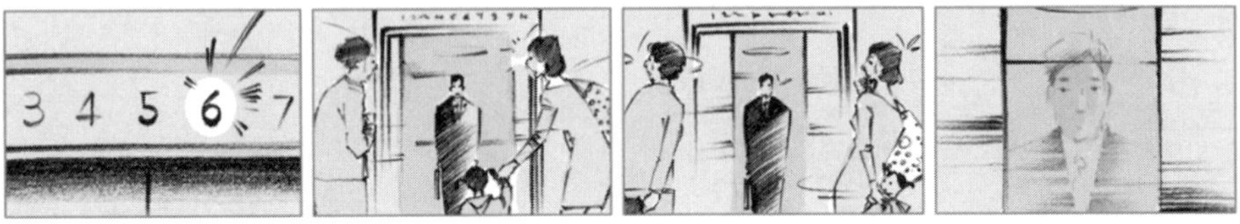

S.E) 띵~

S.E) 스~윽

HUG AIDS 투명인간 편 ②

회사 임원이 직원들과 차례로 악수한다 | 한 남자 앞에서 주저하며 악수를 멈추는 임원 | 남자를 건너뛰고 다음 직원에게 악수한다 남자의 모습이 점차 더 투명해진다

임원) 고생들 했어

HUG AIDS 투명인간 편 ③

야근이 끝난 사무실의 모습

사장) 피곤하지?, 사우나나 가지!

야근을 마치고 모두가 사우나로 이동한다

하지만 한 남자가 망설이며 따라 나서지 않는다

포기한듯한 남자, 이제 완전히 투명해진다

HUG AIDS 투명인간 편 ④

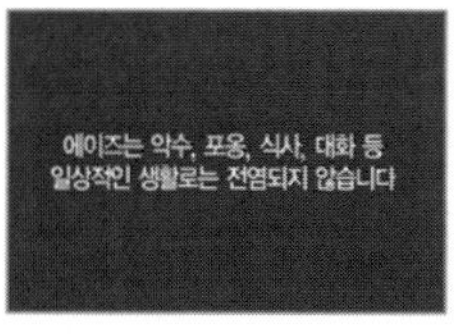

에이즈는 악수, 포옹, 식사, 대화 등
일상생활로는 전염되지 않습니다

그때 사우나 간줄 알았던 동료들이
돌아와 어깨를 감싼다

동료들) 뭐해? 빨리 안오고?

투명했던 남자가 고마운듯
미소와 함께 선명해 진다

동료들과 어깨동무를 하고 걸어가는 남자

Na) 에이즈에 대한 올바른
지식이 편견없는
대한민국을 만듭니다

HUG AIDS 투명인간 편 ⑤

Na) 이 캠페인은 보건복지가족부와
질병관리본부가 함께합니다

Tone & Manner

건일제약 캠페인

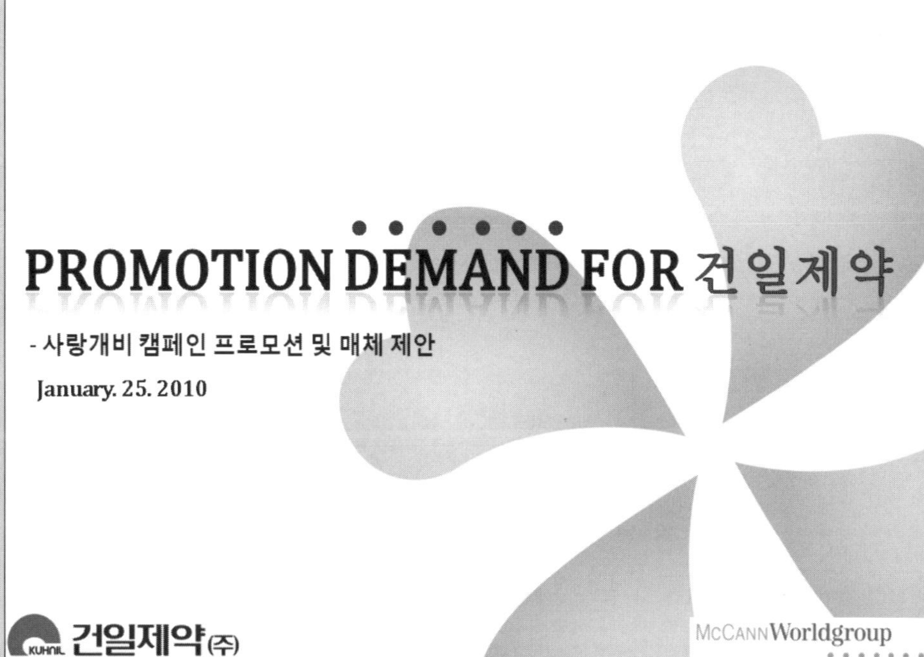

(건일제약, 2010)

THINKING
건일제약?

IMAGE
사랑개비 캠페인으로 건일제약의 새로운 이미지 만들기

Objective

2010 사랑개비 캠페인

삶의 질 개선에 공헌하는 글로벌 제약 회사 건일제약 바로 알리기

다양한 사회공헌활동으로 기업의 이윤을 사회에 환원하는 기업 이미지 형성

대국민 사랑개비 캠페인 전개를 통해 기업 브랜드 강화

효율적인 매체 집행으로 건일제약 브랜드 노출 극대화 및 인지도 향상

건일 제약만의 강력한
Brand Equity 형성 및 Brand Identity 강화

Brand
PERCEPTION

알고 있는 사람들 만의
국내 제약회사

Brand
AMBITION

많은 사회 공헌 활동으로
삶의 질 개선에 공헌하는 글로벌 제약회사

장학재단 운영 및 장학금 지원

회사명	장학재단명	설립일 및 목적	지원액 (만원)	현 황
경동제약	송천재단	2001. 12. / 교육진흥 기여	7,800	중,고,대학생 10명, 캐나다 한인장학재단 장학금 지원
GSK	장학금 지급		3,000	부산의대, 학교법인을지재단
녹십자	장학금 지급, 장학재단기부		60,000	중산육영회, 우덕재단 등
대웅제약	대웅재단	1984. 1. / 장학사업	40,000	이공계학생 지원, 중,고등학생
대원제약	부원학원	1978. 6. / 산업인재양성	4,500	장호원공업고등학교 등
동성제약	동성장학재단	1995. 2./사랑을 나눔시[illegible]	[illegible],800	모범 소년소녀가장 장학금
동아제약	수석문화재단	1987. 5. / [illegible]	10,000	모범 소년소녀가장 40~50선발
	상주학원	19[illegible] 미래주역체력연마		상주고등학교
보령제약	장학금 지급, 장학재단 기부		1,800	범석학술장학재단, 건양장학회
삼일제약	서송재단	1996. 11. / 인재발굴	4,000	중,고,대,대학원 우수학생 학비
안국약품	한마음장학재단	2003. / 지역인재 육성	2,000	성적우수 및 효행학생 장학금

집계된 곳만 20여 개 이상~!!

그 외, ㈜유유, 유한양행, 일동제약, 제일약품, 종근당, 중외제약, 한국얀센, 한국화이자, 한림제약 등...

지역사회 봉사 프로그램 운영

회사명	프로그램	수혜자	지원액 (만원)	현 황
경동제약	의약품지원, 사회복지사업	60여곳	64,900	의료봉사단, 사회복지공동 모금회 기증기부
광동제약	심장병어린이돕기 행사후원	45명	9,200	심장병 어린이 수술지원(84년~)
GSK	오렌지 봉사단(04년 발족)	200명		사내 봉사동아리 50명
	한국일보 거북이마라톤후원	600명	3,000	매달 셋째주 시민마라톤후원
녹십자	녹십자 사회봉사단	466명		[illegible]심원, 선한마리아원 방문봉사
	기타 사회복지사업	20여곳		농촌사랑운동 자매결연, 바자회
대웅제약	아름다운 가게 논현점	[illegible]000여명	27,000	04년 아름다운 가게 기증
	대웅나누미	240명		월1회 복지시설 봉사활동, 물품기부
대원제약	복지단체 기부	10여곳	1,700	부산기독교 사회복지관 등
	의약품 지원활동	10여곳	8,900	열린의사회 등
	대원 이웃사랑회	100명	250	01년 발족, 장애우, 특수학교 등

집계된 곳만 40여 개 이상~!!

그 외, 동국제약, 동아제약, 동화약품, 바이엘코리아, 보령제약, 삼아약품, 삼일제약, 삼천당제약, 수도약품, CJ, 신신제약, 안국약품, LG생명과학, 유한양행, 일동제약, 조아제약, 중외제약, 태평양제약, 한국베링거인겔하임, 한국쉐링, 얀센, MSD, 화이자, 한독약품, 한림제약, 한미약품, 현대약품, 환인제약 등...

의약품 지원사업(국제구호)

회사명	지원실적(연간, 만원)	지원 내용
경동제약	20,000	적십자사 방북사업, 천주교 인도지진피해지원단, 국제로타리클럽 몽골지원 등
광동제약	7,500	04년 대한적십자사 통해 평양적십자병원에 감기약 지원
GSK	187,500	북한어린이를 위한 MMR백신, 의료기기 지원
녹십자	20,000	국제의료봉사활동 후원, 국제구호활동 지원
대웅제약	5,000	아프리카, 베트남 등 의약품 지원
대원제약	2,000	하외의료[illegible](경)비 전달, 구제보건의료발전재단 기부금 전달
동성제약	5,000	03년 이라크전쟁난민 의약품 지원
동화약품	5,500	북한용천지역 구호의약품 지원, 하외의료선교봉사
바이엘코리아	1,100	북한 용천역 열차사고 구호의약품 지원
보령제약	450	하외의료자원봉사활동 지원, 하외 구호의약품지원, 기부
조아제약	800	열린의사회 해외진료활동, 지구촌 나눔운동 등 지원

집계된 곳만 30여 개 이상~!!

그 외, 수도약품, 안국약품, ㈜유유, 일동제약, 삼일제약, 중외제약, 한국얀센, 한국유나이티드제약, 한독약품, 한미약품, 현대약품, 환인제약 등...

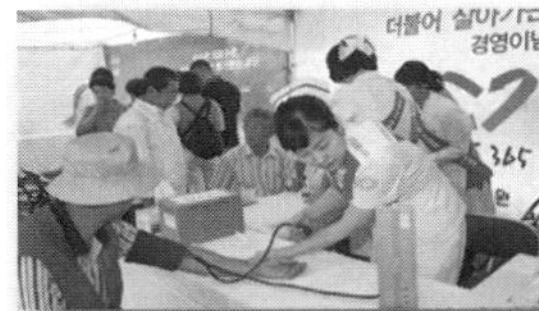

문화, 예술분야 사회공헌 활동

회사명	프로그램	추진실적(연간, 만원)	현 황
광동제약	어린이 미술대회 주최		문화, 예술분야 활성화 지원
GSK	'8월의 크리스마스' 과학강연 후원	4,000	GSK, 영국문화원 후원 과학행사
대웅제약	국악을 생각하는 모임 지원	500	활동에 참여 국악발전방법 모색 기부
대원제약	김포필하모닉오케스트라	3,000	02년 가을 정기연주회 후원금 지원
동아제약	전국 주부백일장	600	[illegible]문화재단 행사, 시상 비용지원
	박카스배 전원전, 한중전원전	17,550	박카스배 전원전 행사, 시상 비용지원
동화약품	사랑의 음악회	27,000	에이즈 퇴치를 위한 사랑의 음악회 후원
보령제약	콘서트, 연주회 등 협찬		자선연주회 기부, 이은미콘서트 협찬 등
안국약품	토비콤-에스 문학상	1,200	매년 4월 눈에 관한 생활수기 공모 시상
㈜유유	국립오페라단 후원	2.000	매년 국립오페라단 공연 현금후원
한림제약	가족음악회 공연 협찬	7,600	04년 덕수궁 가족음악회 공연협찬

집계된 곳만 20여 개 이상~!!

그 외, CJ, 중외제약, 한국유나이티드, 한국MSD, 한독약품, 한미약품, 한림제약, 환인제약 등...

시상 프로그램 제정 · 운영

회사명	수상 프로그램	대 상	수상내역 및 실적
녹십자	녹십자언론문화상	국민보건 및 의학계 언론문학 발전에 기여한 언론인	매년 4월 2명, 상금(각 500만원), 상패
GSK	GSK학술상	대한암학회 학술대회 발표 우수연제 8편 선정, 발표자 수여	매년 6월 8명, 학술상금(각 100만원)
동성제약	이선규약학상	약학발전에 기여한 학자	매년8월 2-4명, 본상(1000만원), 특별상(500만원)
동아제약	동아의료저작상	의학발전에 공이 크며 의학연구 저작부문에서 업적을 쌓은 의사	매년 4월 1명, 상금(1000만원)
동화약품	한국약제학회학술상	약제학 발전과 학문적 발전에 기여한 자	매년 1명, 상금(300만원), 상패
바이엘코리아	바이엘연구자상	대한당뇨병학회 정회원	매년 5월 2명, 연구비 각 500만원
보령제약	보령의료봉사상	국내외 지역주민 건강증진, 사회발전에 헌신한 의료인	매년 3월 11명 후보 중 1명, 상금(1000만원), 상패
삼아약품	삼아학술상	대한소아과학회에 제출된 정회원의 연구과제	매년 10월 2명, 상금(각 1000만원), 상패
LG생명과학	LG혈액학학술상	혈액학분야 연구업적에 큰 공이 인정되는 50세 이하 연구자	매년7월 2명, 상금(기초, 임상부문 각 900만원)
유한양행	유한의학상	의학발전에 공로가 크고 의학연구, 학술저작부문의 성과가 큰 의학자	매년4월 3명(대상, 우수상, 장려상) 상금(각각 2000, 1000, 700만원)
일동제약	여약사대상	국민보건 향상과 약사발전, 지역사회 발전에 공헌한 여약사	매년 9~10월 5명, 상패, 부상(각 금 2냥)

집계된 것만 20여 개 이상~~!!

그 외, 종근당, 중외제약, 한국베링거인겔하임, 한국MSD, 한국화이자제약, 한독약품, 한미약품, 환인제약 등...

너무나도 비슷한 제약회사들의 사회공헌활동..

하지만..
우리는 특별히 기억나는
제약회사의 사회공헌활동은 없습니다.

<유한킴벌리-우리강산 푸르게 푸르게 캠페인>

<도브-리얼 뷰티 캠페인>

<삼성-또 하나의 가족>

우리는 기억하고 있습니다.
그러나..
단지 많은 광고비와 노출 때문에?????

<보건복지부, 노바티스 - 5대 가족 이야기 캠페인>

예산 : 1억

<아모래-핑크리본 캠페인>

예산 : 10억

<질병관리본부, 에이즈연맹-에이즈 캠페인>

예산 : 8억

<※각 캠페인의 예산은 1년 기준>

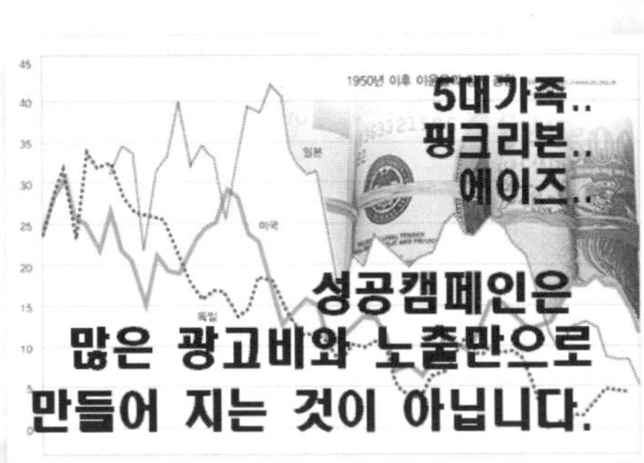

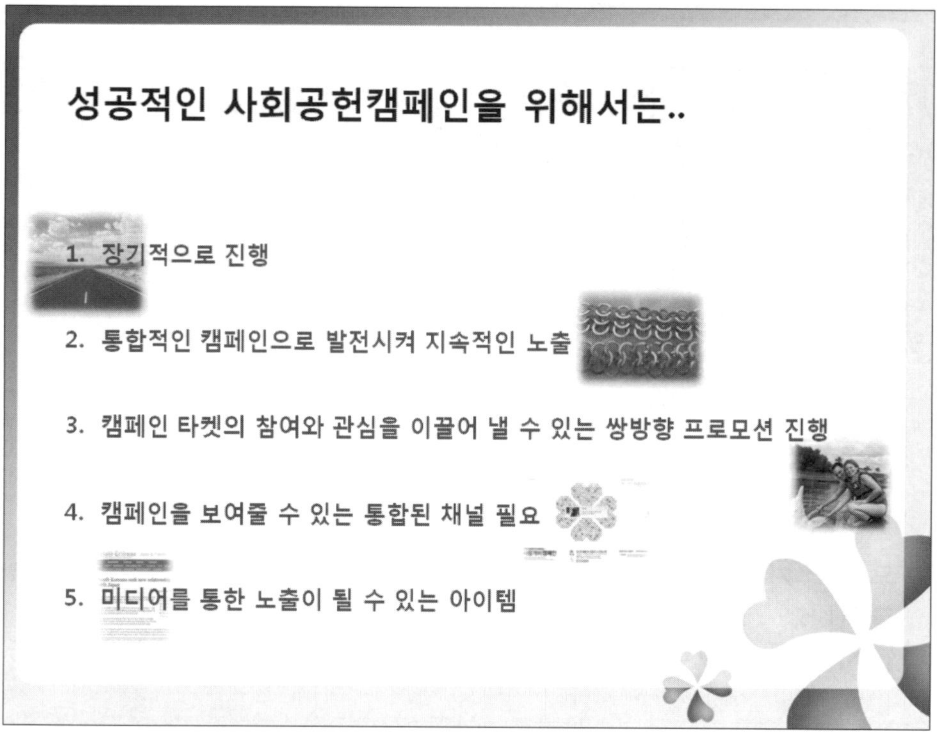
성공적인 사회공헌캠페인을 위해서는..
1. 장기적으로 진행
2. 통합적인 캠페인으로 발전시켜 지속적인 노출
3. 캠페인 타켓의 참여와 관심을 이끌어 낼 수 있는 쌍방향 프로모션 진행
4. 캠페인을 보여줄 수 있는 통합된 채널 필요
5. 미디어를 통한 노출이 될 수 있는 아이템

기존 커뮤니케이션 활동 분석
괜찮아요
당신의 영웅은 누구입니까?
기존 광고는 TV, 라디오, IPTV, 무가지를 통해
약 5억 원 이상의 광고를 노출.
또한.. 다양한 매체와 방법으로 예산을 분배 시킴.

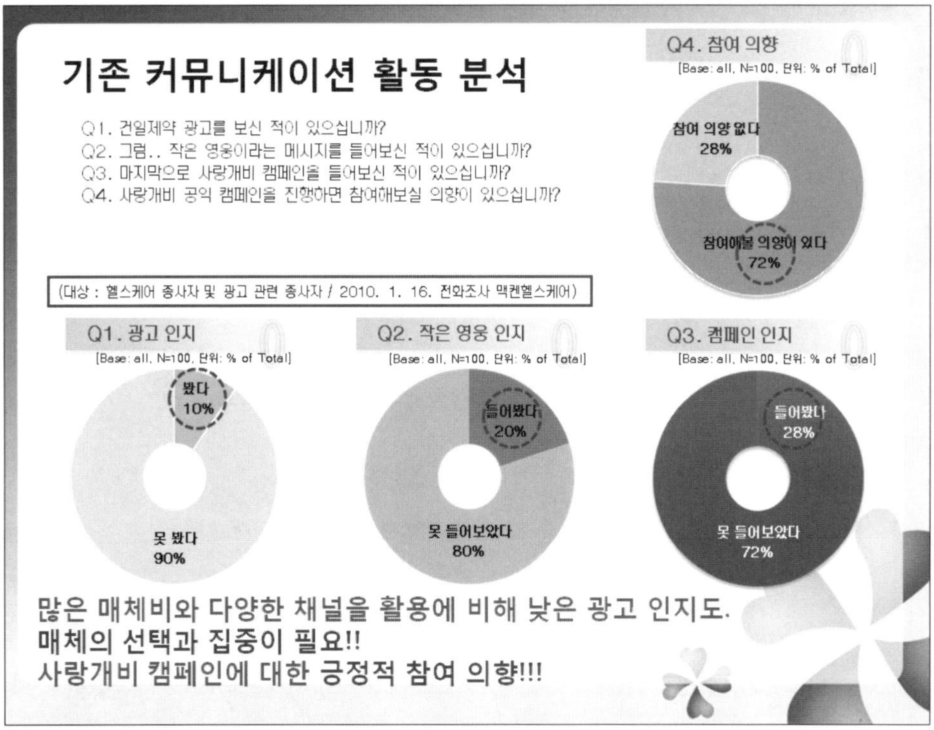
기존 커뮤니케이션 활동 분석
Q1. 건일제약 광고를 보신 적이 있으십니까?
Q2. 그럼.. 작은 영웅이라는 메시지를 들어보신 적이 있으십니까?
Q3. 마지막으로 사랑개비 캠페인을 들어보신 적이 있으십니까?
Q4. 사랑개비 공익 캠페인을 진행하면 참여해보실 의향이 있으십니까?
Q4. 참여 의향
[Base: all, N=100, 단위: % of Total]
참여 의향 없다 28%
참여해볼 의향이 있다 72%
(대상 : 헬스케어 종사자 및 광고 관련 종사자 / 2010. 1. 16. 전화조사 맥켄헬스케어)
Q1. 광고 인지
[Base: all, N=100, 단위: % of Total]
봤다 10%
못 봤다 90%
Q2. 작은 영웅 인지
[Base: all, N=100, 단위: % of Total]
들어봤다 20%
못 들어보았다 80%
Q3. 캠페인 인지
[Base: all, N=100, 단위: % of Total]
들어봤나 28%
못 들어보았다 72%
많은 매체비와 다양한 채널을 활용에 비해 낮은 광고 인지도.
매체의 선택과 집중이 필요!!
사랑개비 캠페인에 대한 긍정적 참여 의향!!!

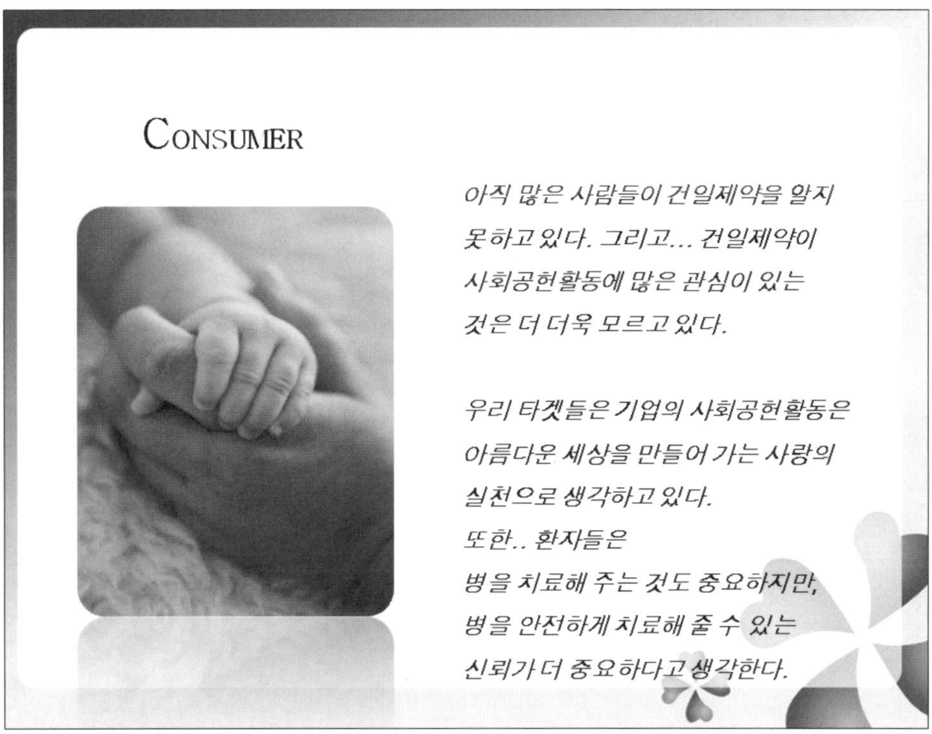
CONSUMER
아직 많은 사람들이 건일제약을 알지 못하고 있다. 그리고... 건일제약이 사회공헌활동에 많은 관심이 있는 것은 더 더욱 모르고 있다.
우리 타겟들은 기업의 사회공헌활동은 아름다운 세상을 만들어 가는 사랑의 실천으로 생각하고 있다.
또한.. 환자들은
병을 치료해 주는 것도 중요하지만,
병을 안전하게 치료해 줄 수 있는
신뢰가 더 중요하다고 생각한다.

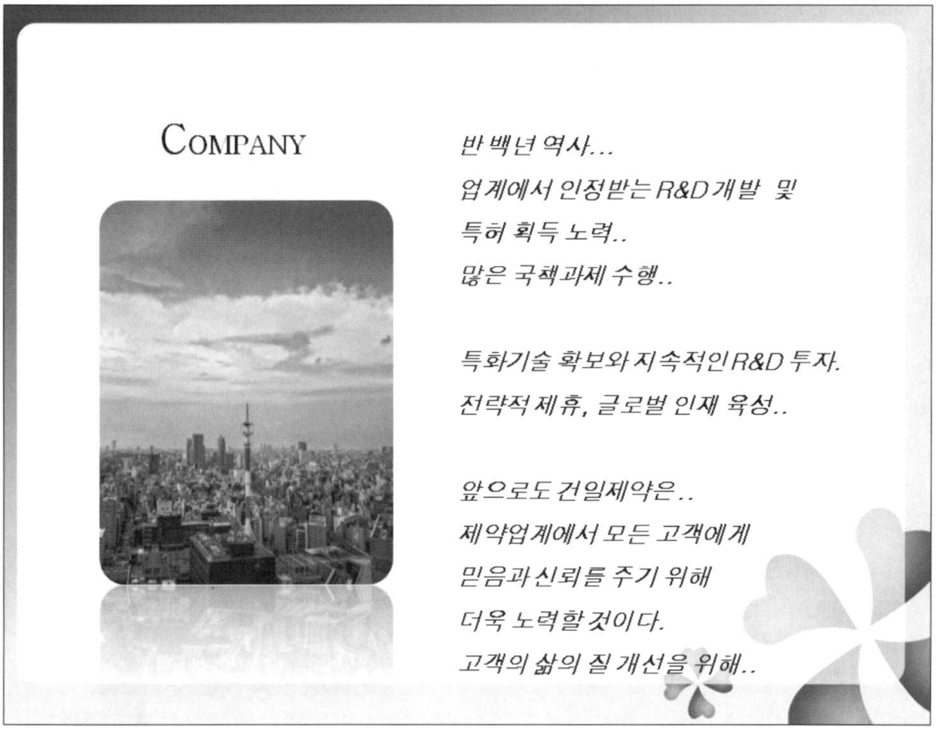
COMPANY
반 백년 역사...
업계에서 인정받는 R&D 개발 및
특허 획득 노력..
많은 국책과제 수행..
특화기술 확보와 지속적인 R&D 투자.
전략적 제휴, 글로벌 인재 육성..
앞으로도 건일제약은..
제약업계에서 모든 고객에게
믿음과 신뢰를 주기 위해
더욱 노력할 것이다.
고객의 삶의 질 개선을 위해..

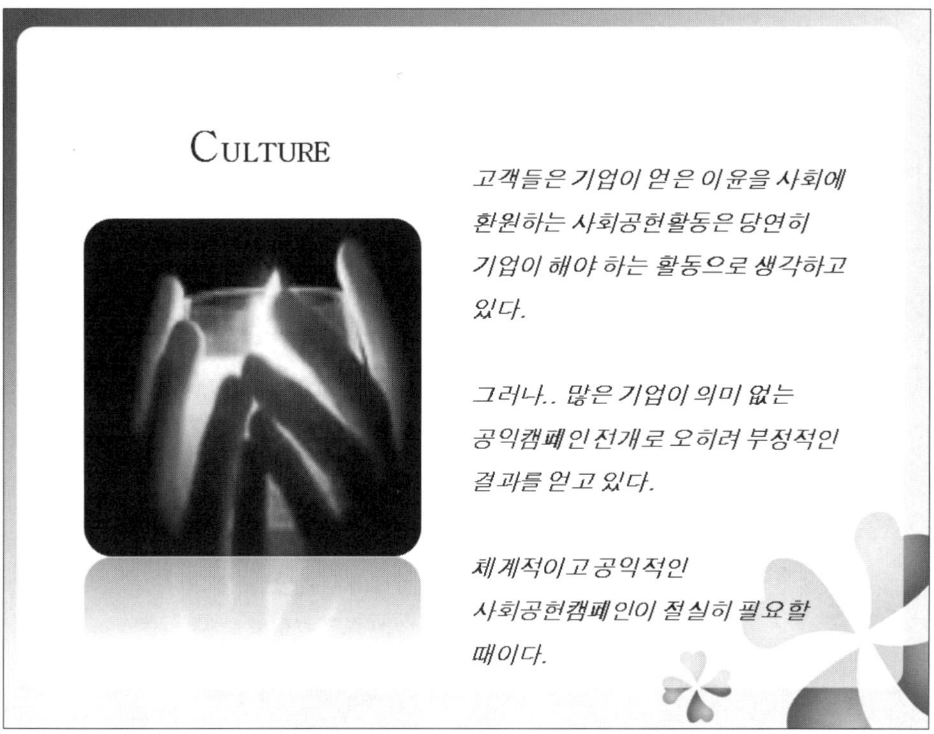
CULTURE
고객들은 기업이 얻은 이윤을 사회에
환원하는 사회공헌활동은 당연히
기업이 해야 하는 활동으로 생각하고
있다.
그러나.. 많은 기업이 의미 없는
공익캠페인 전개로 오히려 부정적인
결과를 얻고 있다.
체계적이고 공익적인
사회공헌캠페인이 절실히 필요할
때이다.

COMMUNICATION

내실 있는 기업, 국민 건강과 삶의 질 개선을 위해 노력하는 기업, 건일제약!!

이제 건일제약은 사랑개비 캠페인을 통해 더 체계적이고, 통합적인 커뮤니케이션 전개로 일반인, 헬스케어 종사자, 내부 직원들의 가슴속에서 인정받은 건일제약이 되어야 한다.

대한민국의 리더를 넘어 글로벌 리더로 포지셔닝 되어야 한다.

고객의 삶의 질 개선을 위한 건일의 정신..
이것이 진정한 글로벌 리더의 정신이다.

DEMAND IDEA

세계로 도약할 준비가 되어 있는,
세계가 인정할 수 있는,
글로벌 리더 브랜드,
건일제약!

이제 체계적이고, 통합적인 사랑개비 캠페인 활동으로 건일제약 브랜드 가치를 높이자.

건일제약만의 색깔을 우리 타겟에게 보여주자.

Individual Campaign promotion

Integrated Marketing Promotion

단순한 사회 공헌 활동도 의미는 있습니다.

그러나..
성공적인 사회 공헌활동으로 브랜드 가치를 높이기 위해서는

여러 사회공헌활동을 하나로 묶을 수 있는
캠페인의 설계와 지속적이고 통합적인 캠페인 실행이 필요합니다.

Strategic Approach

Define Positioning Concept

- 건일제약만의 차별화된 브랜딩을 위해,
  사랑개비 캠페인의 중장기 포지셔닝 방향과 컨셉 설정

Develop Contents & Key Message

- 통합적 커뮤니케이션을 위한 핵심 컨텐츠와
  개발된 기존 메시지의 강조(ex. 작은 영웅)

Extend Communication Activities

- 기존 Public 위주의 커뮤니케이션 활동에서
  헬스 케어 종사자까지 확대할 수 있는 커뮤니케이션 활동
- 커뮤니케이션 방향과 채널, 프로그램 확대

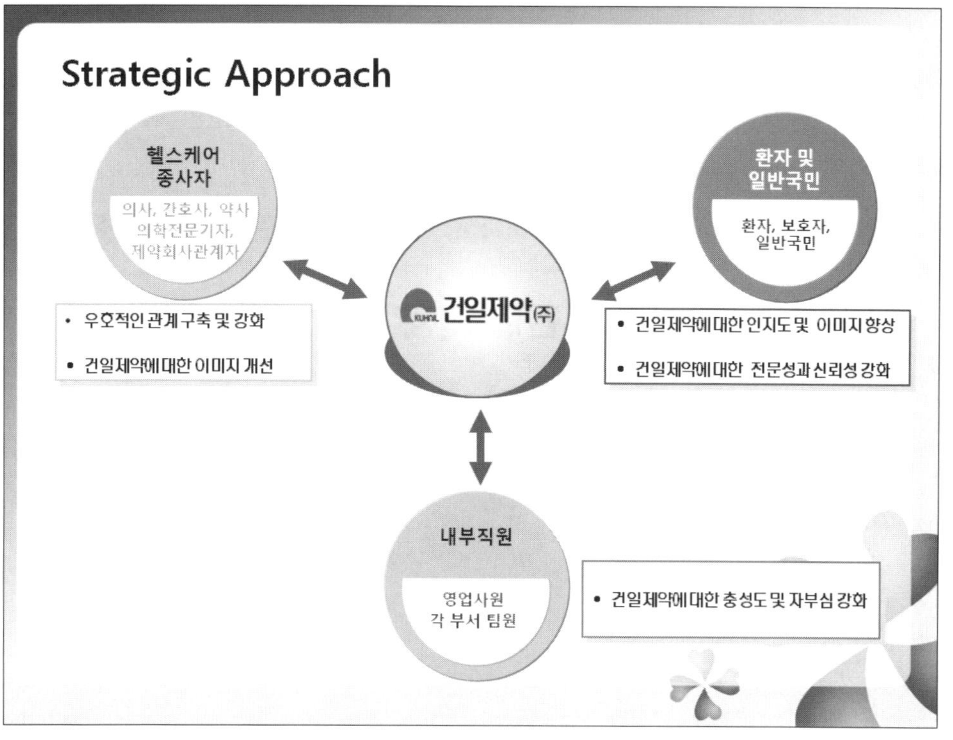
Strategic Approach
헬스케어
종사자
의사, 간호사, 약사
의학전문기자,
제약회사관계자
우호적인 관계구축 및 강화
건일제약에 대한 이미지 개선
건일제약(주)
환자 및
일반국민
환자, 보호자,
일반국민
건일제약에 대한 인지도 및 이미지 향상
건일제약에 대한 전문성과 신뢰성 강화
내부직원
영업사원
각 부서 팀원
건일제약에 대한 충성도 및 자부심 강화

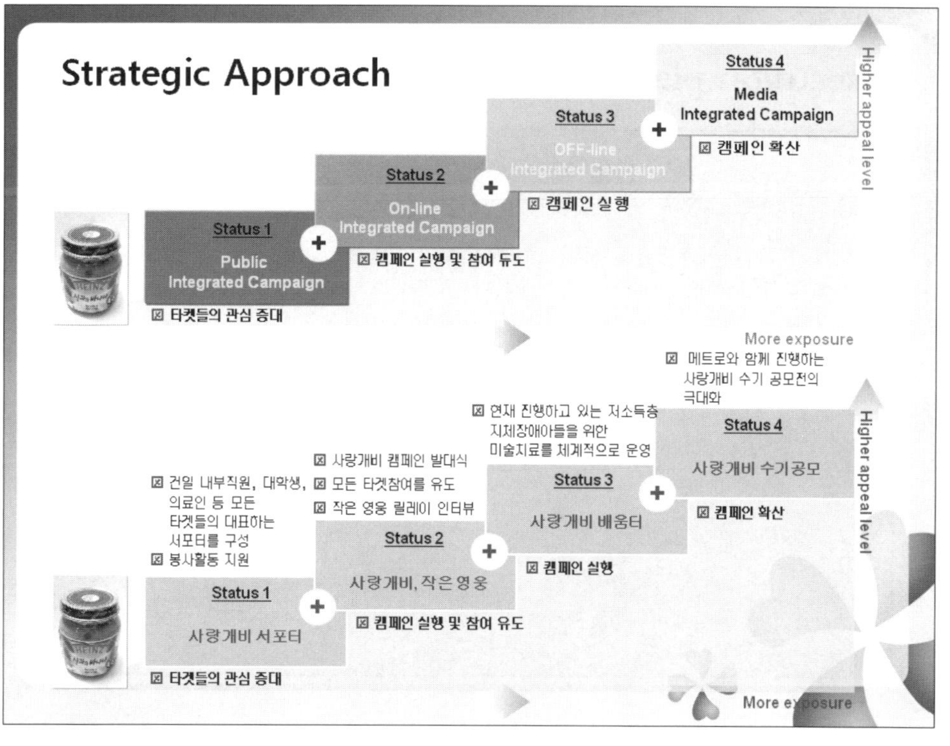
Strategic Approach
Status 1
Public
Integrated Campaign
타겟들의 관심 증대
Status 2
On-line
Integrated Campaign
캠페인 실행 및 참여 유도
Status 3
OFF-line
Integrated Campaign
캠페인 실행
Status 4
Media
Integrated Campaign
캠페인 확산
Higher appeal level
More exposure
메트로와 함께 진행하는
사랑개비 수기 공모전의
극대화
현재 진행하고 있는 저소득층
지체장애아들을 위한
미술치료를 체계적으로 운영
사랑개비 캠페인 발대식
모든 타겟참여를 유도
작은 영웅 릴레이 인터뷰
건일 내부직원, 대학생,
의료인 등 모든
타겟들의 대표하는
서포터를 구성
봉사활동 지원
Status 1
사랑개비 서포터
타겟들의 관심 증대
Status 2
사랑개비, 작은 영웅
캠페인 실행 및 참여 유도
Status 3
사랑개비 배움터
캠페인 실행
Status 4
사랑개비 수기공모
캠페인 확산
Higher appeal level
More exposure

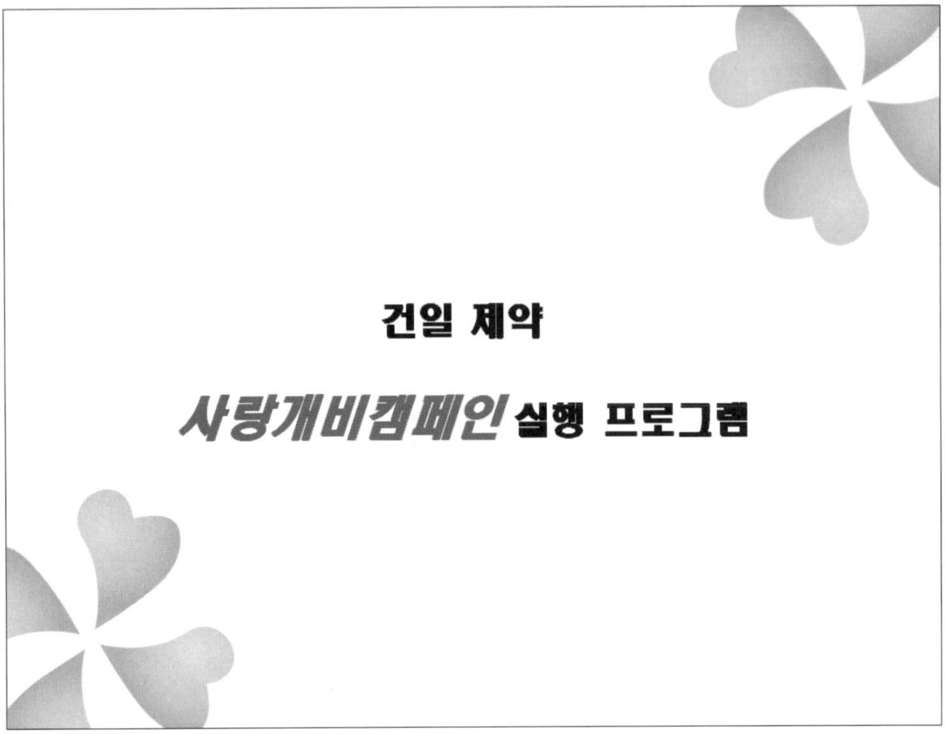
건일 제약
사랑개비캠페인 실행 프로그램

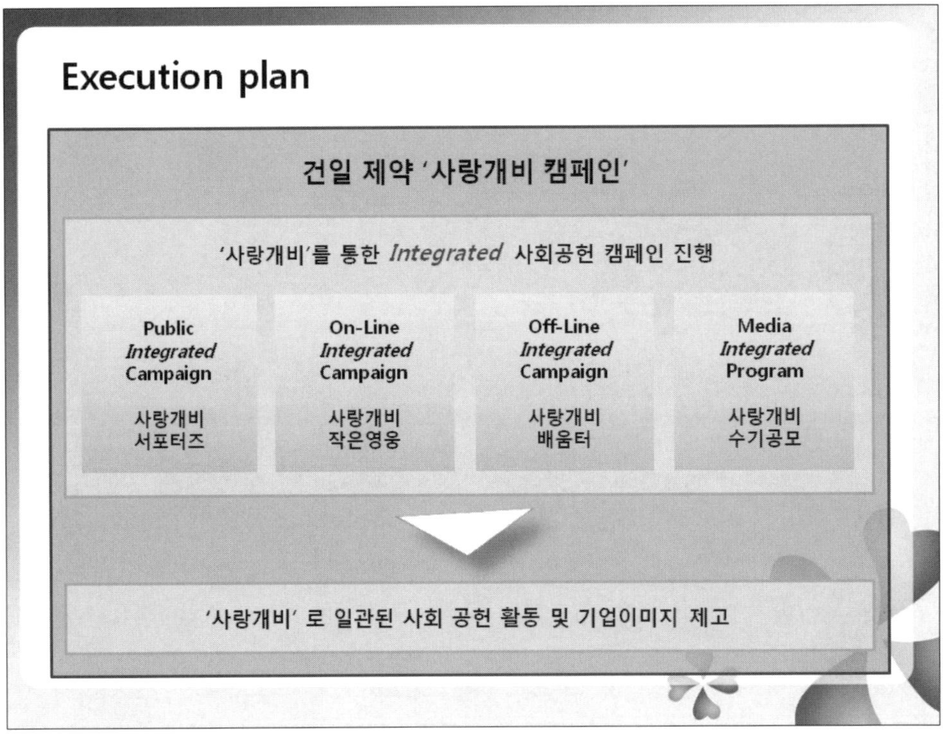
Execution plan
건일 제약 '사랑개비 캠페인'
'사랑개비'를 통한 Integrated 사회공헌 캠페인 진행
Public Integrated Campaign
사랑개비 서포터즈
On-Line Integrated Campaign
사랑개비 작은영웅
Off-Line Integrated Campaign
사랑개비 배움터
Media Integrated Program
사랑개비 수기공모
'사랑개비' 로 일관된 사회 공헌 활동 및 기업이미지 제고

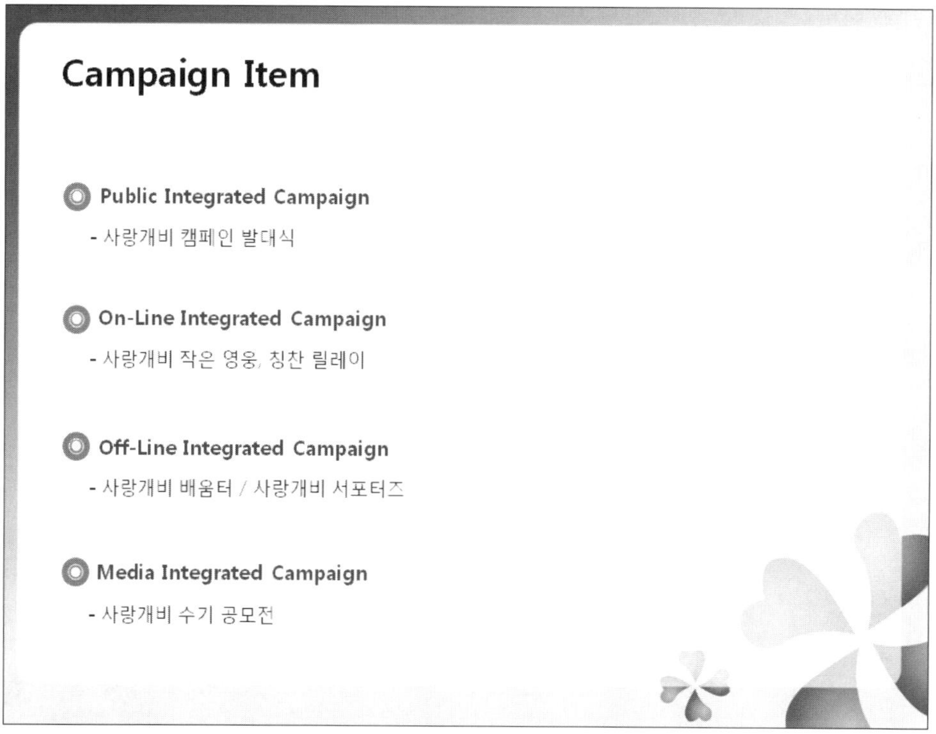
Campaign Item
Public Integrated Campaign
- 사랑개비 캠페인 발대식
On-Line Integrated Campaign
- 사랑개비 작은 영웅, 칭찬 릴레이
Off-Line Integrated Campaign
- 사랑개비 배움터 / 사랑개비 서포터즈
Media Integrated Campaign
- 사랑개비 수기 공모전

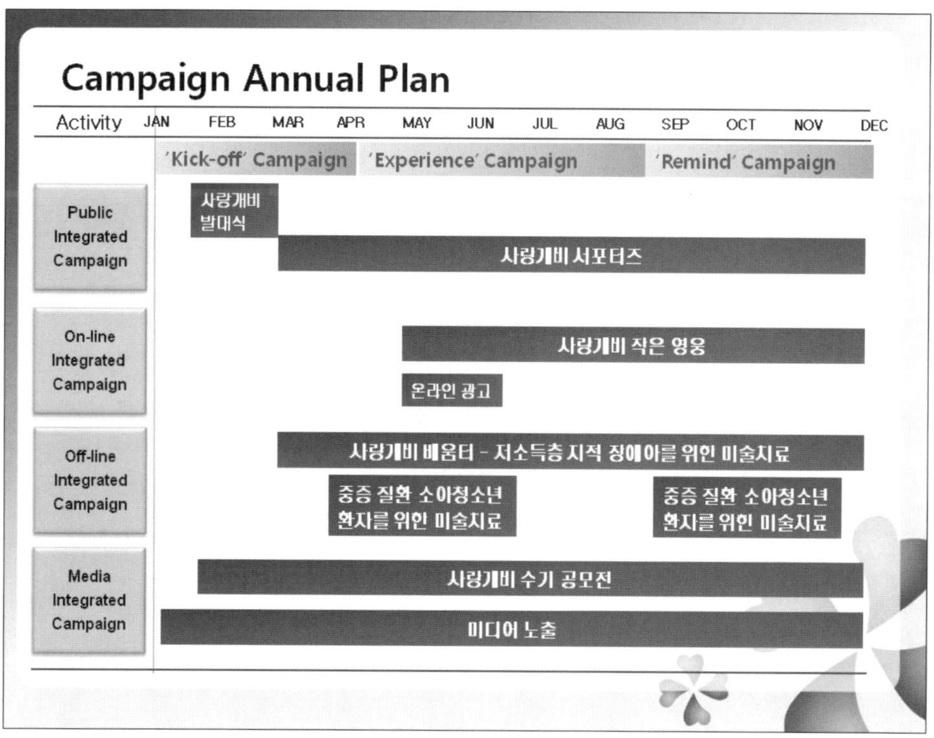
Campaign Annual Plan
Activity
JAN FEB MAR APR MAY JUN JUL AUG SEP OCT NOV DEC
'Kick-off' Campaign
'Experience' Campaign
'Remind' Campaign
Public Integrated Campaign
사랑개비 발대식
사랑개비 서포터즈
On-line Integrated Campaign
사랑개비 작은 영웅
온라인 광고
Off-line Integrated Campaign
사랑개비 배움터 - 저소득층 지적 장애아를 위한 미술치료
중증 질환 소아청소년 환자를 위한 미술치료
중증 질환 소아청소년 환자를 위한 미술치료
Media Integrated Campaign
사랑개비 수기 공모전
미디어 노출

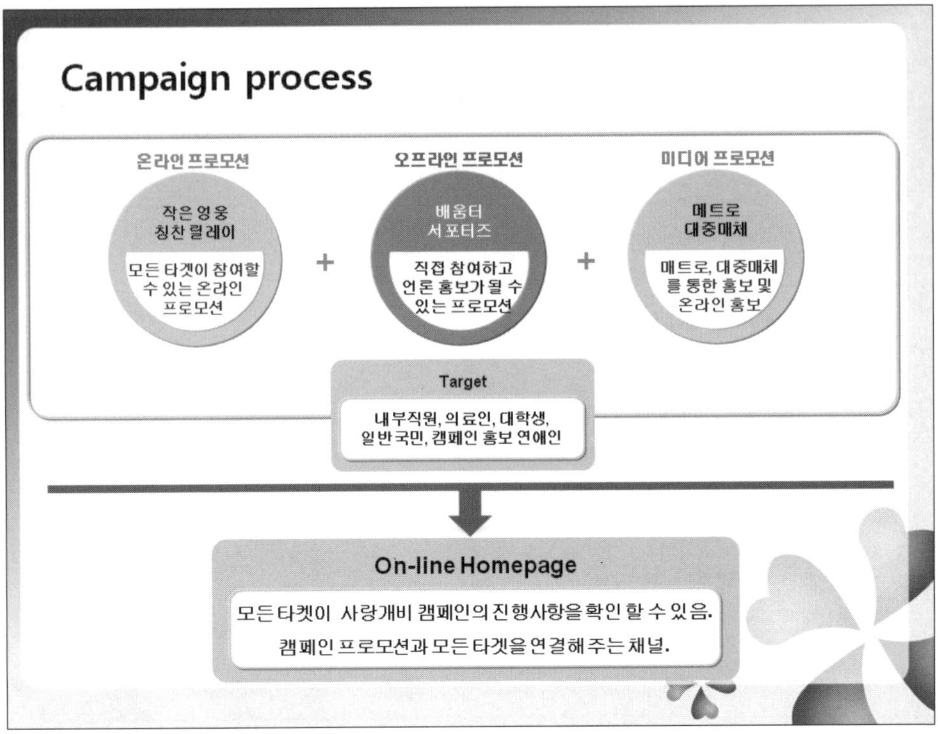
Campaign process
온라인 프로모션
작은영웅
칭찬 릴레이
모든 타겟이 참여할 수 있는 온라인 프로모션
+
오프라인 프로모션
배움터
서포터즈
직접 참여하고 언론 홍보가 될 수 있는 프로모션
+
미디어 프로모션
메트로
대중매체
매트로, 대중매체를 통한 홍보 및 온라인 홍보
Target
내부직원, 의료인, 대학생,
일반국민, 캠페인 홍보 연예인
On-line Homepage
모든 타겟이 사랑개비 캠페인의 진행사항을 확인 할 수 있음.
캠페인 프로모션과 모든 타겟을 연결해 주는 채널.

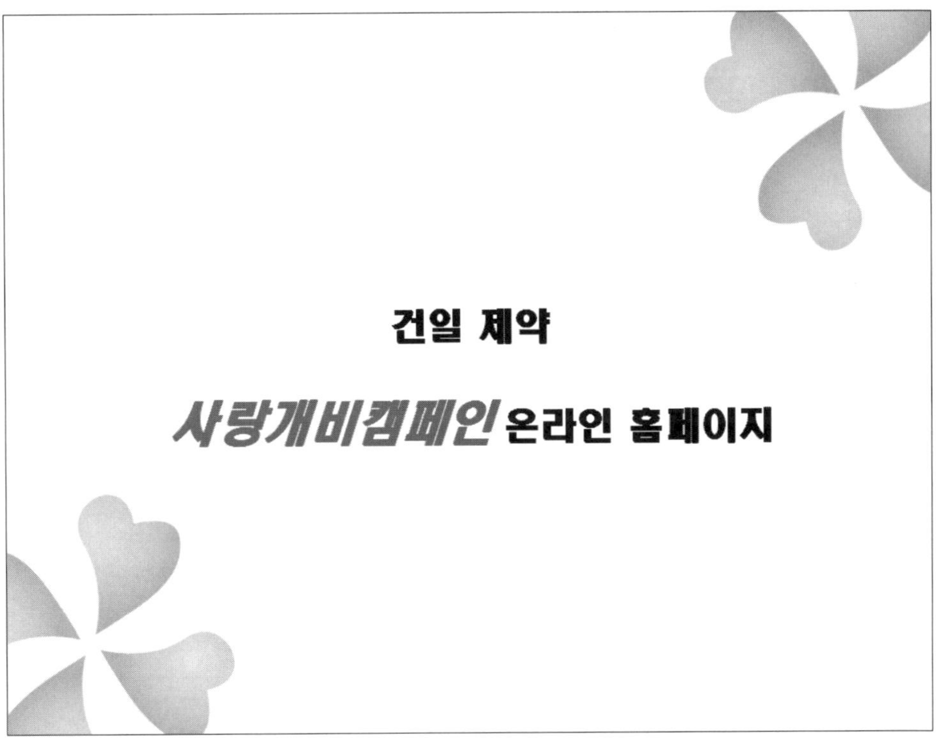
건일 제약
사랑개비캠페인 온라인 홈페이지

[A TYPE]

#1. 이벤트를 참여시 이미지가 사랑개비 1개의 픽셀 안으로 들어간다

#4. 이미지 클릭 시 사진과 메시지가 보인다

[B TYPE]

#1. 마우스 커서를 이용하여 시계방향으로 돌려준다

#4. 원하는 이미지에 커서를 가져가면 흑백 이미지가 컬러 이미지로 보이면서 커진다

#5. 클리하면 원이 커지면서 메시지가 보인다

[C TYPE]

건일제약(주)
320,444 개의 사랑개비가 피었습니다.
다음 사랑개비 보기
2010 건일제약과 함께하는 -
사랑개비캠페인
세상에서 가장 아름다운 영웅들의 이야기!
대한민국 800만 아버지, 67만 학생 우리 모두의 영웅입니다.
당신의 생활 속 영웅은 누구입니까?
가족, 동료, 친구 등 생활 속 영웅들의 사진과 수기를 올려주세요.
이벤트기간 : 2010.02.01(월) ~ 2010.02.28(일)
이벤트경품 : 여행패키지, 가족사진 촬영권, 외식 상품권 등
참여하기
사랑개비 봉사단 신청하기
참가자 인터뷰 영상보기

건일제약(주)
320,444 개의 사랑개비가 피었습니다.
이건일
다음 사랑개비 보기
2010 건일제약과 함께하는 -
사랑개비캠페인
세상에서 가장 아름다운 영웅들의 이야기!
대한민국 800만 아버지, 67만 학생 우리 모두의 영웅입니다.
당신의 생활 속 영웅은 누구입니까?
가족, 동료, 친구 등 생활 속 영웅들의 사진과 수기를 올려주세요.
이벤트기간 : 2010.02.01(월) ~ 2010.02.28(일)
이벤트경품 : 여행패키지, 가족사진 촬영권, 외식 상품권 등
참여하기
사랑개비 봉사단 신청하기
참가자 인터뷰 영상보기

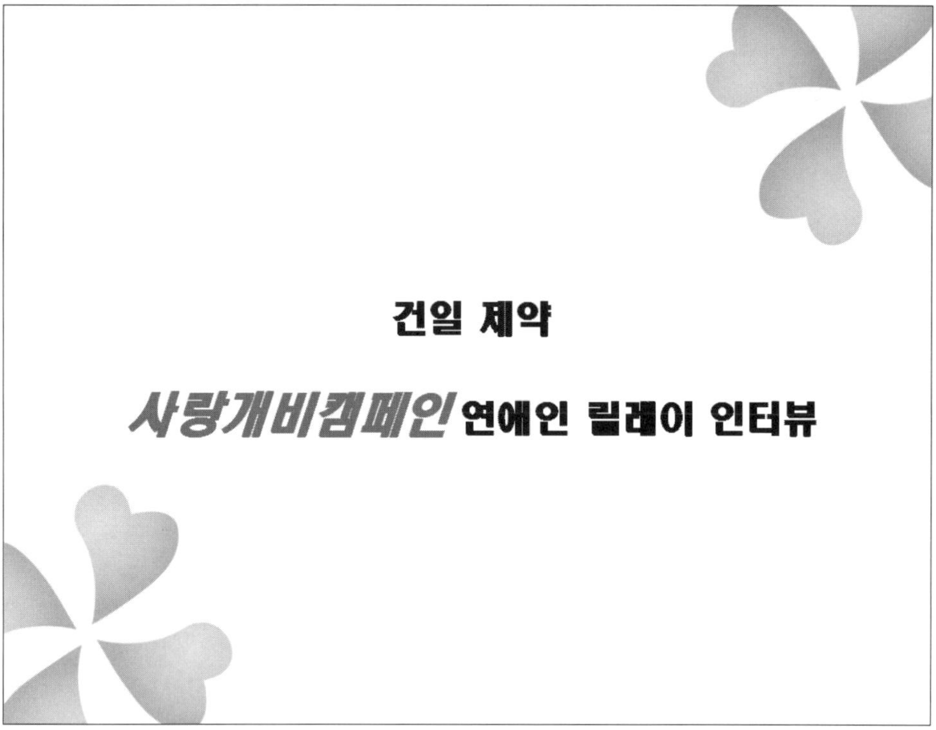
건일 제약
사랑개비캠페인 연애인 릴레이 인터뷰

연애인 릴레이 응원 메시지
모델 출신 연기자
1979년생 189cm
방송 : 자명고, 압구정 다이어리
영화 : 쌍화점, 로맨틱아일랜드
가수 GOD 출신
1978년생 181cm
방송 - 순결한 당신, 추노
영화 - 기다리다 미쳐
정조국 아내
1983년생 170cm
방송 - 살맛 납니다, 돌아온 뚝배기
영화 – 마강호텔
최고의 아역배우
1998년생
방송 - 지붕 뚫고 하이킥, 고맙습니다
영화 - 내사랑, 눈부신 날에
다음 연애인들은 맥켄 에릭슨과 실제 광고 촬영을 한 모델들임.
사랑개비 캠페인 릴레이 인터뷰에 참여하겠다는 사전 구두 계약을 함
젊은 여성 연기자
1983년생 170cm
방송 - 전설의 고향, 태희혜교지현
영화 - 영화는 영화다, 기다리다미쳐
신예 연기자
1985년생 182cm
방송 - 드림, 파스타
연애인 릴레이 응원 메시지를 통한 Boom-up!!!
홈페이지를 통해 지속적으로 노출, 바이럴 효과까지 기대

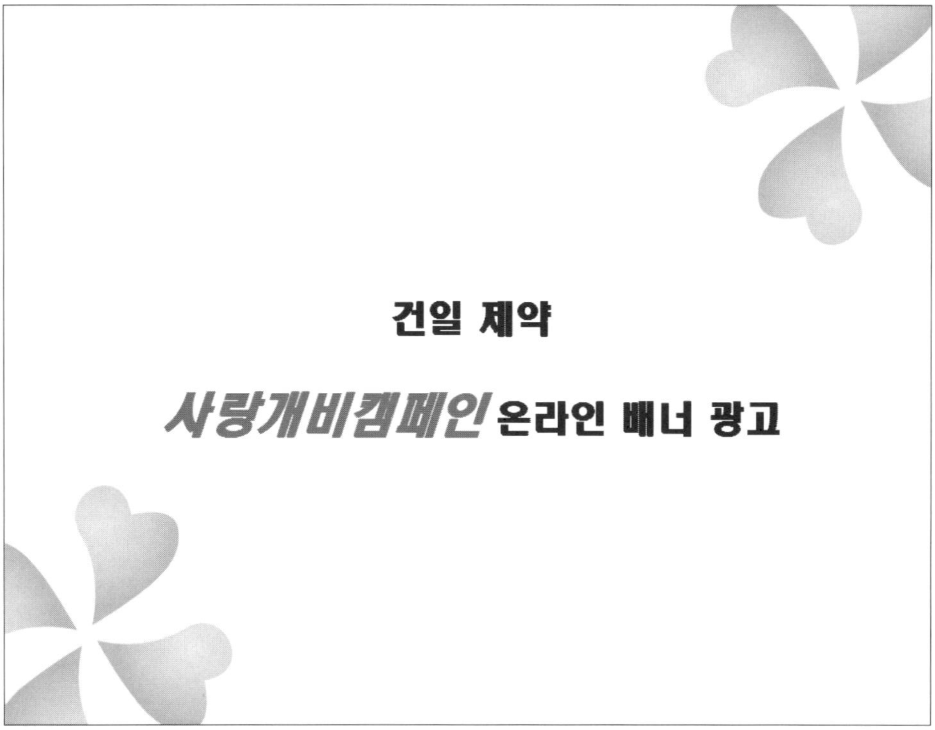
건일 제약
사랑개비캠페인 온라인 배너 광고

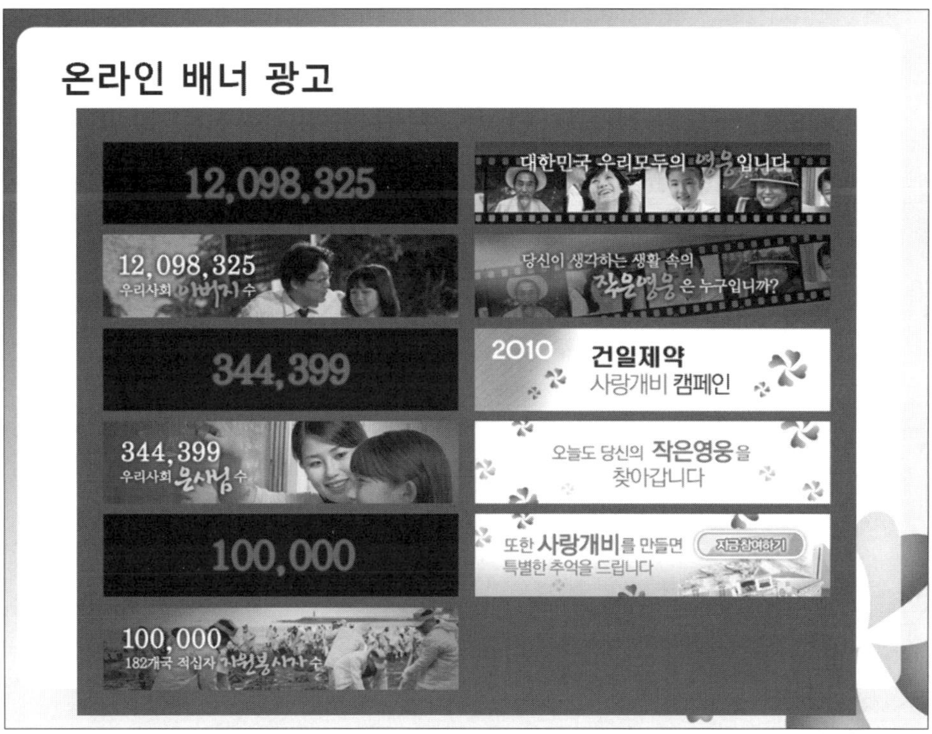
온라인 배너 광고
12,098,325
대한민국 우리모두의 영웅입니다
12,098,325
우리사회 아버지 수
당신이 생각하는 생활 속의
작은영웅은 누구입니까?
344,399
2010
건일제약
사랑개비 캠페인
344,399
우리사회 은사님 수
오늘도 당신의 작은영웅을
찾아갑니다
100,000
또한 사랑개비를 만들면
특별한 추억을 드립니다
지금참여하기
100,000
182개국 적십자 자원봉사자 수

건일제약㈜

건일제약 2010년 기업광고 캠페인의 성공적 집행을 위한 매체 계획

2010.01.25

UM

curious minds for surprising results

건일제약㈜

목차

UM

curious minds for surprising results

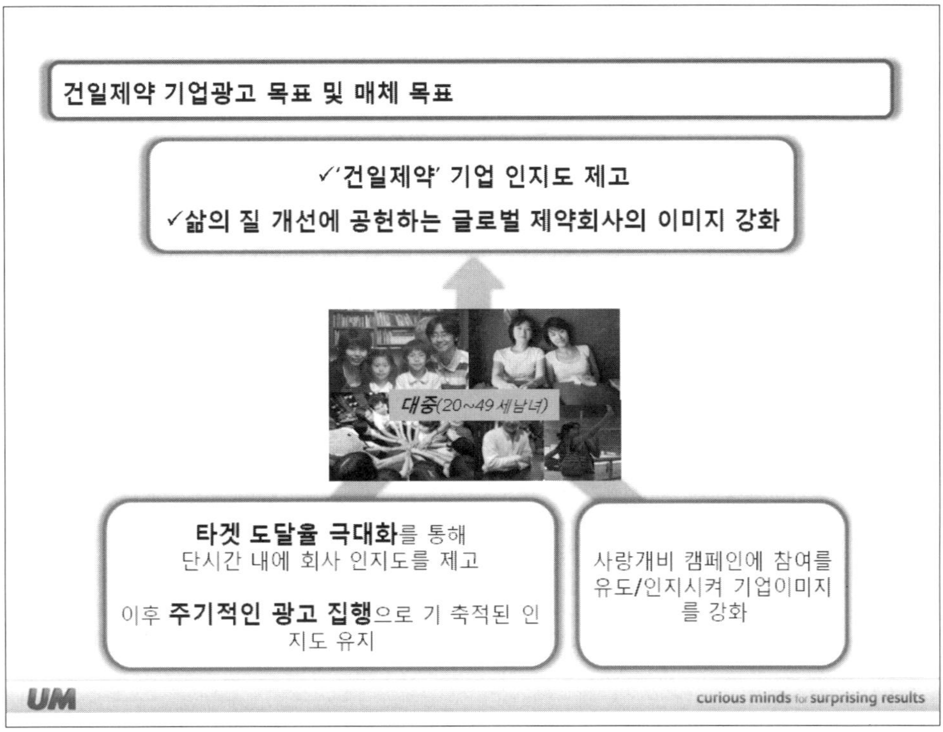
건일제약 기업광고 목표 및 매체 목표
✓'건일제약' 기업 인지도 제고
✓삶의 질 개선에 공헌하는 글로벌 제약회사의 이미지 강화
대중(20~49세남녀)
타겟 도달율 극대화를 통해
단시간 내에 회사 인지도를 제고
이후 주기적인 광고 집행으로 기 축적된 인지도 유지
사랑개비 캠페인에 참여를 유도/인지시켜 기업이미지를 강화
UM
curious minds for surprising results

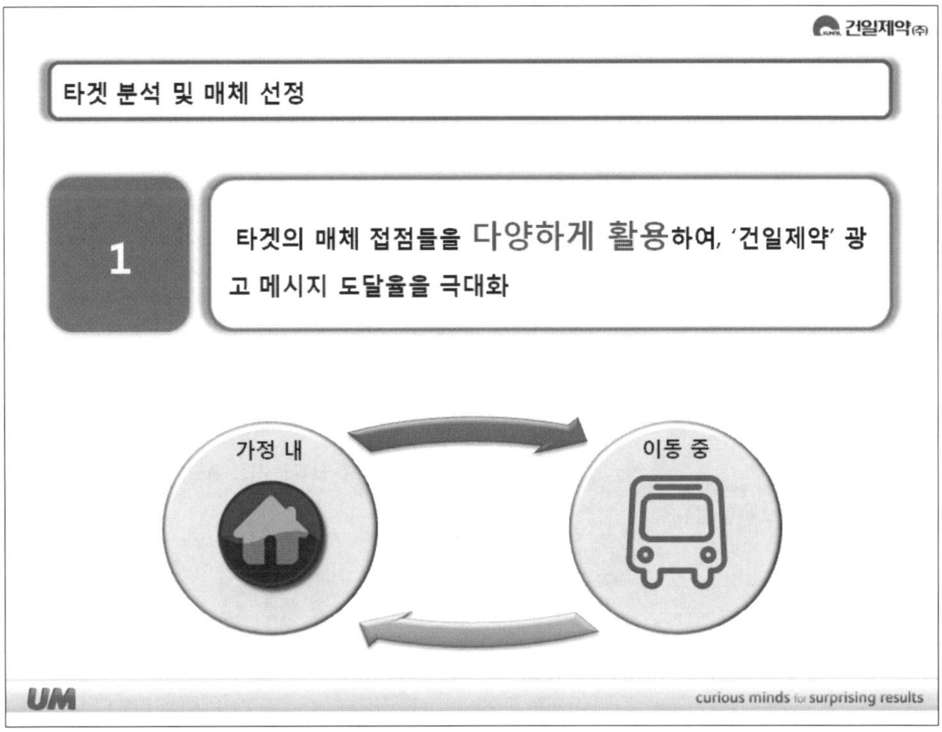
건일제약㈜
타겟 분석 및 매체 선정
1
타겟의 매체 접점들을 다양하게 활용하여, '건일제약' 광고 메시지 도달율을 극대화
가정 내
이동 중
UM
curious minds for surprising results

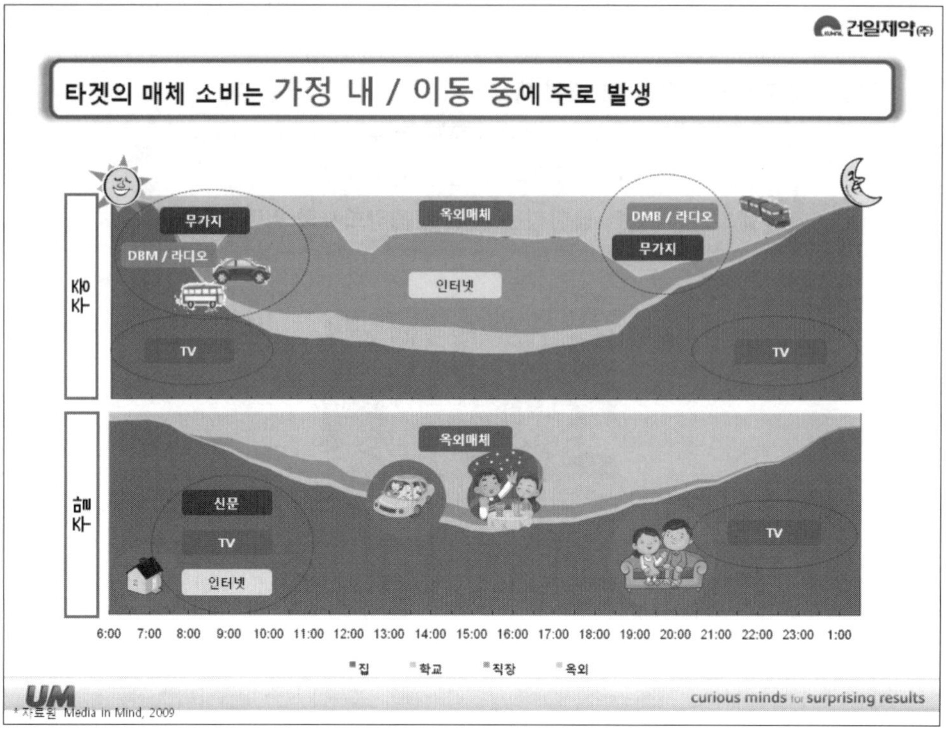

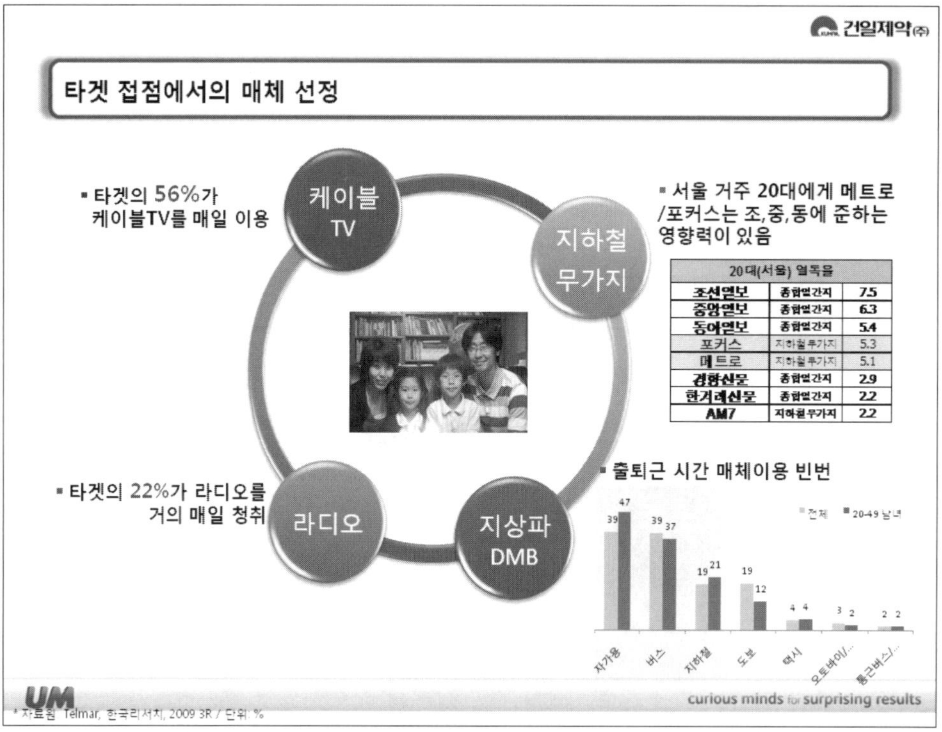

20대(서울) 열독율		
조선일보	종합일간지	7.5
중앙일보	종합일간지	6.3
동아일보	종합일간지	5.4
포커스	지하철 무가지	5.3
메트로	지하철 무가지	5.1
경향신문	종합일간지	2.9
한겨레신문	종합일간지	2.2
AM7	지하철 무가지	2.2

건일제약(주)

각 매체 운영 전략

케이블 TV

- **캠페인 주력 매체**
- **도달율 극대화** 역할 담당
- **인기 채널과 노출 빈도 높은 채널의 병행 집행**으로 충분한 도달율과 반복 노출을 통해, 메시지를 효과적으로 인지/기억하게 함

지하철 무가지

- **'사랑개비'캠페인**을 알리기 위해 3월 한달 집행
- 해당 캠페인의 타겟에 맞춰 20대를 공략
- **Top 2 무가지**(메트로/포커스) **집중 집행**으로, 효과적인 메시지를 전달

라디오

- **초기에 집행하여 주매체**(케이블TV)**의 인지도 형성을 보조**
- 케이블 TV 광고 메시지를 회상시켜주는 매체

지상파 DMB

- **케이블TV의 도달율을 보조**하는 매체
- 케이블TV 부재 시에도 집행하여 TV 매세지 회상
- 특히 월드컵 시즌에 케이블TV를 대체

UM curious minds for surprising results

* 자료원: Telmar, 한국리서치, 2009 3R

건일제약(주)

매체 집행 전략

2

주기적인 광고 집행**을 통해, 초기 형성된 인지도를 2010년 한 해 동안 유지**

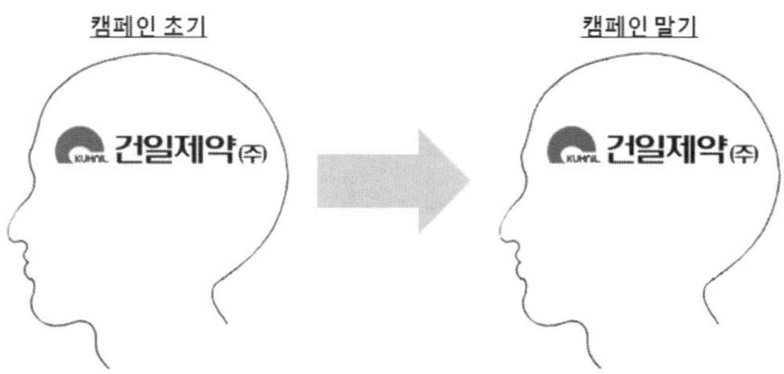

UM curious minds for surprising results

건일제약(주)

경쟁사들은 지속적인 커뮤니케이션을 통해, 인지도 하락을 방지하고 있음

- 경쟁사들은 지속적 매체 집행을 통한 브랜드 이미지 회상
  - 초반 광고 집중 집행으로 인지도 제고, 이후 지속적인 매체 집행으로 브랜드 인지도 유지
- 2009년 건일제약 : 케이블TV를 사용하여 인지도를 형성

→ 2010년에는 적절한 스케줄 전략과 매체들간의 시너지 효과를 활용하여 인지도 제고를 꾀함

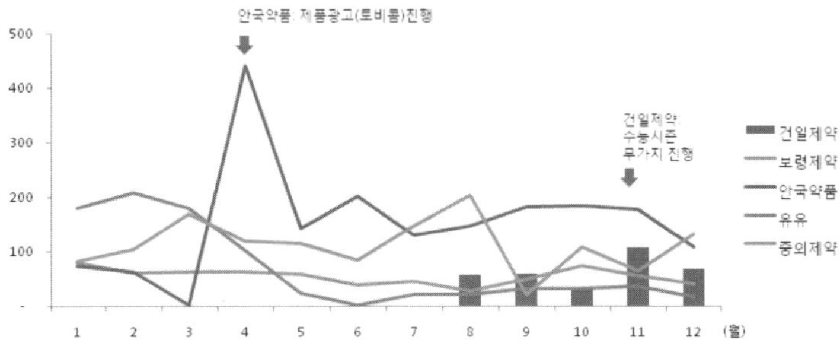

UM curious minds for surprising results

* 자료원 KADD / 5대 매체 / 기간 2009년 1월 ~ 12월 / 단위 백만원

건일제약(주)

2010년 건일제약 기업 광고 매체 전략

1	2
광고 런칭시, 타겟의 매체 접점들을 다양하게 활용하여, 도달율 극대화	1~2달 간격의 광고 집행을 통해, 초기 형성된 인지도를 유지

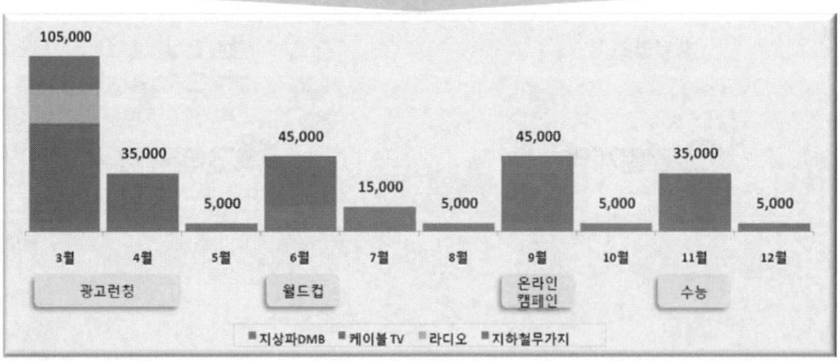

UM curious minds for surprising results

* 금액 단위 천원

〈부록: 실패 사례 5〉

조기암 검진 캠페인

(국립암센터, 2010)

Introduce McCann
McCANN Worldgroup

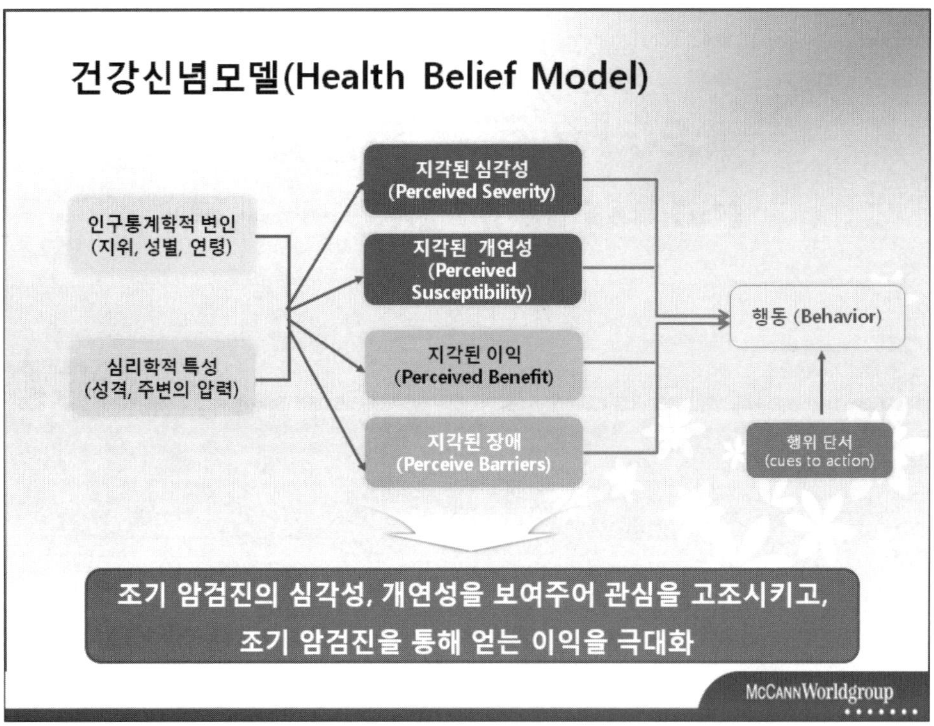
건강신념모델(Health Belief Model)
인구통계학적 변인
(지위, 성별, 연령)
심리학적 특성
(성격, 주변의 압력)
지각된 심각성
(Perceived Severity)
지각된 개연성
(Perceived
Susceptibility)
지각된 이익
(Perceived Benefit)
지각된 장애
(Perceive Barriers)
행동 (Behavior)
행위 단서
(cues to action)
조기 암검진의 심각성, 개연성을 보여주어 관심을 고조시키고,
조기 암검진을 통해 얻는 이익을 극대화
McCANN Worldgroup

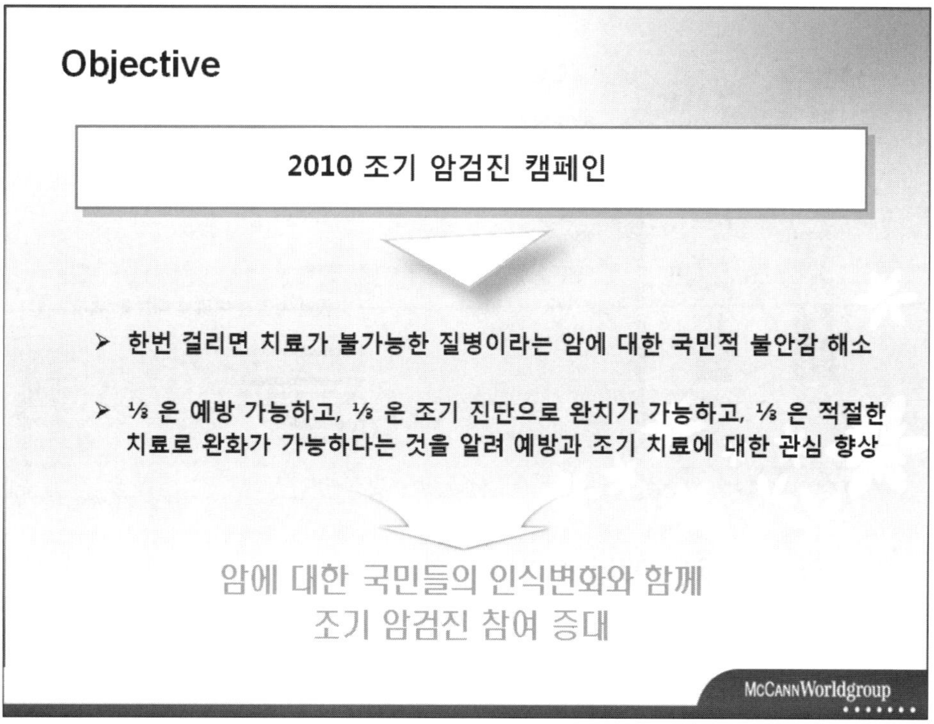
Objective
2010 조기 암검진 캠페인
➢ 한번 걸리면 치료가 불가능한 질병이라는 암에 대한 국민적 불안감 해소
➢ ⅓ 은 예방 가능하고, ⅓ 은 조기 진단으로 완치가 가능하고, ⅓ 은 적절한 치료로 완화가 가능하다는 것을 알려 예방과 조기 치료에 대한 관심 향상
암에 대한 국민들의 인식변화와 함께
조기 암검진 참여 증대
McCANNWorldgroup

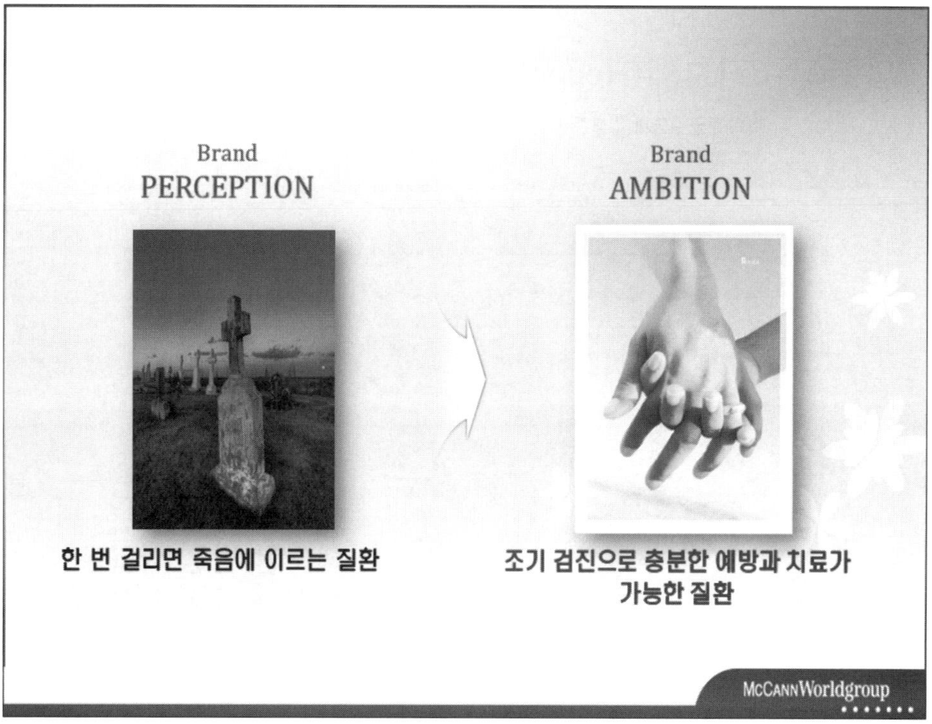
Brand
PERCEPTION
Brand
AMBITION
한 번 걸리면 죽음에 이르는 질환
조기 검진으로 충분한 예방과 치료가
가능한 질환
McCANNWorldgroup

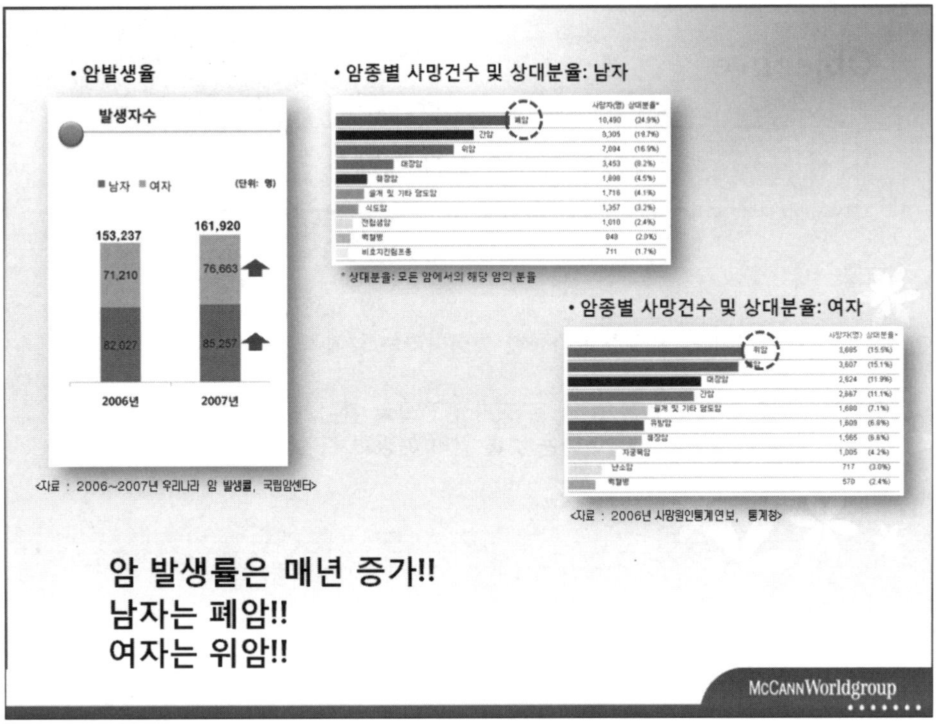
• 암발생율
발생자수
■남자 ■여자
(단위: 명)
153,237
71,210
82,027
161,920
76,663
85,257
2006년
2007년
<자료 : 2006~2007년 우리나라 암 발생률, 국립암센터>
• 암종별 사망건수 및 상대분율: 남자
* 상대분율: 모든 암에서의 해당 암의 분율
• 암종별 사망건수 및 상대분율: 여자
<자료 : 2006년 사망원인통계연보, 통계청>
암 발생률은 매년 증가!!
남자는 폐암!!
여자는 위암!!
McCANN Worldgroup

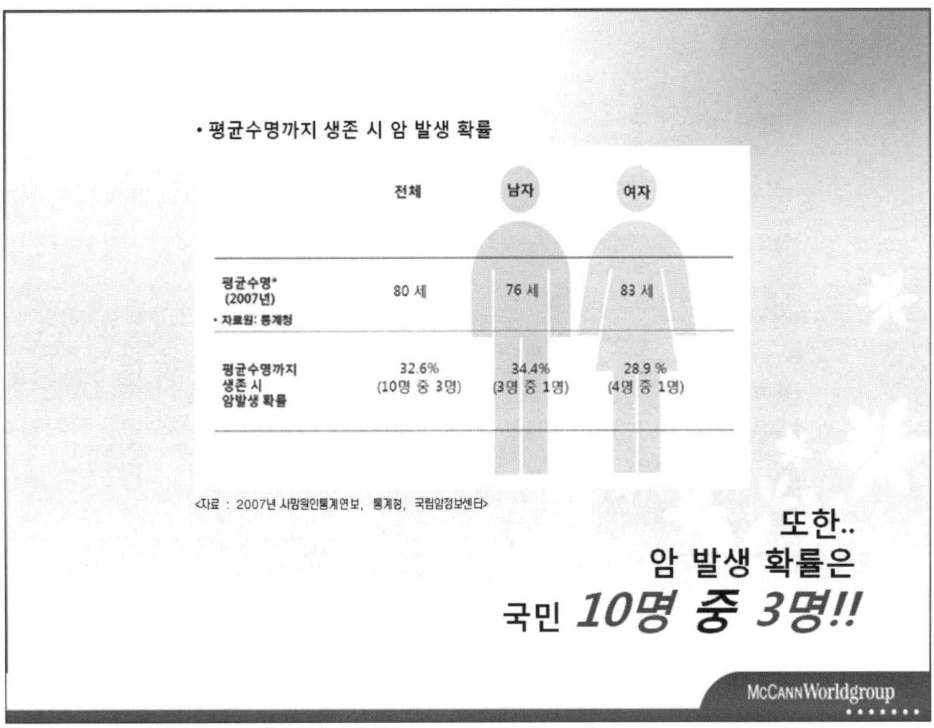
• 평균수명까지 생존 시 암 발생 확률
전체
남자
여자
평균수명* (2007년)
• 자료원: 통계청
80 세
76 세
83 세
평균수명까지 생존 시 암발생 확률
32.6% (10명 중 3명)
34.4% (3명 중 1명)
28.9 % (4명 중 1명)
<자료 : 2007년 사망원인통계연보, 통계청, 국립암정보센터>
또한..
암 발생 확률은
국민 10명 중 3명!!
McCANN Worldgroup

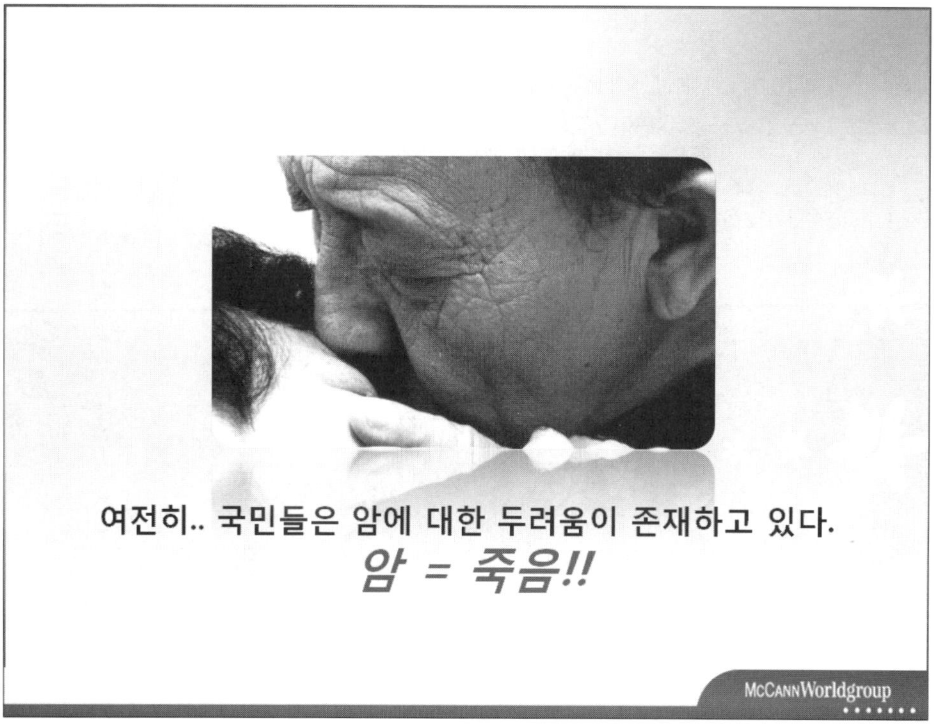
여전히.. 국민들은 암에 대한 두려움이 존재하고 있다.
암 = 죽음!!
McCANNWorldgroup

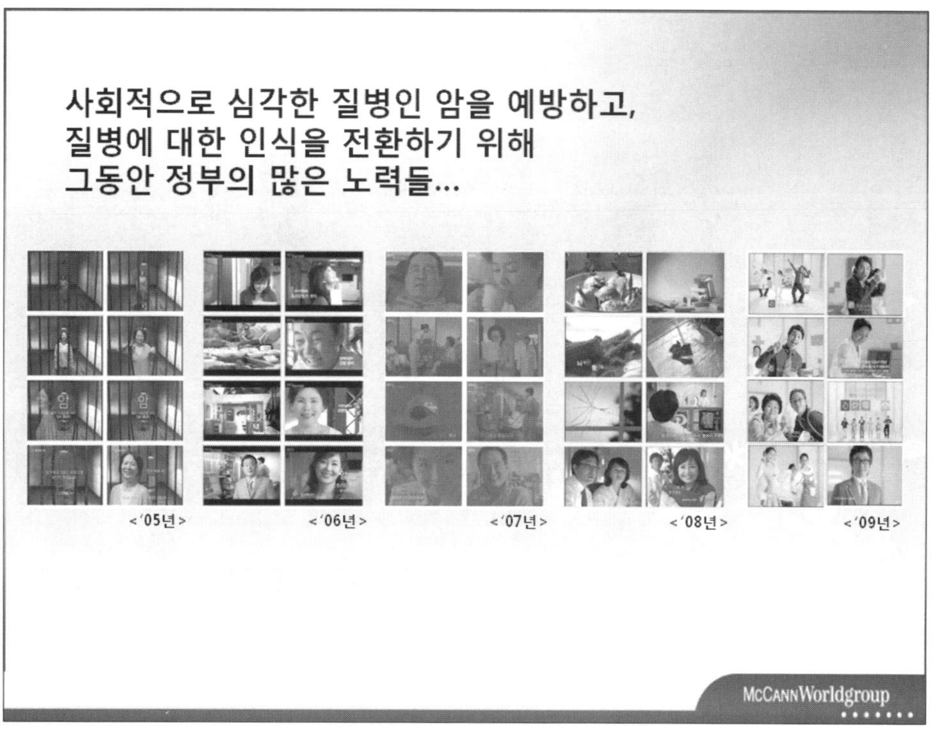
사회적으로 심각한 질병인 암을 예방하고,
질병에 대한 인식을 전환하기 위해
그동안 정부의 많은 노력들...
<'05년>
<'06년>
<'07년>
<'08년>
<'09년>
McCANNWorldgroup

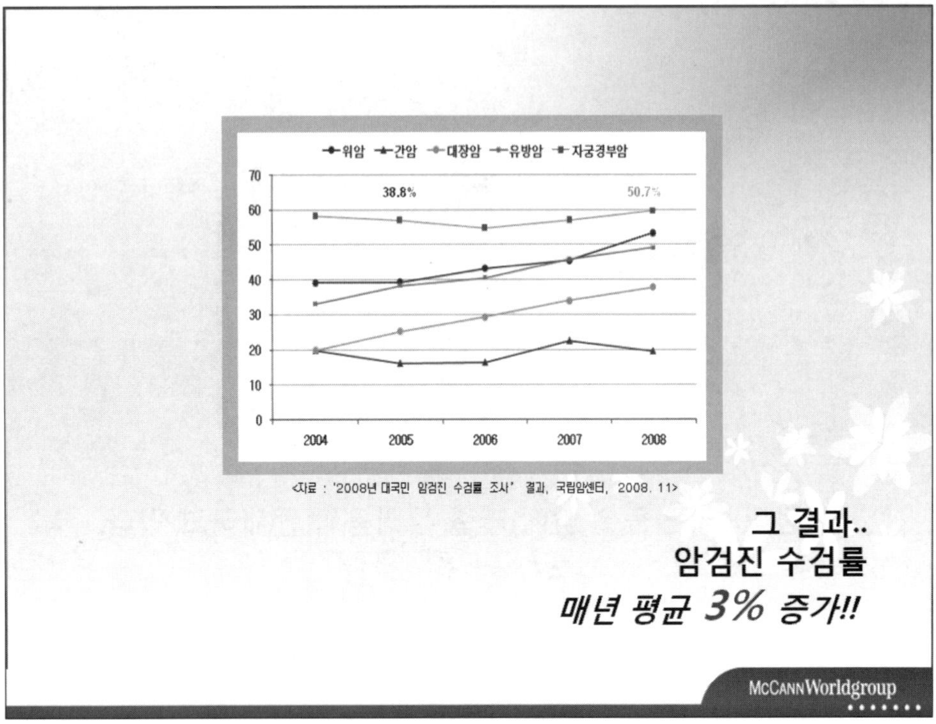
위암 간암 대장암 유방암 자궁경부암
70
60
50
40
30
20
10
0
38.8%
50.7%
2004
2005
2006
2007
2008
<자료 : '2008년 대국민 암검진 수검률 조사' 결과, 국립암센터, 2008. 11>
그 결과..
암검진 수검률
매년 평균 3% 증가!!
McCANN Worldgroup

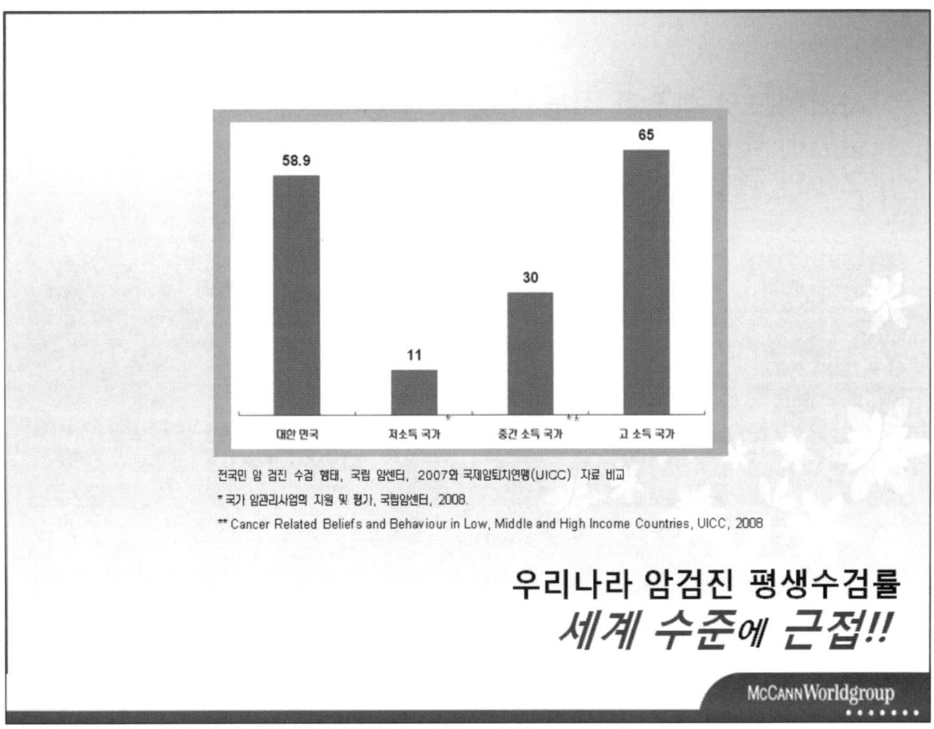
58.9
11
30
65
대한 민국
저소득 국가 *
중간 소득 국가 **
고 소득 국가
전국민 암 검진 수검 행태, 국립 암센터, 2007와 국제암퇴치연맹(UICC) 자료 비교
* 국가 암관리사업의 지원 및 평가, 국립암센터, 2008.
** Cancer Related Beliefs and Behaviour in Low, Middle and High Income Countries, UICC, 2008
우리나라 암검진 평생수검률
세계 수준에 근접!!
McCANN Worldgroup

그러나…
McCANNWorldgroup

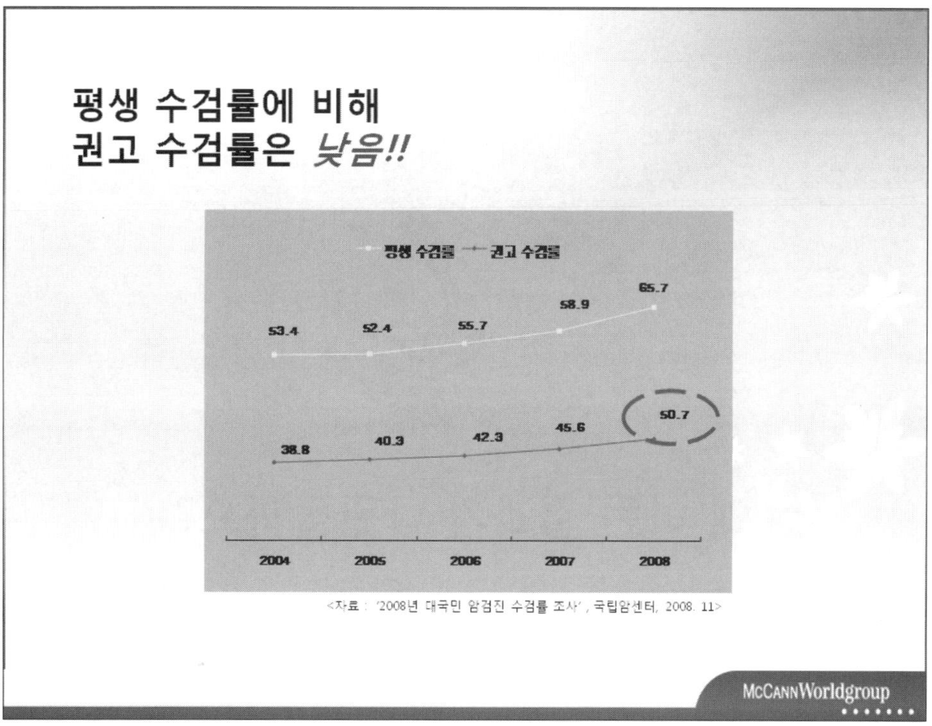
평생 수검률에 비해
권고 수검률은 낮음!!
평생 수검률
권고 수검률
53.4
52.4
55.7
58.9
65.7
38.8
40.3
42.3
45.6
50.7
2004
2005
2006
2007
2008
<자료 : '2008년 대국민 암검진 수검률 조사', 국립암센터, 2008. 11>
McCANNWorldgroup

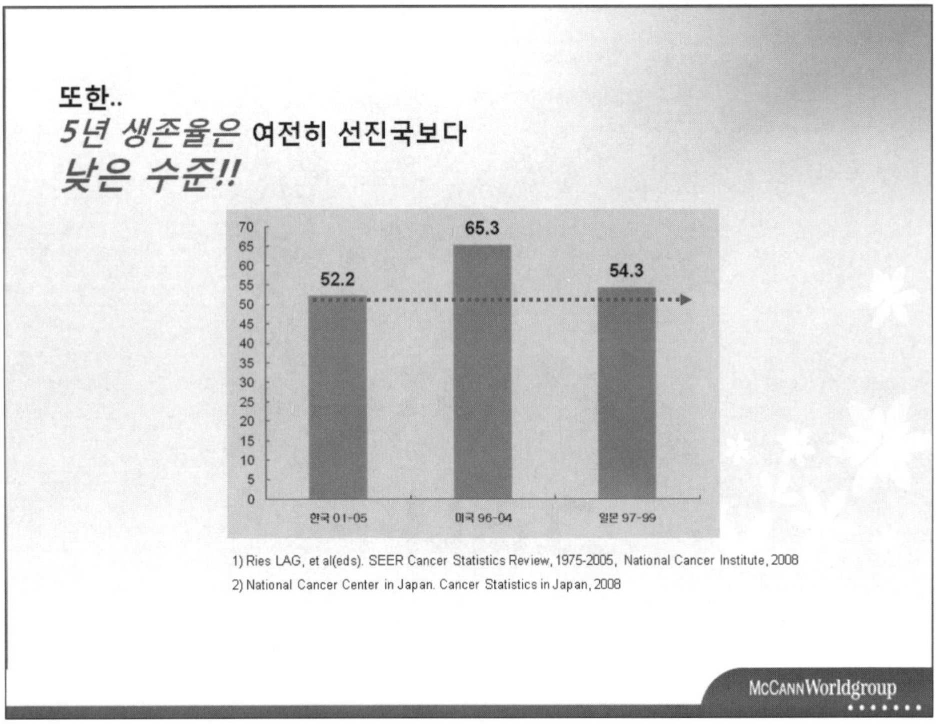
또한..
5년 생존율은 여전히 선진국보다
낮은 수준!!
70
65
60
55
50
45
40
35
30
25
20
15
10
5
0
52.2
65.3
54.3
한국 01-05
미국 96-04
일본 97-99
1) Ries LAG, et al(eds). SEER Cancer Statistics Review, 1975-2005, National Cancer Institute, 2008
2) National Cancer Center in Japan. Cancer Statistics in Japan, 2008
McCANN Worldgroup

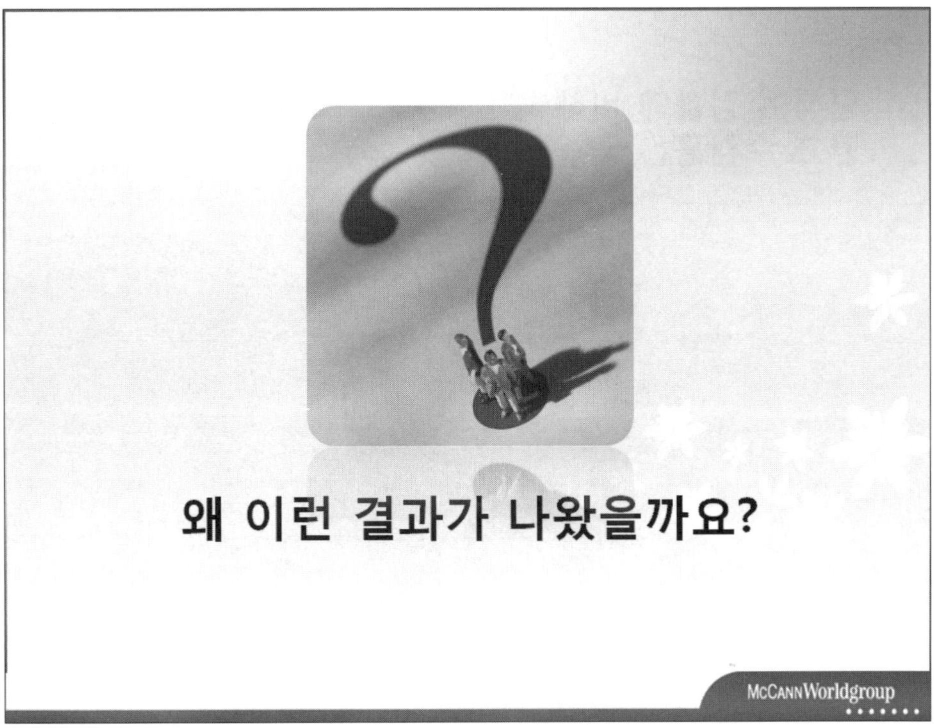
왜 이런 결과가 나왔을까요?
McCANN Worldgroup

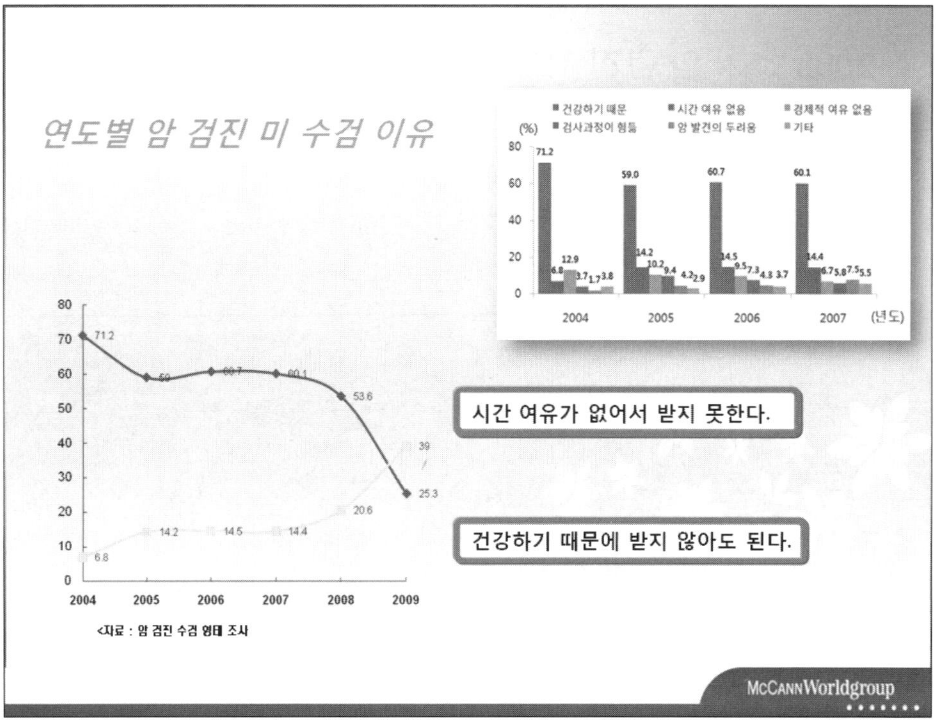
연도별 암 검진 미 수검 이유
■ 건강하기 때문
■ 시간 여유 없음
■ 경제적 여유 없음
■ 검사과정이 힘듦
■ 암 발견의 두려움
■ 기타
(%)
71.2
59.0
60.7
60.1
2004
2005
2006
2007
(년도)
시간 여유가 없어서 받지 못한다.
건강하기 때문에 받지 않아도 된다.
71.2
59
60.7
60.1
53.6
25.3
39
20.6
14.2
14.5
14.4
6.8
2004
2005
2006
2007
2008
2009
<자료 : 암 검진 수검 형태 조사
McCANN Worldgroup

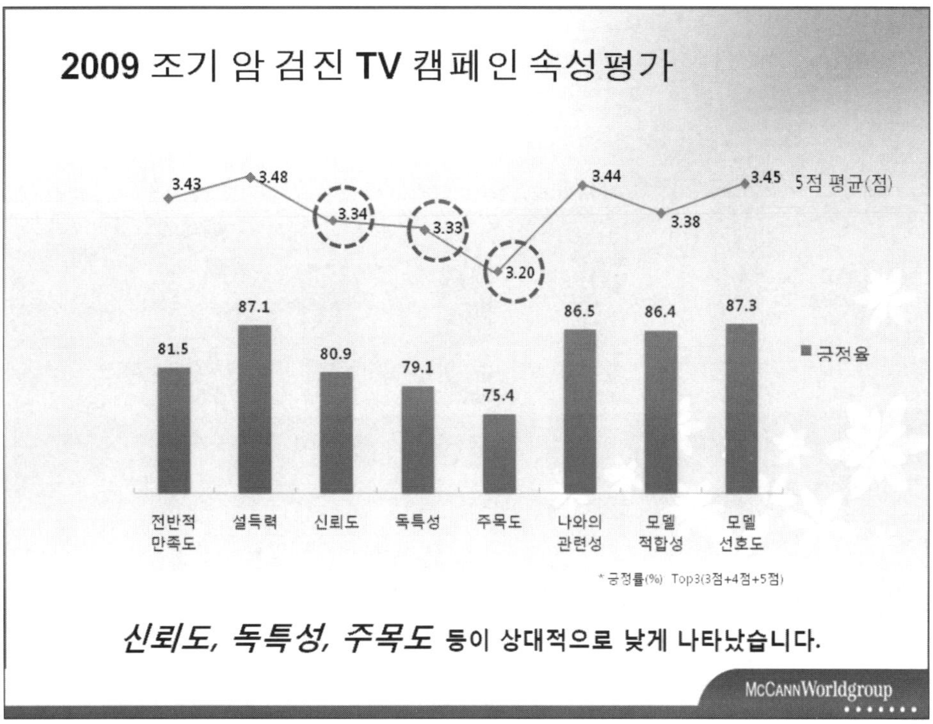
2009 조기 암 검진 TV 캠페인 속성평가
5점 평균(점)
3.43
3.48
3.34
3.33
3.20
3.44
3.38
3.45
■ 긍정율
81.5
87.1
80.9
79.1
75.4
86.5
86.4
87.3
전반적 만족도
설득력
신뢰도
독특성
주목도
나와의 관련성
모델 적합성
모델 선호도
* 긍정률(%) Top3(3점+4점+5점)
신뢰도, 독특성, 주목도 등이 상대적으로 낮게 나타났습니다.
McCANN Worldgroup

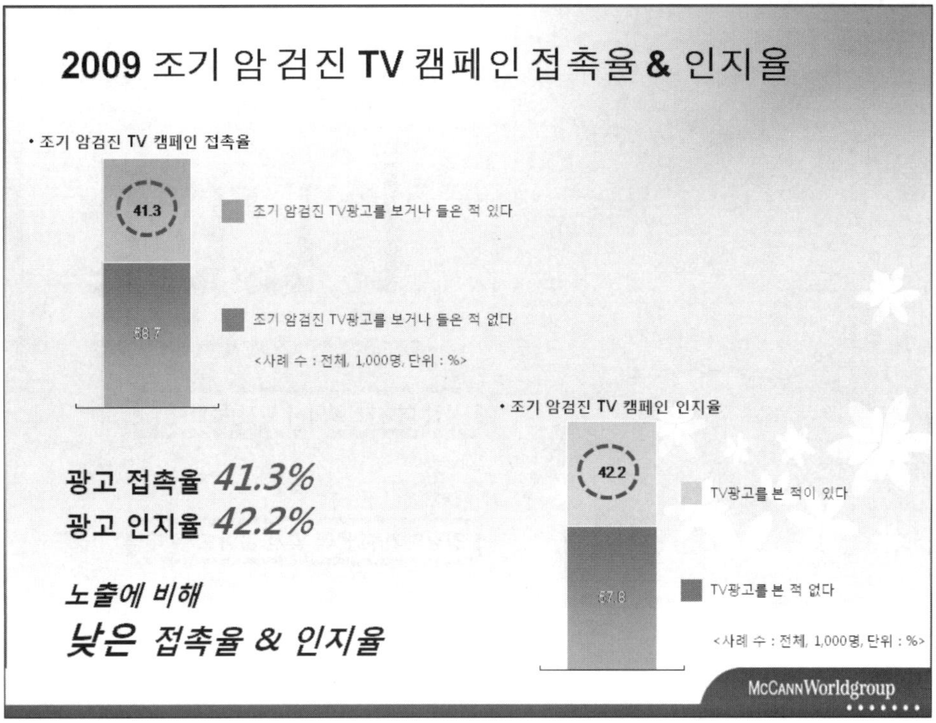
2009 조기 암 검진 TV 캠페인 접촉율 & 인지율
• 조기 암검진 TV 캠페인 접촉율
41.3
58.7
조기 암검진 TV광고를 보거나 들은 적 있다
조기 암검진 TV광고를 보거나 들은 적 없다
<사례 수 : 전체, 1,000명, 단위 : %>
• 조기 암검진 TV 캠페인 인지율
42.2
57.8
TV광고를 본 적이 있다
TV광고를 본 적 없다
<사례 수 : 전체, 1,000명, 단위 : %>
광고 접촉율 41.3%
광고 인지율 42.2%
노출에 비해
낮은 접촉율 & 인지율
McCANNWorldgroup

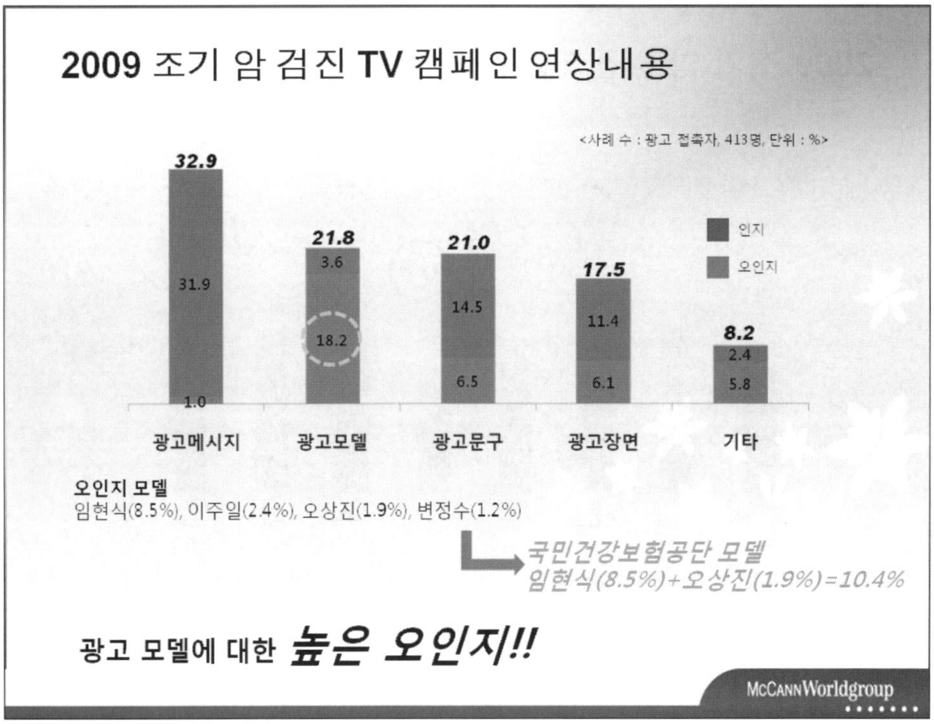
2009 조기 암 검진 TV 캠페인 연상내용
<사례 수 : 광고 접촉자, 413명, 단위 : %>
32.9
31.9
1.0
21.8
3.6
18.2
21.0
14.5
6.5
17.5
11.4
6.1
8.2
2.4
5.8
인지
오인지
광고메시지
광고모델
광고문구
광고장면
기타
오인지 모델
임현식(8.5%), 이주일(2.4%), 오상진(1.9%), 변정수(1.2%)
국민건강보험공단 모델
임현식(8.5%)+오상진(1.9%)=10.4%
광고 모델에 대한 높은 오인지!!
McCANNWorldgroup

2009 조기 암 검진 TV캠페인 모델(김승환) 인지율

<사례 수 : 전체, 1,000명, 단위 : %>

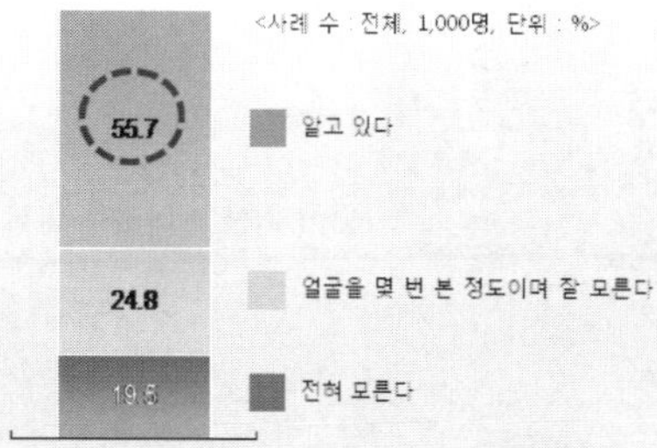

			알고 있다	잘 모른다	전혀 모른다
전체		1,000	55.7	24.8	19.5
성별	남자	500	50.0	26.4	23.6
	여자	500	61.4	23.2	15.4
연령별	20 대	228	46.1	27.2	26.8
	30 대	254	70.1	21.3	8.7
	40 대	247	59.9	23.1	17.0
	50 대	161	54.0	24.8	21.1
	60 대	110	35.5	31.8	32.7

남성에게 *낮은 인지율!!*
젊은 층에게 *낮은 인지율!!*
실제 암 발생이 높은 남성과
잠재 타겟인 젊은 층에게 어필할 수 있는 모델 필요!!

McCANN Worldgroup

조기암검진 McCann Strategy

McCANN Worldgroup

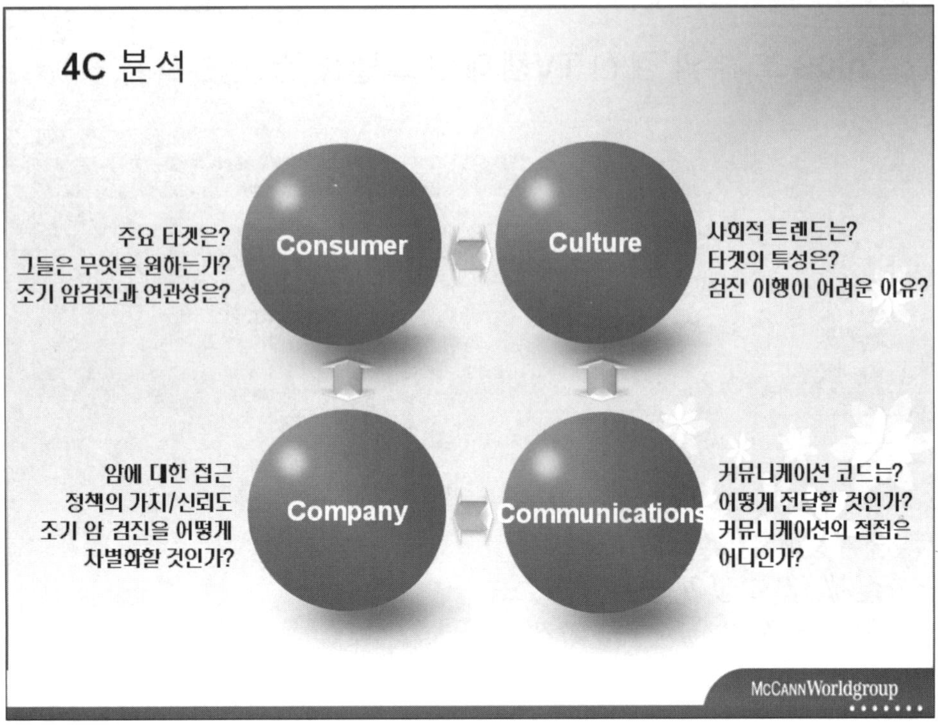
4C 분석
주요 타겟은?
그들은 무엇을 원하는가?
조기 암검진과 연관성은?
Consumer
Culture
사회적 트렌드는?
타겟의 특성은?
검진 이행이 어려운 이유?
암에 대한 접근
정책의 가치/신뢰도
조기 암 검진을 어떻게
차별화할 것인가?
Company
Communications
커뮤니케이션 코드는?
어떻게 전달할 것인가?
커뮤니케이션의 접점은
어디인가?
McCANN Worldgroup

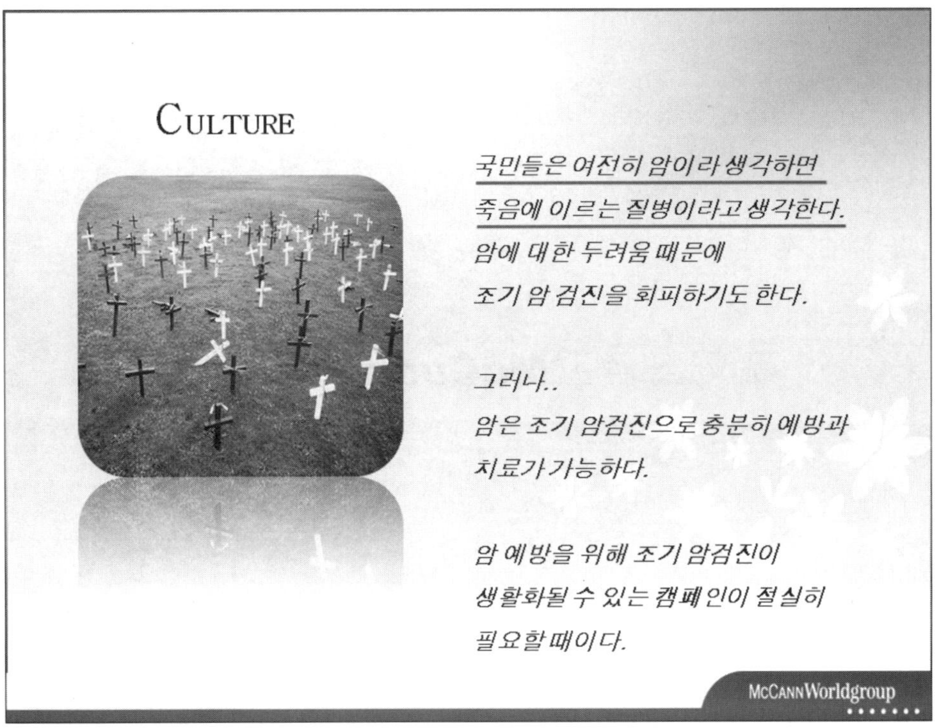
CULTURE
국민들은 여전히 암이라 생각하면
죽음에 이르는 질병이라고 생각한다.
암에 대한 두려움 때문에
조기 암 검진을 회피하기도 한다.
그러나..
암은 조기 암검진으로 충분히 예방과
치료가 가능하다.
암 예방을 위해 조기 암검진이
생활화될 수 있는 캠페인이 절실히
필요할 때이다.
McCANN Worldgroup

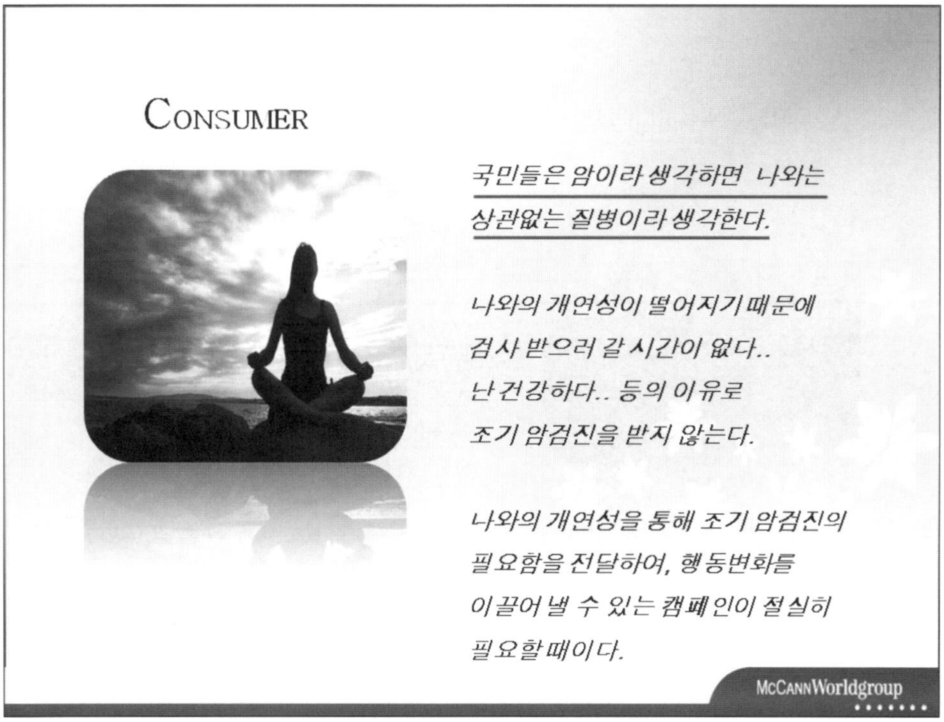
CONSUMER
국민들은 암이라 생각하면 나와는
상관없는 질병이라 생각한다.
나와의 개연성이 떨어지기 때문에
검사 받으러 갈 시간이 없다..
난 건강하다.. 등의 이유로
조기 암검진을 받지 않는다.
나와의 개연성을 통해 조기 암검진의
필요함을 전달하여, 행동변화를
이끌어 낼 수 있는 캠페인이 절실히
필요할 때이다.
McCANNWorldgroup

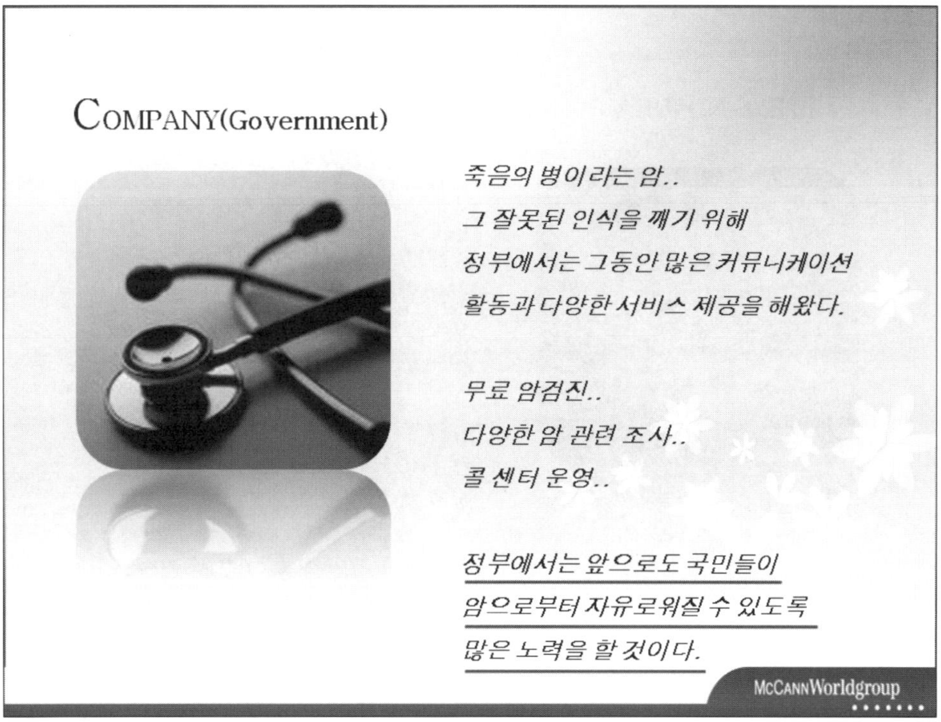
COMPANY(Government)
죽음의 병이라는 암..
그 잘못된 인식을 깨기 위해
정부에서는 그동안 많은 커뮤니케이션
활동과 다양한 서비스 제공을 해왔다.
무료 암검진..
다양한 암 관련 조사..
콜 센터 운영..
정부에서는 앞으로도 국민들이
암으로부터 자유로워질 수 있도록
많은 노력을 할 것이다.
McCANNWorldgroup

COMMUNICATION
암은 더 이상 불치병이 아니다.
암은..
조기 암검진으로 충분히 예방할 수
있고, 충분히 치료할 수 있는 질병이다.
나와의 관련성을 높일 수 있는
커뮤니케이션..
스스로 공감할 수 있게 하여,
행동변화를 이끌어 낼 수 있는
커뮤니케이션이 절대적으로 필요하다.
암, 가장 좋은 예방은 조기 암검진이다.
McCANN Worldgroup

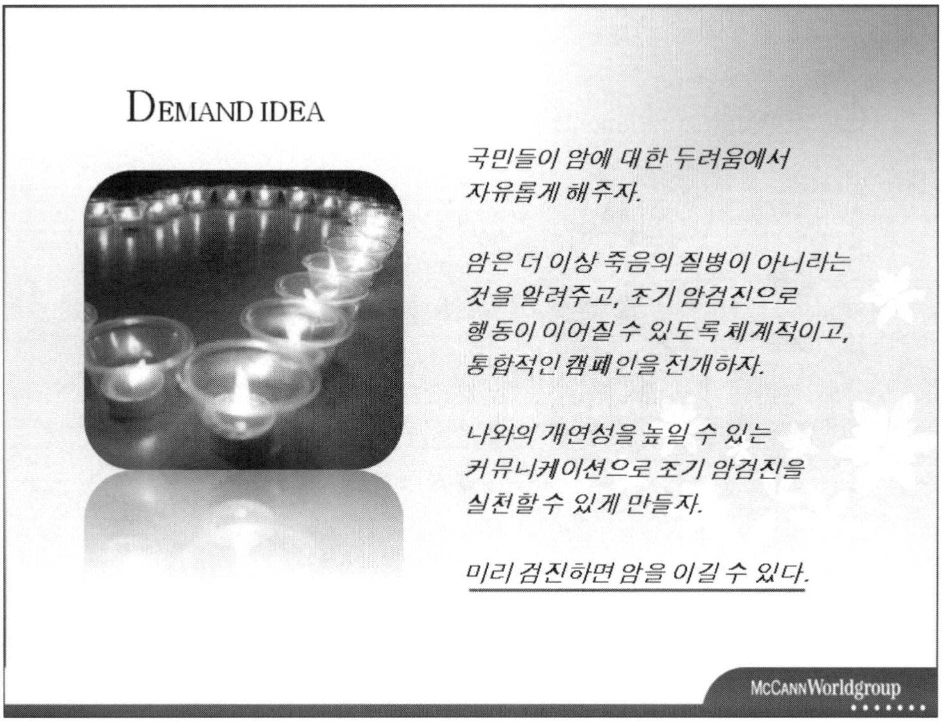
DEMAND IDEA
국민들이 암에 대한 두려움에서
자유롭게 해주자.
암은 더 이상 죽음의 질병이 아니라는
것을 알려주고, 조기 암검진으로
행동이 이어질 수 있도록 체계적이고,
통합적인 캠페인을 전개하자.
나와의 개연성을 높일 수 있는
커뮤니케이션으로 조기 암검진을
실천할 수 있게 만들자.
미리 검진하면 암을 이길 수 있다.
McCANN Worldgroup

Communication Concept
유비무암(有備無癌)
미리 미리 검진하면
암은
걱정할 것이 없다
McCANN Worldgroup

Creative
McCANN Worldgroup

암 癌
1순위
국내사망원인
[2005년 국내 전체 사망의 26.7%차지]

대한민국
1/3
전체 인구 중
고위험군
[평균수명까지 누적 암발생 위험률 29.6%]

암
癌
불치병?

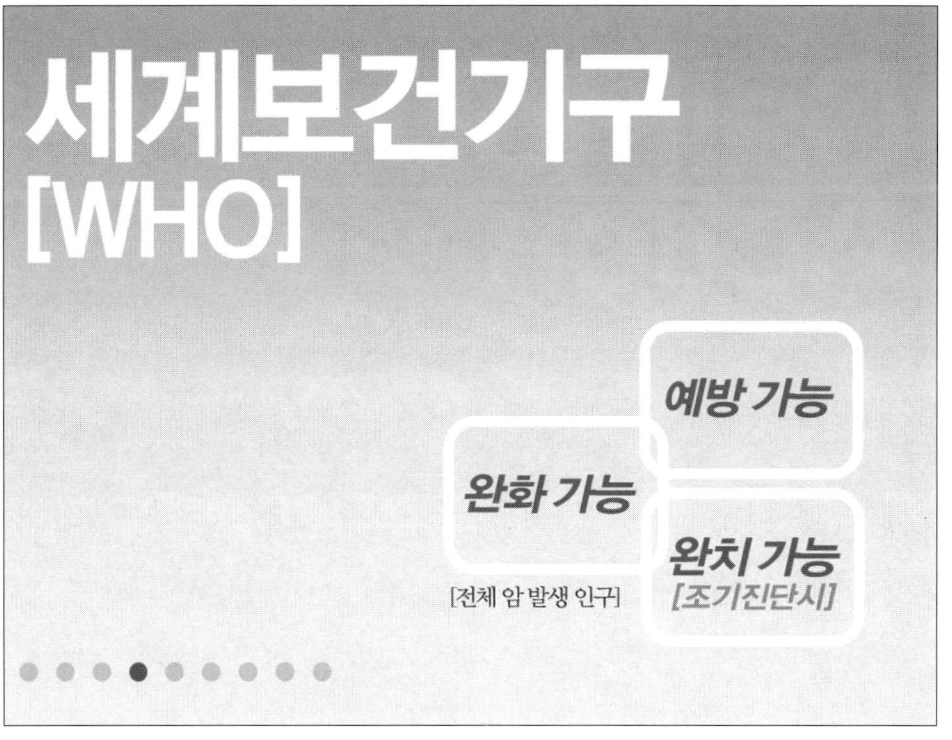
세계보건기구
[WHO]
예방 가능
완화 가능
완치 가능
[조기진단시]
[전체 암 발생 인구]

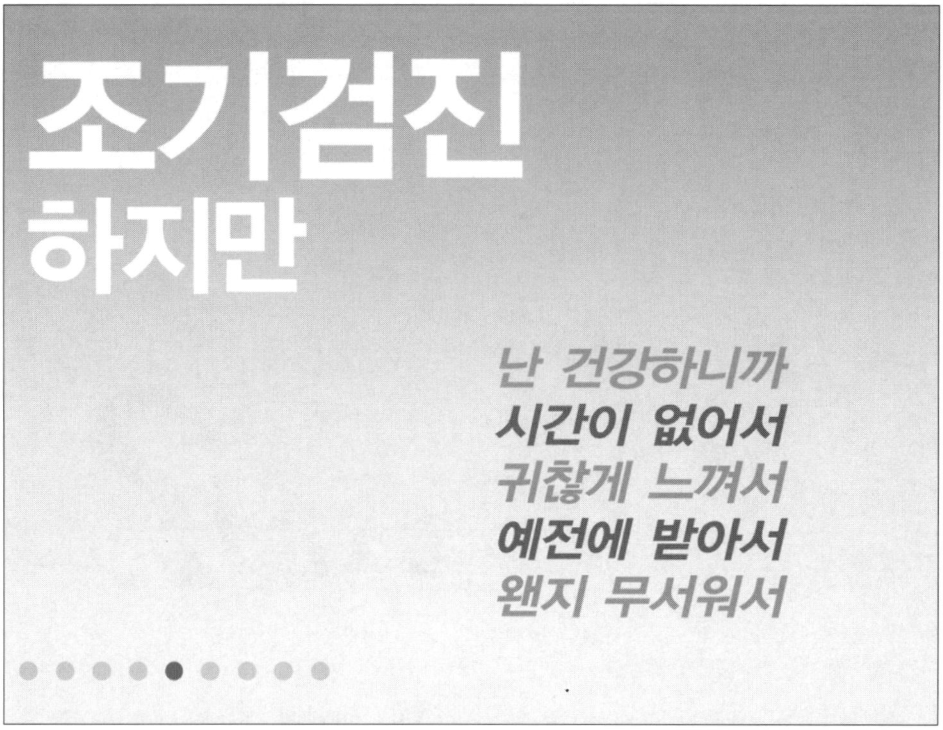
조기검진
하지만
난 건강하니까
시간이 없어서
귀찮게 느껴서
예전에 받아서
왠지 무서워서

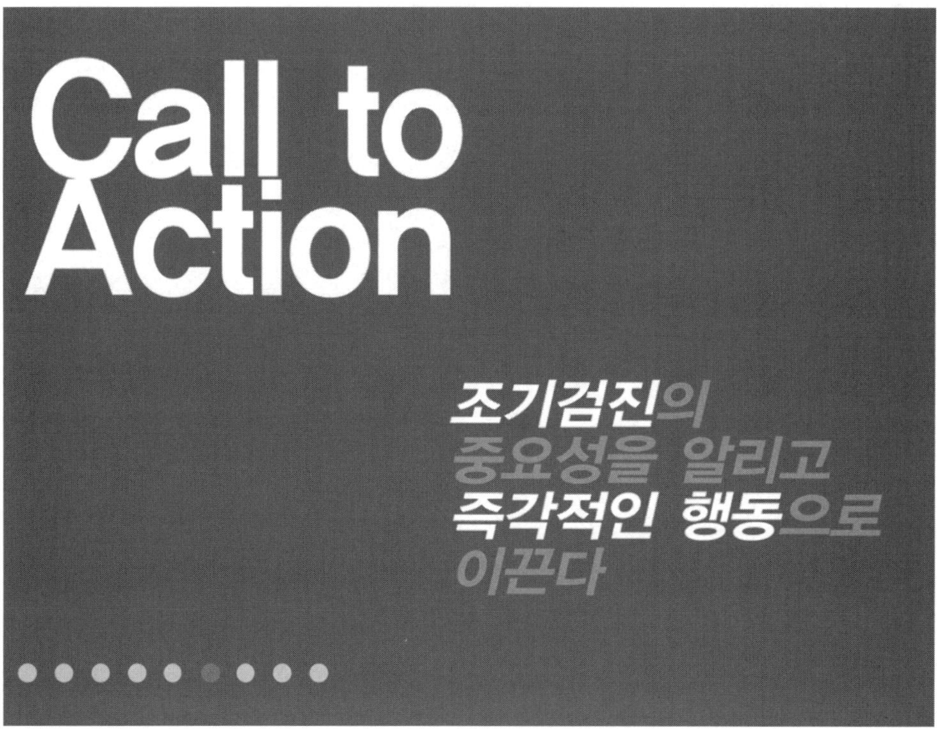
Call to
Action
조기검진의
중요성을 알리고
즉각적인 행동으로
이끈다

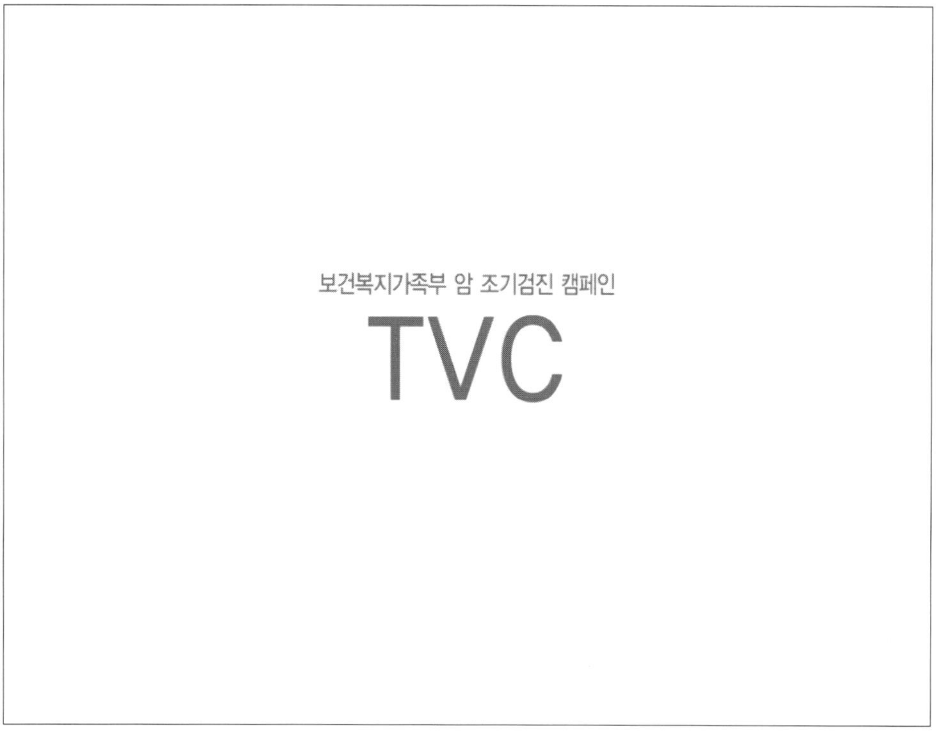
보건복지가족부 암 조기검진 캠페인
TVC

2010 조기 암 검진 TV캠페인 모델 제안
2009~2010년
국가 암검진 홍보모델
김승환
노현희
출생 : 1972년 8월 23일 생(38세)
드라마 : 다모(MBC, 2003)
회전목마(MBC, 2004)
위대한 유산(KBS, 2006)
뮤지컬 : 플라워(2008),
패션 오브 더 레인(2006)
사랑은 비를 타고(2004)
연극 : 패밀리! 빼밀리?(2009)
특징 : 뮤지컬 활동으로 남성층에 인지도가 높음.
윤손하
출생 : 1975년 10월 23일 생(35세)
드라마 : 대왕의 길(MBC, 1998)
눈 꽃(KBS, 2000)
다시 한번 키스(NHK, 2000)
음반 : 비인(2000)
Song bird(2005)
특징 : 한국과 일본 활동으로 젊은 층에 인기.
세계화문화진흥원 전통주 홍보대사
실제 암을 극복했고..
남성 층에도 어필할 수 있고..
젊은 층에도 잘 알려진 여성 연예인을
김승환씨와 함께 모델로 선정!!
McCANNWorldgroup

A안

사람들은 건강을 위해
노력합니다
하지만 가장 빠르고 확실한 길은 무엇일까요?
암, 가장 좋은 예방은 조기 암검진입니다

조기 암검진 캠페인 TVC - 건강을 위한 노력

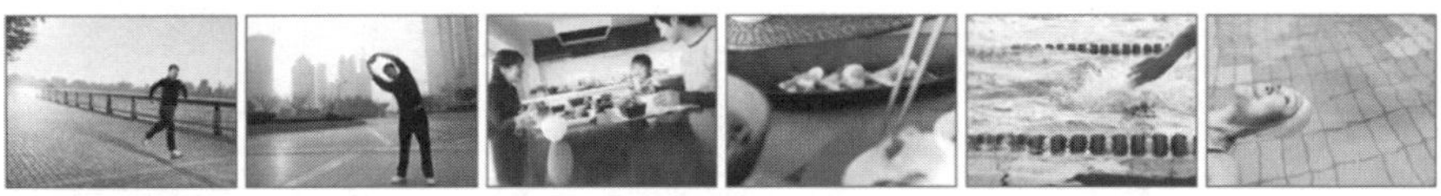

NA〉 쏟아지는 아침잠을 이겨내고, 칼로리도 줄이고 새로운 운동을 시작하고

'딱 한잔'의 유혹에도 흔들리지 않고, 등산, 명상... 건강을 위한 길은 백가지도 넘습니다

여〉하지만,
가장 빠르고 확실한 길은
바로, 조기 암검진!

위는 2년, 간은 6개월, 대장은 1년,
여성은 2년마다!

김승환, 노현희〉
암, 조기에 발견하면 90%
이상이 완치될 수 있습니다.
이제 겁내지 마세요!

NA〉암, 가장 좋은 예방은
조기 암검진입니다!

보건복지가족부

B안

대한민국의 민족성 중 가장 큰 특징은
"빨리 빨리"
뭐든지 서두르면서 조기 암검진은 왜 서두르지 않으세요?
암을 이기는 "빨리 빨리"
바로 조기 암검진입니다

조기 암검진 캠페인 TVC - 빨리빨리

(식당에서) "여기 좀 빨리빨리 주세요!"

(은행에서) "빨리 좀 합시다!"

(택시에서) "기사 아저씨, 빨리 좀 가주세요!!"

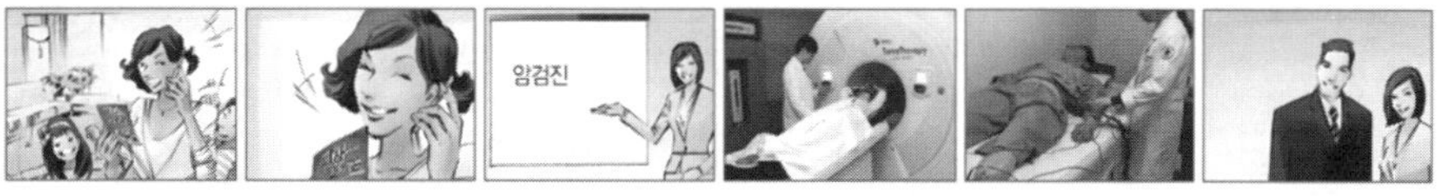

(집에서) "빨리 배달되죠?"

여)뭐든지 빨리빨리 서두르시죠?
진짜 서둘러야 하는 게 있어요!
바로, 조기 암검진

위는 2년, 간은 6개월, 대장은 1년,
여성은 2년마다!

김승환, 노현희)
조기에 발견하면,
90%이상 완치할 수
있습니다

암을 이기는 "빨리빨리"
바로 조기 암검진입니다!

NA)보건복지가족부

C안

생활의 사소한 것도
꼼꼼히 체크하는 당신
왜 무엇보다 소중한 당신의 건강을
체크하지 않으세요?
유비무암!
미리 검진하면 암을 이길 수 있습니다

조기 암검진 캠페인 TVC - 살펴보세요

NA〉 계산하기 전에 꼼꼼하게 살펴보는 당신

NA〉 사고나기 전에 미리미리 살펴보는 당신

NA〉 큰일나기 전에 확실하게 점검하는 당신

여〉이제, 암도 꼼꼼하게,
미리미리,확실하게!
조기검진 받으세요!

위는 2년, 간은 6개월, 대장은 1년,
여성은 2년마다!

김승환, 노현희 〉
암, 미리 발견하면
90%이상 완치됩니다

NA〉유비무암!
미리 검진하면,
암을 이길 수 있습니다.
보건복지가족부

박동진

한림대학교 언론정보학부 부교수

약력

고려대 신문방송학과 학사, 미시간 주립대 석사, 앨라배마대 박사

한국언론학회 PR분과 간사
한국PR학회, 한국광고홍보학회 이사
헬스커뮤니케이션연구, 광고홍보연구 편집위원
통계청 2005년 인구총조사 홍보자문위원

2002년, 2003년 국제언론학회(ICA) PR분과 최우수 논문상
2002년 미국언론학회(NCA) PR분과 최우수 논문상

주요 연구 :

헬스 커뮤니케이션 이론, CEO 명성, 정책 홍보, 비즈니스 커뮤니케이션 분야 연구 진행.

이진우

McCann Healthcare Korea 이사
숙명여대 홍보광고학과 겸임교수
한국헬스커뮤니케이션학회 기획이사

약력

한양대 신문방송학과 학사, 고려대 경영대학원 석사, 한양대 광고홍보학과 박사

BBDO Korea
Ogilvy Healthworld Korea (금강오길비 그룹)

주요 연구 :

커뮤니케이션 스트레스가 헬스 커뮤니케이션 캠페인 효과에 미치는 영향에 관한 연구, 의료 서비스 이용자의 서비스 지각에 대한 연구, 여대생 절주 캠페인 전략 수립을 위한 음주 행동 영향 요인 분석.

헬스 커뮤니케이션 캠페인 이론과 실제

초판발행 | 2010년 4월 30일

지은이 | 박동진 · 이진우
발행인 | 고화숙
발행처 | 도서출판 소화
등 록 | 제13-412호
주 소 | 서울시 영등포구 영등포동 7가 94-97
전 화 | 2677-5890
팩 스 | 2636-6393
홈페이지 | www.sowha.com

ISBN 978-89-8410-379-5 93320

값 18,000원

잘못된 책은 언제나 바꾸어 드립니다.